이 시대의 정의 그리고 미래...

조원진 지음

추천글

지금 우리 자유대한민국은 심각한 위기에 처해 있다. 이 위기는 오늘의 썩어빠진 정치인들이 초래한 것이다. 우리 국민 대다수는 위기에 처한 오늘의 자유대한민국을 구해 줄 올바른 정치지도자 출현을 간절히 바라고 있다.

나는 정치인 조원진이야말로 위기에 처한 오늘의 자유대한민국을 구할 가장 합당한 정치지도자라 감히 말할 수 있다.

그 이유는 다음과 같다.

조원진은 정치 사상과 그 이념이 투철하다. 애국심은 말할 것도 없다. 조원진은 자유대한민국을 지키고 더 훌륭하게 만들어 자유통일을 이루겠다는 확고한 정치신념과 철학을 갖고 있다. 나와 조원진은 2017년 8월 30일 우리공화당(당시 대한애국당)을 창당하면서 "오늘은 대한민국의 정체성과 보수의 가치를 지킬 수 있는 새로운 우파 정당을 원하는 애국국민들의 열망이 이루어진, 한국정치의 역사가 바뀌는 날"이라고 말했다.

모두가 정신을 놓았을 때 자유민주주의 가치를 강조했던 정치인이 조원진이다. 모두가 문재인 좌파정권의 폭정과 억압에 겁먹었을 때 거리로 나와 문재인 정권의 정체성을 폭로했다.

조원진은 대한민국 역사와 체제 그 정통성에 대한 확고한 신념을 갖고 있다. 오늘날 대한민국은 1948년 8월 15일 자유민주주의 체제를 받아들이면서 건국됐다. 이것은 분명 위대한 선택이었다. 대한민국이 반쪽으로 불완전하게 출발했지만, 그 대한민국에 구축한 자유민주주의 체제는 오늘날 대한민국이 산업화와 민주화를 거쳐서 번영의 길로 들어선 모태였다.

조원진은 반공주의자다. 반공은 죄가 아니다. 대한민국 헌법과 역사적 경험하에 구축된 국가 정체성은 '반공자유민주법치국가'로 정리된다. 이 정체성은 '대한민국만이 민족사의 유일한 정통국가이고 한반도의 유일한 합법국가'라는 정통성에 기반을 두고 있다.

헌법 제1조 대한민국은 민주공화국이다. 공산주의가 배척의 대상이다. 박정희 대통령은 5.16 혁명 공약의 첫 조항에서 반공(反共)을 국시(國是)의 제일의(第一義)로 삼는다고 선언하였다. 공산세력을 분쇄하겠다고 다짐했다. 이것은 자유민주주의 체제로 건국된 대한민국의 정치적 목표를 가장 충실하게 계승한 정신이었다. 남북한이 분단된 대한민국은 전쟁이 끝나지 않는 여전히 정전상태다. 북한의 적화통일은 지금도 대한민국 국민의 생명과 안전을 위협하고 있다. 조원진의 반공주의 정신은 대한민국 체제를 지키겠다는 확고한 신념이다. 나아가 자유통일을 이루겠다는 조원진의 투철한 애국심의 표출이다.

조원진은 꽃길 대신 가시밭길을 선택했다. 2017년 4월 조원진은 국민의힘(당시 자유한국당)을 탈당했다. 조원진에게 탈당은 쉽지 않은 선택이었다. 자신의 안위와 기득권을 지키기 위해서였다면 하지 않았을 것이다. 그들만의 특권·반칙·부정부패에 망해가는 대한민국의 현실을 보면서 많은 국민들은 분노를 넘어, 절망에 절규했다. 오직 자유대한민국을 지켜야 한다는 구국의 심정으로 국민 곁으로 달려갔다.

"왜 꽃길을 버리고 우리와 함께하면서 이 힘난한 길을 걷게 되었느냐"고 물었을때 조원진은 이렇게 대답했다. "저 조원진 만이라도 진실과 정의를 외면할 수 없었기 때문입니다." 조원진은 지금도 그 신념으로 싸우고 있다고 말하는 정의로운 정치인이다.

조원진은 항상 정직했고 진실했다. 지난 7년여 세월 동안 수많은 동지들이 함께하고 또 떠나면서 온갖 음해를 받았으나 곁에서 객관적으로 지켜본 나의 입장에서 보면 조원진은 항상 정직했고 진실했다.

창당 당시 1만 5천명에 불과했던 당원을 50만 여명으로 늘리고 6만 여명의 책임당원을 확보했다. 국고지원 한푼없이 당을 운영하면서 자금 집행뿐만 아니라 당 운영 전반에 걸쳐 항상 정직하고 진실하게 임하였다.

군인에게 가장 필요한 것은 용기다. 적군과 싸울 수 있는 힘은 용기에서 비롯된다. 조원진만큼 용기있는 정치인은 보지도 못했다. 조원진은 거리투쟁에서나 당내에서나 항상 정의와 진실을 위해 행동으로 투쟁하는 용기있는 정치인이었다.

투쟁현장에서는 늘 앞장을 섰고 책임을 미루거나 남 탓으로 떠넘기지 않았다. 그 결과 투쟁과정에서 발생한 6건의 재판을 받고 있으나 위축되지 않고 당당한 자세로 용기있게 임하고 있고 투쟁하고 있다.

위기에 처한 자유대한민국을 아무나 구할 수 있는 것이 아니다. 애국심이 투철하고 정의롭고 정직하고 용기있는 정치 지도자만이 할 수 있는 것이다. 정치인 조원진이 그런 정치인이다. 우리 국민들이 정치인 조원진의 진면목을 알아 줄 날이 하루빨리 오기를 고대한다. 조원진 대표의 책 출간을 축하한다. 조원진의 모든 것이 담겨져 있는 책이다.

2023년 12월 14일

전 기무사령관 겸 우리공화당 상임고문 **허 평 환**

서문

2023년을 지나면서 돌이켜보니, 정치시작 20년, 특히 지난 7년이 주마등처럼 지나갑니다.

2008년 대구에서 첫 국회의원이 된 후로 정치란 무엇을 하는 것인가에 대한 화두를 늘 가슴에 품고 살았습니다. 국민이 나라를 살리라고 뽑아준 그 초심을 잃지 않으려고 노력했습니다.

지역과 국회를 몇 백번이나 오가며 국민의 마음과 나라의 진정한 발전을 위해 발이 부르트게 뛰었습니다. 또 온갖 자료수집과 모든 자원을 동원하여, 분별과 대안제시뿐 아니라, 할 수 있는 예산을 받아내고, 국민이 원하는 여러 가지 일들을 이루었습니다.

오직 우리 후손들에게 대한민국다운 대한민국을 물려주기 위해 온갖 비난을 무릅쓰고 노동개혁과 공무원 연금개혁을 이루었고, 금융·공공·교육 개혁에 앞장섰습니다. 소중한 대한민국 가치, 자유민주주의 가치, 보수가 가야 할 가치를 위해 애썼습니다.

그러나 나라가 풍전등화에 빠진 2016년 말부터 지금까지, 저는 하루도 쉬지 않고 거짓 불의의 세력, 반자유민주주의 체제세력, 공산·사회주의자 세력, 나라의 곳간을 헐고, 망상의 사회주의 경제정책으로 나라를 망하게 한 반시장경제 세력, 위대한 대한민국의 자유역사를 부정하는 좌파사회주의 망령들과 싸워왔습니다.

저는 절대 물러서지 않았습니다.
불의의 세력과 야합하지 않았습니다. 제가 그 길을 걸어온 것은 자유민주주의 대한민국을 지키기 위해서였습니다.
자유민주주의를 부정하는 반동세력들에게 속거나, 억압당해서 저항할 용기를 잃고 희망을 잃은 국민들께 '국민이 살아 있음'을 알리기 위해서였습니다.

'모든 권력은 국민으로부터 나온다'는 헌법적 가치를 지키고 알리기 위해 온갖 희생을 무릅쓰고 저항하고 투쟁해왔습니다.

그래서 자유대한민국에 태어나서는 안 되는 '공산·사회주의 반동세력'을 몰아내는 데 앞장서왔습니다.
앞으로도 거짓·불의의 세력, 반자유민주주의 체제세력, 반의회주의세력, 반자유시장경제 세력들과 싸울 것입니다.

어떠한 고난과 탄압에도 물러서지 않을 것입니다. 대한민국은 자유민주주의 시장경제 체제로 세워진 나라이기 때문입니다.

그러나 돌아보면 그 당시에 탈당은 쉽지 않은 선택이었습니다. 나 자신의 안위와 기득권을 지키기 위해서였다면 하지 않았을 것입니다. 오직 자유대한민국을 지켜야 한다는 구국의 심정으로 국민 곁으로 달려왔습니다.

지금 대한민국은 상식과 합리, 보편적 진리가 사라지고, 법치가 무너지고, 삼권분립마저 위태롭습니다.
불의와 거짓 음모가 진실과 정의를 집어삼켜 버렸습니다. 오늘날 대한민국이 파국의 혼란으로 내몰린 것은 위장보수의 탈을 쓴 가짜보수, 껍데기에 불과한 거짓의 가짜 보수들의 탓도 큽니다.
문재인 좌파정권은 대한민국 안보와 민주주의 시장경제 체제를 죽어가도록 했습니다. 이 무너진 체제를 다시 일으켜 세워야만 했습니다.

이것은 희생의 길이었습니다.
"가시밭길로 가자. 고통의 칼날에 서자."
우리가 집회에서 외치는 피맺힌 구호입니다. 실제로 그렇게 가시밭길과 고통의 7년을 지냈습니다. 2017년 8월 30일 대한애국당(우리공화당)을 창당하면서 대한민국의 정체성과 보수의 가치를 지킬 수 있는 새로운 우파정당을 통해서 그 일을 감당했습니다.

더욱이 문재인 좌파정권과 보수 위정자들은 대한민국 건국을 부정하고 그 정체성마저 교묘히 무너뜨리려 했습니다. 따라서 반대한민국 세력 척결과 청산만이 대한민국의 위대한 역사와 체제를 지켜내는 첫 번째 길이었습니다.

이것이 대한민국을 위한 길이고, 대한민국의 미래를 위한 길이고, 국민을 위한 길이기 때문입니다

그러나 그 7년 간 애국·구국전쟁을 치르면서 하늘로 먼저 가신 분들이 많습니다. 이들만 생각하면 가슴이 미어집니다. 그러나 이들의 애국적 삶은 잊을 수도 없고 잊혀져서도 안됩니다. 이분들은 엄동설한, 풍찬노숙 투쟁을 벌여왔습니다. 투쟁의 가치와 목적은 자유대한민국을 지키고 진실과 법치가 바로 선 나라를 만들기 위해서였습니다. 이분들은 '꽃길', '편안한 여생' 대신 '가시밭길'을 선택했습니다.

저는 이들의 죽음을 절대로 잊지 않을 것입니다. 그들이 돌아가시는 순간까지도, 오로지 나라의 미래를 걱정하며, 마지막까지 외치던 대한민국의 진실과 정의와 가치는 잊을 수가 없는 유언입

니다. 이는 역사가 알고, 하늘이 알고, 언젠가는 진실이 드러날 것입니다.

저는 매일 아침, 제가 왜 정치를 하는지, 무엇을 하려고 아직까지 정치를 하고 있는지를 늘 돌아봅니다. 20년 가까이 아주 많은 경험들과 좌절의 순간까지도 지나온 지금, 나는 새로운 변화와 혁신의 자리에 나의 열정과 정치인생을 다시 던질 것입니다. 이때껏 많은 지역과 세계의 현장에서 경험하고 터득한 분별력과 비전으로, 다시 대한민국 밑거름이 되는 희생을 하리라 다짐합니다.

왜냐하면 나를 있게 해준 국민들은 아직도 나를 통해 말하고 싶고, 이루고 싶고, 함께하고 싶은 것이 많음을 느끼기 때문입니다.
그분들의 거친 손, 그분들의 뜨거운 마음, 그분들에게 받은 사랑만큼 보듬어야 할 일들이 너무 많기 때문입니다.

새로운 패러다임으로, 행복한 미래를 이루기 위해 혁신의 리더십, 비전의 리더십, 깨끗한 리더십, 창조적인 리더십, 포용의 리더십이 절실한 시대입니다.

지칠 줄 모르는 추진력과 열정의 소유자, 의리와 신의를 지키는 사람, 바른 분별력과 통찰력의 안목, 현실을 넘어 미래에 도전하는 개척자, 어려운 사람 편에 서서 그들과 동고동락하는 사람 냄새 나는 인간미 등을 저의 장점으로 평가해주는 분들이 많습니다.

과분한 평가입니다.

이는 내게 단점도 있지만, 그런 단점 보다는 자신의 장점을 적극 활용하여 국민을 위하라는 따스한 격려일 것입니다.

저는 국민들에게, 지역민들에게 끝까지 함께, 진실과 헌신으로 나를 바칠 것이라고 다짐합니다.

이제 바야흐로 새로운 변화와 혁신을 선도할 리더십이 절실할 때입니다. 그리고 나는 나의 모든 꿈과 사랑과 열정, 희망을 대한민국의 가치와 미래를 위해 다 쏟아 부을 것입니다.

국민의 눈물을 닦아주면서 진짜 사회적 약자인 서민과 자영업자가 땀 흘린 만큼 행복한 꿈을 꿀 수 있는 자유대한민국을 반드시 만들겠습니다.

그러려면 먼저 세상의 잘못된 것을 바꾸는 그것이 혁신이요, 발전입니다.

그러나 현 한국 정치는 진영논리, 정치적 양극화가 심각합니다. 거대 양당은 가짜 이념을 무기로 정쟁을 반복하고 있습니다. 스스로 이익집단화해 자기들만의 정치를 해 왔습니다. 양극화로 사회 불만은 증가하는데 당파적 이익을 앞세워 오히려 갈등을 부추기고 있습니다. 이런 행태를 지켜보면서 국민은 정치인에 대한 존경은커녕 그 자체를 불신하고 있는 것이다.

이제 위대한 대한민국의 가치를 다시 세울 때입니다. 대한민국은 전쟁을 겪은 나라 중 거의 유일하게 경제성장과 민주주의를 성취하는 모범사례를 이루었습니다.

이런 과정에서 갈등과 대립은 있을 수 있습니다. 이제 대한민국은 국민이 하나가 되어 미래로 향해 나아가야 합니다. 근대화 과정에서의 보수 진영의 성공과 실패를 다시 살펴보고, 제4차 산업혁명시대의 지능정보사회에 대비 경제·노동개혁의 변화와 위기에 맞는 방향을 찾아야 합니다. 그래서 사회의 정상화·투명화·합리화를 위해 국가를 향한 구심력을 강화해야 할 때입니다. 시대에 따른 변화와 개혁을 거부하면 안됩니다.

미래로 나아가야 합니다. 더 이상 과거의 감성에 안주하며 머물러 있어선 안됩니다.

결국은 대한민국의 헌법에 나와 있는 정체성의 가치 자유민주주의 체제와 시장경제라는 엄연한 가치를 제외하고는 머리부터 발끝까지 다 바꿔야 됩니다.

저와 우리공화당은 국민 한 사람, 한 사람의 바른 생각과 실천이 곧 세상을 바꾸는 힘이라는 것을 믿고, 애국 국민들의 힘을 모아 거대한 물결로 만들어 대한민국 대개혁의 중심이 될 것입니다. 대한민국은 지금껏 우리가 태어나 살아 왔고, 우리의 사랑하는 아이들이 살아갈 아름다운 조국이기 때문입니다.

우리는 기존 보수의 기회주의, 무기력, 이기주의, 무책임, 부패와 야합을 타파하고, 행동하는 구국 세력을 결집하여 대한민국 건국과 부흥의 주체였던 애국 보수 우파 세력을 새롭게 중흥할 것입니다.

우리는 대한민국에 필요한 바른 가치를 정립하고, 자랑스러운 역사를 후손에게 가르쳐 이어가게 하며, 국가 정체성이 모든 국민의 마음 속에 깊이 뿌리 내리게 할 것입니다.

이 막중한 사명을 위하여 저의 모든 것을 불사를 것입니다.

우리공화당이 가야 할 미래는 이런 대한민국을 위해 희생·헌신하여야 한다는 것입니다.

　이를 위해선 대한민국의 미래를 짊어질 청년들이 분노하지 않는 나라, 진실과 정의를 실현한 자들이 분노하지 않는 나라, 국가를 위해 희생한 분들이 분노하지 않는 나라, 산업화에 일생을 바친 분들이 분노하지 않는 나라, 민주화에 헌신하고도 묵묵히 살아가는 분들이 분노하지 않는 나라, 세금을 내는 분들이 분노하지 않는 나라. 그런 나라를 만들어야 합니다.

　자유민주주의를 더욱 발전시켜서 후세에 자랑스러운 대한민국을 물려주어야 하는 것이, 우리의 당면과제요 목표입니다.

　오늘의 이 시점에서 우리는 지엽적인 문제에 얽매이지 않고, 또다시 국민 속으로 들어갈 것입니다. 진실되고, 정의롭고, 자유로운 행복한 국가를 만들기 위해 국민의 염원을 담고 다시 뛸 것입니다.

우리의 목표는 △정의가 강물처럼 흐르는 자유로운 민주법치국가 △세계를 선도하는 당당한 창조시장경제 강국 △어려운 국민을 따듯하게 배려하는 촘촘한 복지국가 △문화가 융성하는 풍요로운 문화국가입니다.

이제 우리는 국민 속으로 들어가서 국민의 손을 잡아주고 눈물을 닦아줄 것입니다. "정치는 자기를 위해 울거나, 아프다고 하기 전에 국민의 눈물 때문에 잠 못 이루며 함께 새 희망을 찾아내는 것이다." 이를 금과옥조로 여기고 우리 모두 다시 일어서서 힘을 합칠 것입니다.

위대한 우리의 조국 대한민국을 위하여!!!

2023년 12월 9일

조 원 진

목차

제1장 구국

결단	— 24
어둠을 뚫고	— 30
정치혁명의 길	— 34
국가와 국민	— 44
옳았다	— 49

제2장 자유대한민국

건국	— 58
대한애국당 창당	— 64
헌법수호	— 68
반공이 국시	— 72
극우	— 75
민족해방전쟁	— 80

제3장　반대한민국

국군뿌리	— 86
종전선언	— 92
남쪽대통령	— 98
9.19 군사합의	— 105
판문점 선언	— 112
연방제	— 116
국가보안법과 기무사	— 122

제4장　용기

핵폐기	— 132
불태운 인공기	— 135
평창동계올림픽	— 140
백악관 앞 시위	— 145

제5장 척결

김일성주의자들	— 154
386 종북주의자	— 161
혐오정치	— 166
욕설 폭언	— 172
이재명의 전화	— 176

제6장 죽음

그날	— 184
죽음 외면	— 192
진상규명 특별법안	— 196
광화문 텐트와 빈소	— 199
분노의 판결	— 206
6월 25일 새벽	— 211
좌우 죽음	— 215
여전사	— 219
열사들	— 222
강제북송	— 233
공무원 피살	— 236

제7장 삶과 정치

물 같은 정치 — 242
아! 금호강아 — 244
인자요산, 지자요수 — 247
올바른 정치 — 250
아버지가 남긴 말 — 257
전통시장 — 260
아내 — 266
형제 — 271
안녕 순이야! — 277

제8장 청산

껍데기 — 284
4류 — 288
특권 — 294
폭주 — 298
선동괴담 — 303
가짜뉴스 — 308
전자개표 — 315
위성정당 — 322

제9장　국민이 원한다

민생 — 330
3대 개혁 — 334
반공주의 — 339
투명외교 — 348
사법부 — 355
문재인 — 360
윤핵관 — 367

제10장　위대한 대한민국

세계로 — 374
보수주의 — 384
보수정당 — 390
대통합 — 399
탄핵 — 406
애국 — 410

제11장 대한민국을 위하여

희생 — 420
행동 — 426
극복 — 434
미래 — 439

제12장 국민 속으로

포퓰리즘 — 444
막가파 예산 — 447
서민고통 — 450
비수도권 — 454
규제 — 461
지식플랫폼 — 464
목표 — 467

제 **1** 장

구국

탈당은 쉽지 않은 선택이었다.

나 자신의 안위와 기득권을 지키기 위해서였다면 하지 않았을 것이다.

그들만의 특권과 반칙과 부정부패에 망해가는

대한민국의 현실을 보면서 많은 국민들은 분노를 넘어, 절망에 절규했다.

오직 자유대한민국을 지켜야 한다는 구국의 심정으로 국민 곁으로 달려갔다.

결단

"조원진 선배 굳이 탈당을 하셔야겠습니까?"
"아니, 조 의원 이건 아니지…"

나의 탈당 소식이 전해지자 자유한국당(국민의힘)은 겉으로는 침착함을 유지했지만 내부에서는 적지 않게 당황하는 분위기였다. 선·후배 동료의원 모두가 만류했다.

그래도 탈당 의사를 굽히지 않자 자유한국당 선·후배 의원들은 나에게 "곧 돌아올 것으로 믿는다"고 했다. 자유한국당 당 대표를 역임한 모 의원은 자신의 페북에 "아쉽게도 탈당을 해서 우리 곁을 떠난 것은 유감스럽다"고 썼다. 가족과도 상의했다. 처음에는 반대했었지만 내 뜻을 존중해주었다. 형제들도 마찬가지였다.

2017년 4월 8일 자유한국당을 탈당했다.

"저는 오늘부터 자유한국당을 탈당합니다. 탄핵을 주도했던 세력과의 전쟁을 선포합니다. 대한민국의 정체성인 자유민주주

제 1 장 구국

의를 무시하고 민중민주주의로 가자고 하는 종북 좌파 세력과의 전쟁을 선포합니다. 대한민국 국민의 안전을 위한 안보정당의 성립을 선포합니다. 비록 저 한 사람이라도 우리 태극 애국국민들의 종복이 되겠습니다."

〈2017년 4월 8일 자유한국당을 탈당하며〉

2017.4.9. 탈당 기자회견(국회)

탈당 후유증이 거셌다. 지역구(대구 달서 병)에서 반발이 심했다. 탈당 이유는 충분히 알겠지만 "탈당 진짜 안된다"는 목소리였다. 의원사무실과 지구당 사무실 전화가 불났다.

"의원님 안됩니다.", "탈당하면 우리는 의원님 지지를 포기합니다." 한동안 탈당에 따른 비난 반발이 심했고, "잘했다"는 지지도 많았다. 탈당한 내 마음도 무거웠다. 무엇보다 나를 지지해주고 믿어왔던 지역구민들에게 미안했다. 이들이 나에게 무엇을 바란 것은 없다. 그저 나라의 일꾼으로서 지역의 발전과 반듯한 대한민국을 만들어달라는 것 뿐이었다.

보수정당 소속으로 말뚝만 박아도 당선된다는 지역구를 두었다. 많은 고난과 시련을 겪었지만 그곳에서 3선 배지를 달았다. 끝장날 수 있는 정치생명을 무릅쓰고 탈당을 강행했다. 탈당 후 나의 정치적 미래가 어떻게 전개될까. 탈당 후 내 선택이 옳고 맞았다고 당당히 말할 수 있을까. 정치판은 힘의 논리가 지배한다. 탈당 후 힘을 잃어버리면 정치적 약자로 전락한다. 이런저런 고민과 고뇌로 숱한 밤을 지새울 수밖에 없었다. 그도 그럴 것이 자유한국당서 수석최고위원으로 나의 입지가 더욱 굳어질 때였으니 말이다.

2016년 8월 9일 새누리당(국민의힘) 지도부 선출을 위한 제4차 전당대회에서 최고위원에 선출됐다. 당시 나는 3만 7459

표를 얻어 최다 득표자로 최고위원에 선출됐다. 한나라당 원내부대표(2010-2011), 새누리당 원내수석부대표(2015), 제19대 국회 공무원연금개혁 국민대타협기구 공동위원장(2015), 새누리당 제1정책조정위원회 위원장(2014) 등 굵직한 보직을 역임하면서 탄탄대로의 정치적 길을 걷고 있었다. 탈당 전에는 20대 국회 전반기 미래창조과학방송통신위원회 위원장에 내정된 상태였다. 기득권을 지키려 했고, 안락함과 편안한 길을 걷고자 했었다면 탈당은 하지 않았을 것이다.

사람들은 나에게 말한다.

"조원진이 탈당하지 않았다면 지금쯤 정치적 위치가 어땠을까?" 일부는 "국민의힘 당 대표를 역임하고 있었을지 모른다" 또 "국민의힘 대선 주자가 되었을 것이다"고 말하는 분들도 있다. 나는 '픽' 웃는다. 자리와 배지에 욕심이 있었다면 탈당을 하지 않았을 것이다. 오직 자유대한민국을 지키기 위한 구국의 심정으로 탈당했다.

나는 기득권의 손을 잡지 않았다. 나는 무사안일주의와 손을 잡지 않았다. 나는 정당의 울타리에 갇혀서 해바라기 정치를 멀리했고, 탐욕주의자들을 질타했다. 탈당 후 나는 국민의 손을 잡았다. 국민과 함께 반대한민국 세력과는 한 치의 양보도 없이 싸우고 또 싸워왔다. 우리의 미래세대들에게 자랑스런 대한민국을 물려주고 싶다. 이것이 나의 길을 멈출 수 없는 이유이다.

"선배님들이 만들어 준 자유민주주의 체제와 5천년 역사에서 가장 잘 사는 나라를 우리의 아들딸과 손자손녀들에게 좀더 발전시켜서 물려줘야 될 책무가 우리에게 있다. 이를 위해서 우리는 부패 세력과 도덕적으로 문제 있는 거짓 세력과 싸워야 하고 공산사회주의 붉은 세력과 싸워야 한다.

〈2023년 10월 28일 종각역 태극기 집회 연설〉

2017.4.8. 탈당선언, 태극기집회

이 시대의 정의, 그리고 미래

어둠을 뚫고

대한민국은 암흑기다. 춥고 매서운 한파가 국민 살 속을 파고들고 있다. 문재인 좌파정권이 남긴 재앙은 참으로 참혹했다. 대한민국 사회는 니 편, 내 편으로 갈등과 분열, 대립이 극에 달해 있다. 좌우 서로 간 총만 들지 않았지 전쟁의 연속이다. 국민을 하나로 묶고 화합으로 이끌어 가야 할 정치판은 더 더럽고, 더 추잡하고, 법치파괴자와 반대한민국 세력과 위장기회주의자들이 국민을 속이고 선동 중이다. 상식과 합리, 보편적 진리가 사라지고, 법치가 무너지고, 삼권분립마저 위태롭다. 불의와 거짓 음모가 진실과 정의를 집어삼켜 버렸다.

문재인 좌파정권이 남겨준 반역과 불의는 대한민국을 잠식시켰고 국민들 일상생활의 미세한 국면까지 지배력을 행사했다. 좌파정권은 종북세력들과 함께 대한민국의 역사와 정체성마저 부정했다. 거짓과 가짜의 위선자들이 쳐 놓은 저들의 경계선에서 가면을 쓴 자들의 극악 무도한 횡포가 마치 법의 정의처럼 포장되었다. 이 대한민국이 어떤 나라인가. 피와 땀으로 일구어

폭설 속 노동이사제 반대 태극기집회 행진

낸 오늘날 국민 모두가 자랑스러워하는 대한민국이다. 왜 이 대한민국이 반대한민국 세력들에 의해 부정당하고, 국민의 삶이 고통받고, 상식과 공정이 무너져 내려야 하는가. 불의와 거짓이 한국 사회를 뒤덮어버렸다.

도대체 이들이 어떤 권한으로 국민 삶을 갈기갈기 찢어놓고 자유대한민국을 죽이기 위해 안달이었을까. 나라가 이 지경으로 가는 데도 민의의 대변인이라 자처하는 정치인들은 이런 이들의 폭정에 눈을 감아버렸다. 이런 상황에 대해 눈을 감고 나의 기득권을 지켜가는 편한 길을 갈 것인지, 눈을 뜬 후 고통을 감수하는 가시밭길로 갈 것인지. 누구나 편한 길을 선택할 것이는 반칙은 징벌받는 게 정의라 믿었다. 그런데 그 믿음이 깨졌다. 인간이 인간을 지배하는 정치, 언론, 법의 계산된 세뇌, 그 세뇌 속에 길들여지면서 이성을 상실했다. 거기에 울분을 느끼고 있다. 그 울분이 분노가 되었다. 그 분노가 강물을 이루고 있다. 침묵했던 민초들이 분노했다. 이방인들까지 걸음을 멈추게 했다. 민심의 양심을 깨우게 했다. 세상에 눈을 뜨게 했다.

눈보라가 쳤던 그 추운 겨울, 그 땡볕 더위 속에서 오직 태극기를 들고 '자유 대한민국'을 외쳤다. 우리의 외침은 자유대한민국을 지키기 위함이었다. 거기에는 그 어떤 사익도 없었다. 애국심이었다. 어둠의 세력을 몰아내기 위해 7년째 붉은적폐 세력과 싸웠고, 또 싸워왔다.

"부패를 부패라고 이야기하지 못하고, 거짓을 거짓이라고 이야기하지 못하고, 불의를 불의라고 이야기하지 못하고, 침묵하고 굴종하면 대한민국은 암흑의 시대로 가는 것입니다. 그 암흑의 시대를 막지 못한 2020년을 사는 우리 또한 죄인인 것입니다. 확실한 역사의식과 체제수호의식을 가지고 함께 투쟁해 주시기를 바랍니다."

〈2020년 10월 19일 우리공화당 최고위원회의 발언〉

이 시대의 정의, 그리고 미래

정치혁명의 길

대한민국은 건국 이후 최악의 상황을 맞았다. 정치권을 비롯한 권력자들은 총체적으로 부패했고, 이념과 계층간의 대립 갈등 분열로 온 나라가 이전투구의 아수라장이 되었다. 그들만의 특권과 반칙과 부정부패에 망해가는 대한민국의 현실을 보면서 많은 국민들은 분노를 넘어, 절망에 절규하고 있다. 나는 2016년 말부터 지금까지 하루도 쉬지 않고 거짓 불의의 세력, 반자유민주주의 체제세력, 공산·사회주의자 세력, 나라의 곳간을 헐고, 망상의 사회주의 경제정책으로 나라를 망하게 한 반시장경제 세력, 위대한 대한민국의 자유역사를 부정하는 좌파사회주의 망령들과 싸워왔다.

나는 절대 물러서지 않았다. 불의의 세력과 야합하지 않았다. 그들에게 굴종은 더더욱 하지 않았다. 내가 그 길을 걸어온 것은 자유민주주의 대한민국을 지키기 위해서다. 자유민주주의를 부정하는 반동세력들에게 속거나, 억압당해서 저항할 용기를 잃고 희망을 잃은 국민들께 '국민이 살아 있음'을 알리기 위해서였다. 모든 권력은 국민으로부터 나온다는 헌법적 가치를 지키고 알리기 위해 온갖 희생을 무릅쓰고 저항하고 투쟁해왔다. 그래서 자유대한민국에 태어나서는 안 되는 '공산·사회주의 반동세력'을 몰아내는 데 앞장서왔다. 오늘날 대한민국이 파국의 혼란으로 내몰린 것은 위장보수의 탈을 쓴 가짜보수, 껍데기에 불과한 거짓의 가짜 보수들의 탓도 크다. 이들을 몰아내는 것 또한 자유민주주의 체제를 수호하는 적통보수의 길을 가고자 하기 위함이었다.

추잡하고, 비겁하고 부패한 정치세력과 용기 없는 지식세력들과 결별하고, 깨끗하고 정의롭고 용기 있는 사람들이 정치의 주체가 되는 정치교체, 정치혁명의 길만이 대한민국을 살릴 수 있다.

정치혁명의 길은 쉬운 길이 아니다. 지금의 정치인이나 정당들은 보수해서 고쳐 쓸 수도, 부분적인 변화와 개혁으로는 바꿀 수도 없는 총체적 무능과 부패의 늪에 빠져있다. 깨끗한 정치, 민초중심의 정당, 국가정체성과 헌법적 가치를 뚜렷한 기치로 내건 정치혁명이 필요한 시기다. 이 정치혁명은 우리에게 주어진 국민들의 명령이며, 역사적 책무다.

부정부패하고, 사리사욕에 눈 멀고, 자기 가족이나 자신의 명예만 생각하는 정치인은 정치권에서 영원히 퇴출시켜야 한

다. '국방의 의무'를 비롯한 국민의 의무를 다하지 않는 파렴치하고 이기적인 자들을 몰아내어야 한다.

　　스스로 자정하지 못하고, 변화·개혁하지 못하는 자들은 국민들의 힘으로 바꾸어야 한다. 부정부패하고 무능한 정치인들은 레짐체인지가 답이다. 정당은 기득권 세력들만의 전유물이 아니다. 기존 정당을 정의로운 국민이 주인인 정당으로 바꾸어야 한다. 인물만을 따라다니는 '인물중심의 정당정치'를 배격한다. 정체성도 없고, 불의와 싸울 용기도 없으면서 오로지 득

표만을 위해 뭉쳐야 한다는 부패한 기득권 양당 정치의 낡은 틀을 깨부수고, 국민과 민초가 주인인 정당, 민초들에 의해 만들어지고, 운영되는 '국민민초정당으로 재탄생하기 위한 정당혁명'은 반드시 실현되어야 할 가치다. 당원과 국민들을 두려워하고, 약자 국민들을 존중하는 민초정당, 이것이 내가 국민과 함께 이루고자 하는 '정당혁명'의 핵심이다.

    대한민국에 자유민주주의 체제와 자유시장경제를 부정하고 침탈하는 친북·종북·종중·주사파·자생 공산·사회주의자들을 청산하는 '정치혁명'도 이루어야 한다. 자유민주주의의 핵심은 삼권분립이며, 의회민주주의다. 삼권분립을 훼손하고 침탈한 좌파독재세력과 의회민주주의를 파괴한 반의회주의자들을 배격하고 퇴출시켜야 한다.

이승만 대통령의 건국정신은 '자유정신'이다. 박정희 대통령의 부국강병·반공정신은 '애국정신'이다. 이 분들이 이루어온 대한민국을 더욱 발전시켜야 한다. 어려운 상황에서도 자신의 삶을 꿋꿋이 이어가시는 서민과 자영업자, 소상공인, 시장상인 그리고 수많은 평범한 국민들과 함께 이를 해나갈 것이다. 그 분들의 목소리에 귀를 기울여야 한다. 자영업자들의 고통의 절규가 극에 달하고 있다. 대한민국 주인인 이들이 살아갈 수 있도록 해주어야 한다.

거짓이 진실을 억누르고, 불의가 권력을 쥐고 정의를 억압하는 좌파독재의 '암흑의 나라'가 아니라 진실의 강물이 도도히 흐르는 나라, 정의가 어둠의 불의를 걷어내고 태양처럼 밝게 빛나는 희망과 정의의 나라로 만들어야 한다.

지금의 대한민국은 거짓과 불의가 세상을 뒤덮은 '어둠의 나라'가 되었다. 지식인은 용기가 없고, 관료들은 어리석고, 정치인들은 부패했다. 이 위선의 껍데기를 벗어던져야 한다. 비굴하고, 용기 없고, 애국심도 없고, 국민 사랑도 없는 이들을 심판해야 한다. 부정부패세력을 청산해야 하고 깨끗한 정치, 불의에 저항하는 정의의 정치, 진실의 정치, 서민과 미래세대에 희망을 주는 미래로 나아가는 정치를 국민과 함께할 것이다.

말보다는 행동으로, 생각보다는 실천으로, 비판보다는 참여로 국민이 함께하는 그러한 나라를 만들고 싶다. 서민의 고통과 고난과 아픔을 함께하는 정치, 행동하는 정치를 통해 국민에게 내일의 희망을 얘기할 수 있는 오늘, 그 희망이 현실이 되는 내일을 걸어갈 것이다.

"2016년 말부터 하루도 쉬지 않고 가시밭길을 걸어왔다. 용기 있게 좌파독재세력과 배신거짓세력에 맞서 투쟁하는 고난의 길을 걸어왔다. 앞으로도 거짓·불의의 세력, 반자유민주주의 체제 세력, 반의회주의세력, 반자유시장경제 세력들과 싸울 것이다. 어떠한 고난과 탄압에도 물러서지 않을 것이다. 대한민국은 자유민주주의 시장경제 체제로 세워진 나라다. 공산주의는 배격대상이다. 공산·사회주의자들이 꿈꾸는 연방제 망상을 분쇄시켜 버릴 것이다. 공산·사회주의자들의 반대한민국 침탈행위들을 막는 데 앞장 설 것이다."

〈2021년 10월 4일 서울 청계천 광장 연설〉

종전선언의 거짓평화쇼를 깨고, 북한 핵을 반드시 폐기시켜야 한다. 한미동맹을 강화하고 북핵 폐기가 안 되면 김정은 괴뢰정권을 레짐체인지해야 한다. 북한 핵을 후대에 물려줄 수는 없다. 대한민국을 중심으로 반중블럭, 반공산주의블럭을 형성해야 한다.

더 이상 국민들을 거짓촛불의 노예로 살게 해서는 안 된다. 자유정신이 살아 있는 대한민국을 만들어야 한다. 빼앗긴 자유와 빼앗긴 인권과 빼앗긴 국민의 권리를 다시 되찾아야 한다. 그것이 '자유혁명'이며, 국민이 원하는 '정치혁명'이다. 이를 통해 자유민주주의를 다시 일으켜 세우겠다.

문재인 좌파독재정권이 침탈한 공수처법, 언론재갈법, 국민탄압법, 좌파보호법, 원전파괴법, 자영업파괴법, 사회주의 경제법 등의 악법들을 즉시 되돌려 놓아야 한다. 문재인 좌파독재정권이 만든 분열과 갈등, 거짓과 위선을 걷어내고 우리의 냉혹한 현실을 직시하고 미래로 나아갈 것이다. 최악의 저출산, 고령화 문제를 해결하고, 청년의 일자리를 늘릴 수 있는 미래산업을 육성할 수 있는 과감한 개혁을 해야한다. 지금의 대한민국은 '상실의 시대'다. 정치의 자성기능의 상실, 법치의 정의기능의 상실, 경제의 성장기능의 상실, 복지의 지속가능기능의 상실, 문화의 다양성의 상실, 사회적 계층이동의 역동성의 상실의 시대다.

　　　지금의 대한민국은 '분노의 시대'다. 부동산 가격 폭등에 대한 분노, 내로남불에 대한 분노, 권력사유화에 대한 분노, 정치권과 집권층의 비도덕성에 대한 분노, 코로나19 희생 강요로 인한 분노. 이러한 상실과 분노의 시대를 종식시키기 위해서는 깨끗한 정치인에 의한, 용기 있는 국민에 의한, 미래에 희망을 줄 수 있는 정의로운 선거를 통한 정권교체와 정치혁명을 동시에 원샷으로 이루어야 한다. 나는 시대정신에 따른 소명의식을 가지고 그 길을 가겠다. 나는 진정성이 있고, 의리가 있고, 확고한 국가관이 있으며, 자유를 지키고자 하는 열정과 투쟁력도 있다.

노동개혁과 공무원연금개혁을 주도적으로 이끈 리더십과 경험도 있다. 자유시장경제의 독버섯과 기생충으로 전락한 민주노총과 전면전을 할 용기와 배짱도 있다. 자유우파 국민들은 체제수호와 국민의 안전과 나라의 번영을 위해 모든 것을 희생하고 바칠 각오와 준비를 마쳤다. 정권교체와 정치교체, 정치혁명을 위하여 좌파독재세력과 한판 결전을 치를 구국세력과 자유민주주의 체제 수호세력의 총결집을 위한 '대통합'의 문을 활짝 열어두겠다.

제 1 장 구국

김경수 드루킹 댓글공작 규탄 집회

이 시대의 정의, 그리고 미래

국가와 국민

2008년 대구에서 첫 국회의원이 된 후로 정치란 무엇을 하는 것인가에 대한 화두를 늘 가슴에 품고 살았다. 그건 아마도 돌아가신 아버님께서 나에게 당부하신 '사람을 가리지 말고, 누구의 말도 경청하고, 또한 할 말은 당당하게 하면서 사람들의 바람에 귀 기울일 줄 아는 사람이 되라'는 말과 별반 다르지 않았던 것 같다.

때로는 실향민이셨던 할머니의 고향을 그리는 바람처럼 나누어진 우리를 묶는 것이었다. 때로는 다리가 불편한 누님의 바람처럼 약자나 장애자가 소외되지 않고 능력을 나타내는 것이었다. 나라의 근간을 이루어 사람들의 소박한 꿈을 이루는 자리를 만드는 것이었다. 슬프고 억울한 삶이 없도록 두루두루 마음을 거두어 주는 것도 다 정치가 할 일이라고 생각했다.

정치가 있는 것은 국민의 삶 속이다. 바로 국민 속으로 들어가서 국민들의 바람을 최대한 받드는 것이 정치이고, 국민의 여망을 구체적으로 실현할 수 있는 실현 가능한 희망을 보여주는 것이 정치다.

　　그렇게 정치란 살아가는 사람들의 살아 있는 소망을 이루는 엄숙한 사명을 실현하는 것임을 알았을 때, 내 마음은 겸손해지고, 발은 자연스럽게 현장으로 향하고 있었다. 이렇듯 정치는 스킨십을 나누는 것에서부터 출발해야 한다. 모든 이슈에 대한 답은 국민 속에 있다. 지역, 이념, 계층 갈등 등 여러 가지 복잡 다양한 문제 해결 방법은 현장을 다니는 부지런함, 얼마나 많은 발품을 파는가에 달려 있다. 현실을 대하는 뜨거운 가슴, 열정이 필요하다.

　　상황에 대한 냉철한 판단과 사회 인식에 대한 보편적 사고가 필요하다. 보편적 사고 건전한 사회성이야말로 바른 정치의 기본이다. 대한민국 정치 실현은 자유민주주의 체제에서 이루어져야 한다. 자유가 잠식당하기 시작했다. 일부에선 "지금 자유가 무너졌느냐" 무슨 수구적인 발언을 하느냐며 못마땅해 하는 사람이 있다.

　　하기사 국민이 여행 다니고, 사생활 보호받고, 경제활동 하는 데 큰 지장이 없는데 "무슨 자유가 무너졌단 말인가" 반문할 수도 있다. 자유는 공기와 같다. 공기가 없어지면 인간은 살 수가 없다. 자유를 누려온 국민에게 자유가 사라지면 대한민국을 전체주의 국가가 되는 것이다. 문재인 좌파 정권 출범은 자유가 무너지는 시작을 알렸다. 대한민국 체제와 역사, 정통성이 무너져내리기 시작했다. 곳곳에서 보수궤멸론이 터져나왔고, 보수 우파 국민을 적폐로 보기 시작했다.

문재인 좌파 정권이 들어선 후 폭정과 독재정치가 이어졌다. 상식과 공정이 무너지고 불의와 거짓의 나라가 되어가고 있었다. 국민의힘은 이에 대한 대응조차 제대로 하지 못했다. 무능, 무사안일, 기득권 유지, 내부분열도 끊이질 않았다. 국민은 혀를 차고 안타까워했다.

좌파 정권이 물러났지만 지금도 국민들은 자유가 지켜지고 있는지 의구심을 나타낸다. 차기 총선서 보수정당이 과반수 이상을 획득하지 못하면 윤석열 정부가 위태로울 수 있다. 이럴 때 윤 정권이 좌파세력과 권력 야합을 하지 않을까 노심초사다.

나는 국민 속으로 들어가서 지금도 반대한민국 세력과 위장기회주의자들에 맞서 싸우고 있다. 여전히 외롭고 힘든 싸움의 연속이다. 나만이 그런 것이 아니다. 함께 싸워온 국민들도 지치고, 현실에 실망해서 무관심으로 돌아선 분들도 많다.

병마와 싸우며 나라 안위를 걱정하는 사람도 있다. 하늘나라로 먼저 가셨던 분들도 있다. 여전히 이를 악물고 싸우는 분들도 있다. 정치인과 사회지도층이 해야 할 일을 국민이 대신하고 있다. 그 희생의 대가가 참혹했다.

일제 강점기에 6.25 전쟁. 대한민국은 고난의 역사였다. 6.25 전쟁 직후 선진국의 원조를 받아 최빈국에서 선진국으로 성장한 유일한 나라다. 대한민국 자유와 평화는 호국 영령들의 피로써 지켜졌다.

나라를 나라답게 만든 기초는 우리 할아버지와 아버지 세대들의 피와 땀과 눈물과 정성으로 만들어졌다. 좋은 나라 부강한 대한민국을 물려주기 위해 독일로 간 광부와 간호원들. 뜨거운 사막에서 공사를 했고, 공장에서 밤낮으로 일을 했었다. 대한민국의 번영은 이들의 헌신적인 노력의 결과였다. 우리는 이 대한민국에 잠시 머물다 간다. 자유대한민국이 무너지고 위장기회주의자들이 판을 치는 대한민국을 미래세대들에게 물려줄 수 없지 않는가.

우리는 지나온 70년을 되돌아보고 다가올 100년에 대비해야 한다. 선진국 문턱에서 더 이상 좌절하지 않게 국민 모두가 힘을 합해야 한다. 대한민국의 그 어떤 것을 지켜야 하는지, 우리가 지향해야 할 가치가 무엇인지, 정치인은 무엇을 해야하고 우리의 미래 성장동력이 무엇인지 대한민국 백년대계(百年大計)를 설계해야 한다. 그렇게 하기 위해선 정치가 국민에게 희망을 주어야 한다. 그렇게 하기 위해선 반대한민국 세력들로부터 자유대한민국을 지켜내어야 한다. 그렇게 하기 위해선 자유통일을 이루어 더욱 찬란한 번영을 이루어내어야 한다.

1968년 12월 5일 박정희 대통령이 선포한 국민교육헌장에 우리의 나아갈 방향이 함축적으로 제시돼 있다.

"우리의 창의와 협력을 바탕으로 나라가 발전하며, 나라의 융성이 나의 발전의 근본임을 깨달아, 자유와 권리에 따르는 책임과 의무를 다하며, 스스로 국가 건설에 참여하고 봉사하는 국민정신을 드높인다. 반공 민주 정신에 투철한 애국 애족이 우리의 삶의 길이며, 자유세계의 이상을 실현하는 기반이다. 길이 후손에 물려줄 영광된 통일 조국의 앞날을 내다보며, 신념과 긍지를 지닌 근면한 국민으로서, 민족의 슬기를 모아 줄기찬 노력으로, 새 역사를 창조하자."

옳았다

국민의힘은 정치적 고향이다. 내가 몸담았던 새누리당, 자유한국당(국민의힘 전신)은 나에게 너무나 소중한 대한민국 가치, 자유민주주의 가치, 보수가 가야 할 가치를 깨닫게 해주었다. 나는 새누리당, 자유한국당에 있으면서 오직 우리 후손들에게 대한민국다운 대한민국을 물려주기 위해 온갖 비난을 무릅쓰고 공무원 연금개혁을 이루었고, 노동·금융·공공·교육 개혁에 앞장섰다.

종북세력 통진당 해체와 북한인권법, 테러방지법 처리 등 대한민국 자유민주주의와 시장경제를 지키기 위한 일에는 한 치의 망설임도 없이 앞장섰었다. 그러나 새누리당은 대한민국 체제가 붕괴될 위험에 직면해 있었는데도 적극적 대응을 하지 못했다.

2016년 11월부터 촛불난동 시위가 본격 시작되었다. 새누리당은 이것이 대한민국 체제를 무너뜨리려는 좌익세력들의 선동임을 알아채지 못했다. 아니 알고 있었지만 보복이 두려워

이 시대의 정의, 그리고 미래

테러방지법 필리버스터 대응 1인 피켓 시위

서 눈을 감아버렸다. 일부는 촛불난동을 대의민주주의로 포장도 했다. 탄핵도 마찬가지다. 탄핵에 반대한 의원도 있었지만 이들은 탄핵의 본질을 꿰뚫고 있지 못했다. 탄핵을 주도했던 세력들은 새누리당을 집단 탈당, 2017년 1월 말 바른정당을 창당했다.

자유한국당은 큰 혼란에 빠져들었다. 위기 앞에서 맥을 추지 못했고, 대한민국이 촛불에 타들어 가도 내부분열과 기득권을 지키기에 급급했다. 사람이 가장 어려울 때 인간의 본성이 나타나듯이 자유한국당은 나약함과 무기력 정당의 모습을 그대

제1장 구국

탄핵소추표결 전 새누리당 마지막 의원총회(2016.12.9.)

로 보여주었다. 포퓰리즘과 좌파들의 거짓선동에 당당히 맞서지도 못했다. 내가 평소 알았던 의원 동료 선후배가 맞는지 저들은 나에겐 전혀 딴 사람이었다.

대한민국 헌정사상 보수 국민이 거리로 나온 것은 처음 있는 일이었다. 수십, 수백 만명이 자유대한민국을 지키기 위해 거리로 나왔지만 자유한국당은 이들을 외면해버렸다. 국민들이 그렇게 힘들게 피눈물을 흘리면서 분노하고 계시고 아파하고 계시는데 자유한국당은 국민의 마음을 담아내지 못했다. 좌파세력들은 보수를 궤멸시키려 했고, 대한민국 역사와 정통성, 정체성까지 허물려고 달려들었지만 숨어버렸다.

나는 태극기 애국국민을 안아야 한다고 역설했지만 나의

이 시대의 정의, 그리고 미래

탄핵주도 김무성, 유승민 (전)의원

역설은 공허한 메아리였다. 나를 향해 당과 나라를 망치고 있다고 공격했다. 촛불민심을 짓밟고, 진실을 호도하고 역사의 수레바퀴를 거꾸로 돌리려 하고 있다고 비난하기도 했다. 이들과 대화하고 이들을 깨우치게 하는 것도 무의미했다. 돌로 바위치기나 다름없었다. 정책적 문제라면 밤을 새워서라도 토론도 하고 대안을 모색하겠지만 이것은 정책적 문제가 아닌 이념적 문제인 동시에 정체성의 문제였다.

자유한국당은 자멸의 길로만 빠져들었다. 점점 식물정당으로 전락해버렸다. 대한민국의 정체성인 자유민주주의를 부정하고 보수를 궤멸시키려는 좌파세력과의 대결이 정의와 불의의 대결이며 진실과 거짓의 대결이다. 남북이 분단되어있는 이 시점에서 대한민국의 정체성인 자유민주주의와 시장경제 논리를 바탕으로 한 자본주의와 우리의 미래세대의 안전을 지켜주는 것은 우리가 반드시 해야 할 '역사적 책무'였다.

대한민국 미래를 위해 자신이 '희생의 불쏘시개'가 되어 좌익세력과 싸울 용기가 필요했다. 대한민국과 미래세대에게는 반드시 희망의 대한민국을 물려주어야 했다. 이것은 진실과 정의, 신뢰와 약속이다. 그 평행선이 이어져 오고 흔들리지 말아야 한다는 결심을 하고 또 했다. 이것은 나의 가치와 신념이다. 아무리 정치인들이 자신만을 위한 정치를 한다지만 이러한 것을 외면해선 안된다.

우리가 가는 길이 정의롭다고 생각했기 때문에, 우리가 가는 길이 대한민국을 위해서 오로지 우리가 할 수 있는 일이라고 생각했기 때문에, 우리에게 주어진 역사적 책무를 우리는 할 수 있다고 생각했기 때문에, 우리는 그 길을 뚜벅뚜벅 걸어와서 이미 6년이 지났다. 하루도 빠지지 않고 우리는 투쟁을 했다. 그런데도 민주당이나 국민의힘 같이 부패하고 무능하다는 소리 들어보셨나? 그래서 우리공화당 동지들이 위대하다는 것이다. 우리공화당과 같이 국민들을 받들고 대한민국 국민만을 위해서 정치를 할 수 있는 그러한 정치 풍토가 되어야 한다.

차기총선에서는 정치개혁이 이루어져서 국민들을 위하

이 시대의 정의, 그리고 미래

는 올바른 정치를 하는 세력, 정의를 부르짖는 세력, 거짓이 아니라 진실을 얘기하는 세력, 불법·불의와 타협하지 않는 세력, 오로지 대한민국의 자유민주주의 체제를 수호하고 자유시장 경제를 수호하고 자유통일을 이루겠다는 신념이 있는 그러한 정당 그러한 정치인들이 국회로 많이 진출해야 한다.

"대한민국 국민 여러분 누가 옳았습니까, 무능하고 무책임한 권력만 쫓아가는 국민의힘이 옳았습니까. 문재인 좌파 독재정권이 체제를 바꾸고 시장 경제를 죽일 때 그들은 침묵했다. 독재정권 5년동안 주사파를 중심으로 나라는 개판됐다. 나라의 체제는 무너지고 법치도 무너지고 정의가 무너지며 불의의 세상이 됐을 때 국민의힘 정치인들은 과연 무엇을 했는가?"

〈2023년 6월 24일 서울역 태극기 집회에서〉

제 **2** 장

자유대한민국

1948년 8월 15일 건국된 대한민국은 자유민주주의 체제를 구축한 나라다.
6.25 전쟁을 겪은 대한민국은 세계 경제 10대 대국으로 성장했다.
대한민국의 눈부신 발전에 세계가 놀라워 하고 있다.
우리는 이 위대한 대한민국을 더욱 발전시켜야 한다.

건국

1948년 8월 15일 대한민국이 건국됐다. 1948년 대한민국 건국은 '총선거(5.10) → 제헌국회 구성(5.31) → 헌법 제정(7.17) → 대통령 선출(7.20) → 건국(8.15)'의 5단계로 진행됐다. 주권을 가진 국민이 선거에 의해 대통령을 선출했다. 건국의 선포는 만방에 새로운 나라의 출발, 새로운 역사의 시작을 알리는 종소리였다. 건국은 공산세력의 적화혁명 노선에 대항하여 전개한 자유민주주의 산실이었다.

1945년 해방은 불완전한 독립이었다. 일본제국주의는 대한민국 임시정부가 아닌 미국에 항복했다. 한계를 지닌 광복임을 우린 곧장 깨달았다. 사생결단의 좌우익 대립에다 동족상잔의 비극까지 감수해야 했다. 1948년 당시 전 남한에 자유민주주의 체제를 구축한 것은 분명 위대한 선택이었다. 대한민국이 반쪽으로 불완전하게 출발했지만, 그 대한민국에 구축한 자유민주주의 체제는 오늘날 대한민국이 산업화와 민주화를 거쳐서 번영의 길로 들어선 모태였다. 이런 대한민국을 부정하는 세력

제 2 장 자유대한민국

8.15 건국절 태극기집회

이 있다. 종북 좌익 세력들이다. 그 중 문재인 전 대통령도 포함돼 있다. 문 전 대통령은 대한민국이 1948년 8월 15일에 건국되었다는 명백한 역사적 사실에 적대감을 드러낸다. 그는 2016년 8월 15일 자신의 페이스북에 '8월 15일을 건국절로 지정해야 한다'는 의견에 대하여 "역사를 왜곡하고 헌법을 부정하는 반역사적·반헌법적 주장, 대한민국의 정통성을 스스로 부정하는 얼빠진 주장"이라고 밝혔다.

그는 "대한민국임시정부가 국민에게 주권이 있는 민주공화국을 선포한 지 100년이 다가오는데도 우리는 아직 민주공화국을 완성하지 못했고 국민주권을 실현하지 못했다"고 했다.

국민의 주권행사로 뽑힌 '대한민국 대통령'이 대한민국을, 아직도 '국민주권'이 실천되는 나라가 아니므로 정상적인 국가가 아닌 '임시국가' 정도로 보고 있었다.

그는 대통령이 된 후, 이런 생각을 정책화하여 2018년을 대한민국 수립 70주년이 아닌 임시정부 수립 100주년으로 기념했다. 1948년 건국을 부정하는 주장의 중대한 위헌성은 대한민국이 헌법과 선거를 통하여 수립, 역사적 정통성과 국제적 정당성을 얻었다는 점을 부정하는 것과 같은 맥락이다. 민족사에서 처음으로 국민이 선택한 정부였고, 유엔총회가 이 점에 근거하여 대한민국을 한반도의 유일한 합법정부로 공인한 점을 무시하는 것은 이들이 선거라는 민주적 절차의 의미를 부정하는 자가당착이다. 1948년은 엄연히 대한민국 건국 원년이다. 자유민주주의 국가, 대한민국 수립은 1948년이며, UN(국제연합)이 한반도 유일한 합법정부라고 인정했다.

대한민국 헌법은 상하이 임시정부의 법통을 계승한다고 했다. 동시에 대한민국 정부수립일 또한 1948년임은 엄연한 역사다. 누가 뭐라 해도 1948년이 건국일이다. 1919년을 건국일로 보는 견해는 역사적 오류이며, 완전히 틀렸다. 그러나 건국절 관련, 이종찬 광복회장이 도발했다. 이 광복회장은 언론 인터뷰와 이런 저런 강연을 통해 "3·1운동과 대한민국임시정부가 수립된

1919년을 대한민국의 원년으로 삼아야 한다"고 했다. 이 회장은 "우리는 이미 기원전 2333년에 건국을 했으며, 건국이 아니라 대한민국 정부수립이었다"고 강조했다.

이 광복회장은 2023년 8월 10일 여의도 국회도서관에서 열린 제78주년 광복절 기념 대한민국의 정체성 대토론회에서도 "대한민국의 원년은 1919년"이라며 "1948년 건국론은 이런 역사의 지속성을 토막 내고 오만하게 '이승만 건국론'으로 대체한 것이고 우리는 이에 반대한다"고 분명히 건국절 반대 입장을 밝혔다. 이 회장은 또 "이를 부정하는 세력은 임시정부를 인정하지 않는 북한을 옹호하는 집단, 또는 독립운동을 고의로 폄하·왜곡하는 극우세력"이라며, 1948년이 대한민국 원년이라는 주장에 대해선 "일본의 주장, 이설"이라고 평가했다. 문 전 대통령과 이 회장의 건국절 이념은 같은 선상에 있는 것만은 틀림없다. 1948년 대한민국 건국을 부정하면 필연적으로 북한 정권의 정통성을 인정하게 되든지 그들의 억지를 강화하게 된다. '국가'는 특정 지역을 배타적으로 지배하면서 영토에 거주하는 주민들에게 특정 질서를 강제할 수 있으며 외부 세력과 관계를 맺되 외부 세력으로부터 간섭을 받지 않는 정치 단체다. 그래서 국가가 되려면 네 가지 조건을 갖춰야 한다. 그 나라를 국적으로 등록한 인구, 명확한 영토, 영토에 거주하는 인구를 통제할 수 있는 정부,

다른 국가들과 관계를 맺을 수 있는 능력(주권)이 그 조건이다.

"대한민국의 건국을 부정하는 세력은 대한민국 국민이 아니라 붉은 세력들이다. 자유대한민국은 김일성 공산사회주의 세력을 비롯한 온갖 좌파세력들의 저항과 악랄한 방해공작을 물리치고, 자유민주주의와 시장경제라는 위대한 정신을 바탕으로 건국한 위대한 나라다. 위대한 자유대한민국의 건국일을 1919년으로 규정하는 건국 부정세력들은 불순한 좌파 공산사회주의 세력의 아류에 불과하다."

〈2023년 8월 14일 보도자료〉

이 회장은 건국을 부정하는 세력의 우두머리 노릇 중단해야 한다. 이 회장의 이런 건국절 오도는 대한민국 정체성 뿐만 아니라 한민족 역사 정체성과도 직결되는 엄중한 문제다.

"이종찬 광복회장의 말대로라면 1919년부터 자유대한민국이 탄생한 것인데, 그 이후에 공산 사회주의 세력들이 김일성을 중심으로 북한이라는 나라를 만들었다. 그렇다면 북한도 자유대한민국인가. 말도 안되는 헛소리를 하는 이종찬 광복회장은 건국을 부정하는 세력의 우두머리 노릇을 즉각 중단해야 한다."

〈2023년 8월 9일 보도자료〉

제 2 장 자유대한민국

2023년 8월 15일 우리공화당은 서울역서 광복절 집회를 가졌다. 이날 대한민국 건국절을 선포했다.

8.15 건국절 태극기집회

"이종찬 광복회 회장은 정신 좀 차려야 한다. 건국이 없는 나라는 없다. 우리공화당은 건국 75주년 8월 15일이 대한민국의 건국일이라는 것을 명확하게 밝히고 역사에 새겨야 한다."

⟨2023년 8월 15일 서울역 집회 발언 중⟩

이 시대의 정의, 그리고 미래

대한애국당 창당

돌이켜보면 문재인 정권 5년이 어떻게 지나갔는지 모르겠다. 좌파정부든, 우파정부든 정책은 정부의 색채에 따라 바뀔 수도 있고, 이에 대한 비난을 할 수 있다. 흔히들 경제가 먹고 사는 문제라면, 안보와 체제는 죽고 사는 문제다. 죽고 사는 문제는 한 마디로 '너가 죽느냐, 내가 죽느냐'는 양자 택일이다. 문 좌파 정권은 대한민국 안보와 체제를 죽어가도록 했다. 이 체제를 지켜야만 했다. 체제전쟁은 희생과 자기희생이었다.

"가시밭길로 가자. 고통의 칼날에 서자."

내가 집회에서 외치는 단골 구호다.

2017년 8월 30일 대한애국당(우리공화당)을 창당하면서 "오늘은 대한민국의 정체성과 보수의 가치를 지킬 수 있는 새로운 우파 정당을 원하는 애국국민들의 열망이 이루어진, 한국정치의 역사가 바뀌는 날"이라고 말했다.

대한애국당 창당

모두가 정신을 놓았을 때 자유민주주의 가치를 강조했다. 모두가 문재인 좌파 정권에 겁먹었을 때 거리로 나와 그들의 반헌법적 정체성을 폭로했다. 이것은 오로지 대한민국 자유민주주의 체제를 지키기 위함이었다. 나는 위협을 무릅쓰고 의도적인 강한 말을 쏟아냈다. 이것은 국민의 분노를 대신해준 것이었다.

"6·15 선언을 지키자고, 10·4 선언을 지키자고 그러면은 200조는 들어간다. 핵폐기 한마디도 얘기 안 하고 200조를 약속하는 이런 미친 새끼가 어딨냐. 이 인간이 정신이 없는 인간 아닌가. 미친놈 아닌가. 어제 보니까 이 촛불쿠데타 권력 찬탈 명령자는 김정은이고 수행자는 문재인이 확실한 거 보셨죠. 대한민국 가짜 대통령은 김정은 저 새끼한테 가 가지고 굽신굽신하고 있다. 가짜 대통령 부인이라는 사람은 좀 정숙하던지 나불나불나불하고 있다."
〈2018년 4월 28일 서울역 태극기 집회 발언〉

2018년 5월 3일 더불어민주당은 이 발언을 걸고넘어지면서 나를 고소했다. 송기헌 더불어민주당 의원은 서울중앙지검(검사장 윤석열)을 방문해 고발장을 제출했다. 송 의원은 기자들에게 "조 의원의 문 대통령에 대한 막말 사건을 도저히 묵과할 수 없어 허위사실에 의한 명예훼손으로 고발을 하게 됐다"며 "이번 고발을 계기로 앞으로 정치권에서도 지나친 막말은 없어져야 한다고 생각한다"고 말했다.

고발장 제출에 함께 한 백혜련 의원도 나에 대한 고발은 법률적으로 신속한 수사가 필요하다며 이미 증거자료가 너무나 명백하다고 밝혔다. 조사에 응하지 않더라도 기소할 수 있는 상황이라고 주장했다. 모욕죄는 피해 당사자가 고소를 해야만 처벌할 수 있는 친고죄이지만, 허위사실에 의한 명예훼손죄는 제3자의 고발이 가능하다.

모욕을 당한 당사자인 문 전 대통령이 나를 고소해야 했다. 민주당은 문 대통령도 대통령이기 이전에 더불어민주당원이기 때문에 당이 피해자라 나를 고소했다는 해괴한 논리를 펼쳤다. 나는 이런 고소 고발에 눈썹 하나 까닥 안했다. 이런 것이 무섭고 두려웠으면 애시당초 가시밭길로 나오지 않았다.

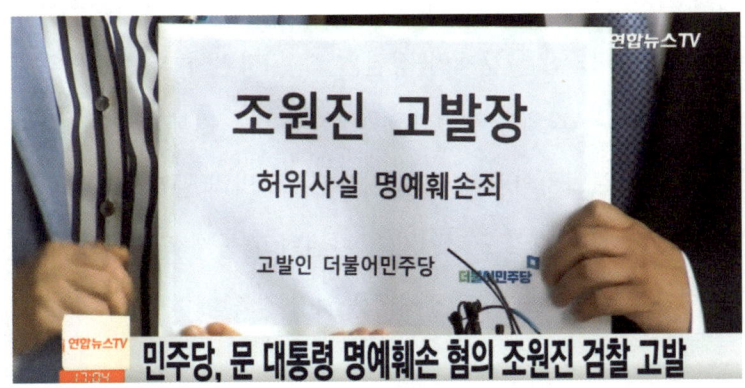

민주당 고발장(출처:연합뉴스TV)

헌법수호

하버드대 정치학자인 스티븐 레비츠키(Steven Levitsky)와 대니얼 지블랏(Daniel Ziblatt)은 저서 '민주주의는 어떻게 무너지는가(How Democracies Die)'에서 "선거를 통해 권력을 장악한 독재자의 시나리오에서 가장 비극적인 역설은 그가 민주주의 제도를 미묘하고 점진적으로, 심지어 합법적으로 활용함으로써 그 민주주의를 죽인다"고 경고했다.

두 교수는 "민주적 규범의 핵심인 상호인정/존중(mutual tolerance)과 권력의 절제(forbearance)가 이루어지지 않으면 형식적 법치주의만으로는 자유민주주의를 지킬 수 없다"고 밝혔다. 촛불로 권력을 잡은 문재인 정권은 좌파 정권의 지속성을 위해 헌법을 허무는 작업을 했었다. 헌법은 국가의 기본 법칙이다. 법의 지배 혹은 법치의 확립 또한 자유민주주의의 발전에 필수적인 요소다. 정부 권력의 근거이자 국가권력의 통제 원리이기도 하다. 그래서 헌법은 국가의 정체성을 가장 잘 알게 해주는 표지다.

문재인 좌파정부는 법치주의를 무너뜨리고, 헌법기관을 무력화시켰다. 법의 지배 대신 전체주의적 법의 이름을 빌린 지배로 국민을 겁박했다. 헌법에서 자유를 삭제하는 체제변혁적 개헌을 시도했다. 공수처로 상징되는 반헌법적 독재 도구를 설치했다. 역사왜곡금지법 등 국민의 기본권을 본질적으로 훼손하는 위헌법률을 양산하는 의회독재를 서스럼없이 자행했다. 사법부 독립을 부정하는 함량 미달의 부적격자를 대법원장에 임명했고, 사법부를 이념편향적인 자들로 채워 넣었다. 삼권분립은 작동되지 않았고, 헌법재판소와 중앙선거관리위원회 등 입헌주의와 민주주의를 지탱하는 모든 기관을 패거리 정권의 친위부대로 전락시켰다. 애국 선열의 숭고한 피로써 지켜온 자유민주주의와 경제번영, 국가안보를 파기시켰다. 대한민국을 폭정과 반문명, 야만의 시대로 이끌었다.

이런데도 대부분 사람들은 문 정권이 정확하게 무슨 일을 벌이는 지 알아채지 못했다. 이는 쿠데타나 계엄령 선포, 헌정 질서 중단처럼 독재의 경계를 넘어서는 명백한 순간이 없기 때문에 사회의 비상벨은 울리지 않았다. 문제는 이들이 근대국가의 민주정치체제 나아가 근대성 자체를 뛰어넘는 '민중 중심의 민주주의', '민중이 주인되는 주권자 민주주의'를 실현하겠다고 나서는 데 있다. 지배계급의 교체도 이들의 목표다.

한국 사회의 양극화는 국수주의적 포퓰리즘과 결합해 대중적 폭발력을 확보하고 있다. 이들은 자신들이 '거악'과 싸우며 서민을 대변하는 투사로 포장한다. 이 과정에서 보수 우파를 적폐로, 친일로, 친미주의로 몰면서 좌파들은 '죽창가'와 '양키고홈'을 부르짖고 있다. 좌파들은 정치 논리나 대중의 감성을 자극하는 데 프로급이다. 이에 저항하는 자들을 '극우'로 몰아넣는다.

'폭정'의 저자인 예일대 사학과 티머시 스나이더 교수는 '폭정'에서 '야만의 시대'가 등장할 때 나타나는 현상들을 제시했다. 국가 내부 문제를 외부 문제로 돌리는 선동, 합리적이고 이성적인 대화의 부재, 민주주의 덕목 실종 등이다. 이런 전조 증상이 시작되면 명확한 낱말과 개념은 사라지고 자극적인 선동이 대중을 도취시킨다고 했다. 자유민주주의가 죽어가는 과정을 국민들은 인지하지 못했다. 나치즘과 문화혁명이 참극을 일으키기 직전까지 '설마'를 연발한 국민은 그후 알아버렸다. 그 때는 이미 폭정이 지배했을 때다. 스나이더 교수는 "정치에서는 속았다는 건 변명이 되지 않는다"고 주장했다.

이들에게 민족과 민중이야말로 절대 선이다. 이들이 민중이 주인되는 민중공화국을 지향했다. 대한민국이라는 국가와 그 자유민주주의 정치체제, 그리고 시장주의 경제를 철저히 부정, 이를 자신들이 생각하는 관념적 유토피아로 대체하려고 치밀하게 움직였다.

붉은 탄핵 집회

탄핵기각 헌재 앞 집회(2017.3.10.)

이 시대의 정의, 그리고 미래

반공이 국시

반공이 범죄인가? 대한민국 헌법과 역사적 경험 하에 구축된 국가 정체성은 '반공자유민주법치국가'로 정리된다. 이 정체성은 '대한민국만이 민족사의 유일한 정통국가이고 한반도의 유일한 합법국가'라는 정통성에 기반을 두고 있다.

헌법 제1조 대한민국은 민주공화국이다. 공산주의가 배척의 대상이다. 박정희는 5.16 혁명 공약의 첫 조항에서 반공(反共)을 국시(國是)의 제일의(第一義)로 삼는다고 선언하였다. 공산세력을 분쇄하겠다고 다짐했다. 이것은 자유민주주의 체제로 건국된 대한민국의 정치적 목표를 가장 충실하게 계승한 정신이었다. 이 덕분에 대한민국은 세계 10위권 경제대국으로 성장했다. 좌파세력과 일부 보수층은 '반공'에 대하여 혐오감 내지 적대감을 드러내고 있다. 한국은 반공이 국시다. 자유 체제에서 멸공은 당연하다. 이승복은 1968년 11월 2일 삼척 울진지방에 침투한 무장공비에게 무참히 살해당하면서 "나는 공산당이 싫어요"라고 항거했다. 그 때 나이 열 살이었다. 하물며 자유 체제에서 살아가는 국민이 '멸공'을 외치는 데 왜 공격을 당해야만 하는가. 멸공을 반대하는 자들이 공산주의주다.

"우리공화당은 문재인 좌파독재정권과 맞서 싸웠고, 문재인의 사회공산주의 정책을 막기 위해 목숨을 다해 싸웠다. 우리공화당은 강력한 한미동맹을 바탕으로 제2쿼드 가입을 통해 반중·반공블록을 형성하고 강력한 반공정책과 함께 문재인 정권에 의해 사실상 사문화된 북한인권법을 정상화할 것이다."

〈2022년 1월 11일 보도자료〉

사실 '반공', '멸공' 등의 용어는 60, 70년대 남북이 체제 경쟁을 벌이던 때 자주 쓰이던 말이다. '반공', '멸공'을 비판하는 사람이 처벌을 받던 시대였다. 군대 경례 구호에 '멸공'도 있었다. 공산주의 척결은 반공에서 가능하다. 반공이 무너지면 공산주의 세력들이 대한민국을 공산주의로 전환시킬 것이다. 반공은 극우의 상징이 아니다. 대한민국 지킴이 상징이다. '멸공'을 철 지난 색깔론이라고 말한다. 왜 멸공이 철 지난 색깔인가.

북한 공산 정권이 무너졌다면 반공과 멸공은 사라질 수 있지만 남북한은 전쟁이 끝나지 않은 정전상태다. 북한 김정은 집단과 이들을 추종하는 종북주의자들은 대한민국 적화를 노리고 있는데 왜 반공과 멸공을 허물어야 하는가.

박정희 대통령 탄신 105주년(2022.11.14. 구미 박정희 대통령 역사자료관)

극우

좌익세력과 가짜보수 세력들은 날 향해 '극우'라 한다. 자유대한민국을 지켜야 하고 불의와 거짓·조작·선동 세력을 몰아내야 한다는 나를 극우라 한다. 잘못된 것이다.

극우는 극단적으로 보수주의적이거나 국수주의적인 성향을 가진 사람이나 세력을 일컫는다. 덧붙여, 정치학계에서 극우에 대해 파악할 때는 민족주의, 인종주의, 국수주의, 제노포비아, 권위주의, 민주적 질서에 대한 반동 등의 다양한 개념을 복합적으로 놓고 판단해야 한다고 지적한다.

극우주의자는 전체주의자나 인종주의에 기반한 배타주의자들과 민족주의를 부르짖는 자들이다. 유럽에서 정치적 극우주의는 인종주의나 민족주의 또는 지역주의에 기초한 포퓰리즘에 기초하고 있다. 극우는 독일의 나치즘, 이태리의 파시즘, 러시아의 스킨헤드, 일본의 군국주의 등을 지칭하는 것이다. 독일의 히틀러는 끔찍한 홀로코스트(유대인 대학살)를 자행했다. 억압과 폭력에 순응한 세계는 파국으로 치달았다. 이것은 극우주의가 자행한 대표적인 행태다.

　　진실·정의투쟁, 불의에 맞서오고 오직 자유대한민국을 지키고 잘못된 것을 "잘못됐다" 지적해 온 나에게 이런 극우프레임을 씌운다면 백번이라도 받아들이겠다. 난 백주에 테러를 자행한 적도 없다. 나치주의와 파시즘을 배격했다. 폭력과 혐오, 극단의 민족주의를 지향하지 않는다. 오히려, 각종 공공기관을 점거하고, 도시를 폭력으로 물들게 한 좌파 시위자들, 미국과 미군을 대한민국에서 몰아내고, 오직 '우리 민족끼리'를 외치는 적화통일에 동조하는 그 주사파 세력들이 극우에 해당되지 않는가.

　　이들 세력들이 나를 극우로 매도하는 것은 나의 진실과 정의 투쟁이 그만큼 두렵기 때문이 아닐까. 그렇다면 자유대한민국을 사랑했고, 경제발전에 기여했던 순수한 사람들도 극우인가. 이들은 자유대한민국을 지키고, 좌파독재 폭정에서 나라를 구하기 위해 저항해온 자랑스런 대한민국 국민이다. 대한민국이 세계 10대 경제대국이 될 수 있도록 헌신을 하신 분들이고, 대한민국을 북한 침략으로부터 막아낸 분들이요, 허리띠 졸라매도 자식을 잘 키워 국가발전에 이바지하고자 했던 우리네 이웃 아저씨, 아주머니들이다. 그러면 이들도 덩달아 극우인 셈이다.

　　대한민국을 지키려는 자는 극우로, 대한민국을 파괴시키려는 자가 애국자가 되는 세상이다. 그런데 요즘은 날 보고 극우가 아닌 것 같다고 한다. 오히려 더 진보적이다고 한다. 나의 보수적 사고는 자유대한민국이 발전하고 국민이 행복해지는 것이다. 그러기 위해선 현실에 머물 것이 아니라 끊임없이 변화와 개혁을 해나가야 한다. 아래는 지난 2023년 7월 3일 YTN '뉴스킹 박지훈입니다'와의 인터뷰다.

박지훈 변호사
"극우라고 얘기 들으면 좀 불편하신 거죠?"

조원진 당대표
"우리는 극우 아니죠, 헌법적 가치를 가장 잘 지키는 쪽인데. 탄핵에 주동했던, 제 표현으로 하면 소위 보수 '우파의 배신자'들은 우리공화당 싫잖아요. 또 민주당 쪽 좌파도 우리공화당을 그래 좋아하겠어요? 그러니까 양쪽 다 우리공화당에 극우 프레임을 씌우는데 요즘은 국민들이 국민의힘 하는 거 보고 또 민주당 하는 거 보니까 우리공화당이 가장 정상적인 정당이구나 이렇게 생각하시는 것 같더라고요."

국민들도 이제는 말한다.
"조원진과 우리공화당은 극우가 아니다."

"좌파들은 좌파독재, 한 번도 경험하지 못한 파쇼, 한 번도

경험하지 못한 독재로 가고 있는 그 방향성이 뚜렷한데 오른쪽 있는 사람들만 '이념을 버리자'라고 하면서, 자유민주주의 체제를 지키자 시장경제를 지키자 한미동맹으로 대한민국의 안보를 굳건히 하자라고 이야기하는 사람을 탈이념을 내세워서 '극우'로 몰고 있는 거예요. 이것은 좌파들의 선동선전 전략 중의 하나입니다. 그들이 권력기관 다 장악하고 모든 권력, 국회까지 일당 독재를 시켜버렸습니다. 이제 언론이 민노총에 의해 장악되어 있잖아요. 그런 상황에서 그들은 좌파노선, 종북노선, 친북노선, 친중노선으로 가고 있는데 오른쪽 한테만 탈이념화 해라 하고 있습니다. 왼쪽에 있는 주사파들은 탈(脫)주사파 선언을 했습니까? 아니 왼쪽의 좌파들은 더 강력하게 좌파독재, 종북, 친북, 친중 행각을 하고 있는데 오른쪽만 탈이념화를 하고, 이승만 대통령의 건국정신도 잊어버리고, 박정희 대통령 각하의 부국강병 그 구국의 정신을 잊어버리자 하는 것은 무슨 개똥같은 소리입니까? 절대로 우리공화당은 이에 현혹되거나 선동돼서는 안 됩니다. 우리공화당이 지켜야 할 마지막 보루, 이 투쟁의 마지막 보루, 저항의 마지막 보루이면서 체제의 마지막 보루 세력입니다. 국민들은 '탈이념화, 탈보수화 하지 말라'는 것입니다. 이것을 하지 않는 우리공화당을 극우라면 백번 극우 소리 들어도 괜찮습니다."

〈2020년 10월 19일 우리공화당 최고위원회의 모두 발언에서〉

제 2 장 자유대한민국

우리공화당 연석회의

민족해방 전쟁

문재인 전 대통령이 2023년 6월 25일 소셜 미디어를 통해 "한국전쟁은 국제전이었다"는 입장을 밝혔다. 그는 '1950 미중전쟁'이라는 책을 언급하면서 "(책은) 한국전쟁이 국제전이었음을 보여준다. 전쟁의 시원(始原)부터 정전협정에 이르기까지, 한반도를 둘러싼 국제적인 힘이 우리의 운명을 어떻게 뒤흔들었는지 보여주는 책"이라고 했다.

문 전 대통령의 이 같은 입장을 보고 놀라지 않을 수 없다. 이는 전형적인 친북 종북 세력들 입에서 나오는 주장을 문 전 대통령이 밝힌 것이다. 북한과 한국의 종북세력들은 6.25전쟁을 민족해방 전쟁이고 미 제국주의와 싸워 승리한 전쟁으로 규정하고 있다. 휴전일인 7월 27일을 전승기념일로 정하고 대대적인 전승기념행사를 하고 있다.

그런데 우리는 잊혀진 전쟁이 되어버렸고 잘못된 견해가 지배하는 대한민국이 되어버렸다. 우리 내부의 6.25전쟁에 대한 잘못된 견해는 "6.25전쟁은 내전이다", "우리가 쳐올라 간 북침

제 2 장 자유대한민국

미국방문, 6.25 참전유공자들과의 만남

이다", "미국이 일으킨 전쟁이다" 국군은 초전에 참패하고 "미군이 와서 지켜낸 전쟁이다", "이승만 대통령은 혼자 살기 위해 한강철교를 조기에 폭파하고 도망쳤다"는 등이다.

그렇지 않다. 6.25전쟁은 김일성, 스탈린, 모택동이 모의하여 일으킨 한반도 공산화를 위한 불법남침전쟁이란 것이 역사적 사실이다. 이 불법남침전쟁에 맞서 이승만 대통령 영도하에 국군과 전 세계 자유국가들이 함께 싸워 한반도 공산화를 막아내고 자유대한민국을 지켜 낸 자유수호전쟁이었고 우리가 승리한 전쟁이었다.

당시 국군은 북괴군보다 절대적으로 열세한 전력으로 한강, 금강, 낙동강방어선을 구축하고 지연전을 전개하여 미군과 유엔군이 올때까지 정말 잘 싸웠다. 낙동강 전선에서도, 험난한 중동부전선을 맡아 잘 싸워 반격작전의 여건을 조성하는데 크게 기여했다.

반격시에는 초산과 혜산진까지 진격하여 통일을 목전에 두기도 했다. 이후 중공군과 싸워 서울을 수복하고 휴전선을 지켜내는데 주도적인 역할을 했다. 반면 북괴군은 낙동강 반격작전이후 지리멸렬하여 소멸되었고 이후 중공군이 와서 겨우 현 휴전선을 지킨 그들이 패배한 전쟁이었다.

당시 이승만 대통령의 역량과 리더십이 전쟁을 승리로 이끈 결정적 요인이었다. 이승만 대통령의 개인적 미국내 인맥을 동원하여 유엔을 3일 만에 소집하고 미군과 유엔군의 조기참전을 이끌어 내었다.

문제는 문 전 대통령만이 그런 시각을 갖고 있는 것이 아니다. 젊은 세대들, 이들 정치인들을 추종하는 자들도 모두 그렇게 받아들이고 해석하고 있다. 인천상륙작전 등으로 북한군이 거의 궤멸하고, 중공군 참전으로 전쟁이 교착상태에 빠진 것은 맞지만, 6.25를 미국과 중국이 벌인 국제전처럼 내세운다면, 김일성의 침략 전쟁 책임은 묻히고 만다.

6.25전쟁은 남한을 적화통일하려는 김일성의 야욕이 일으킨 동족상잔의 비극이다. 아무리 종북좌파들이 6.25 전쟁을

부산유엔공원(유엔군참전용사국제추모의날)

오도해도 진실은 바뀌지 않는다.

"6.25 전쟁은 자유를 사랑하는 유엔 참전국과 국제사회의 전폭적 지원을 받아 북한 공산세력을 물리친 자유대한민국 승리의 전쟁이다. 북한은 스스로 자멸의 길을 걸으면서 1인 독재라는 살인적 독재국가로 전락하며 김일성, 김정일, 김정은 1인 숭배에 빠져서 사이비 교주처럼 거짓 선동만 일삼았다. 6.25 전쟁에서 유엔의 참전과 함께 자유대한민국이 승리하면서 국제사회에서 자유민주주의 위대한 승리의 역사가 시작된 것이다."

〈2023년 7월 27일 정전협정 70주년 유엔군 참전의 날 기념식 발언〉 보도자료

제 **3** 장

반대한민국

문재인 좌파정권과 보수 위장자들은 대한민국 건국을 부정하고
그 정체성마저 교묘히 무너뜨리려 했다.
이것을 지켜내는 것이 국민들의 가장 큰 책무다.
반대한민국 세력 척결과 청산만이
대한민국의 위대한 역사와 체제를 지켜내는 첫 번째 길이다.

국군 뿌리

문재인 전 대통령은 6·25 남침 공로로 김일성에게 훈장을 받은 김원봉을 국군의 뿌리인 것처럼 말했다. 2019년 6월 6일 현충일 추념사에서 일제강점기 때 무장 독립 투쟁을 벌였으나 이후 월북해 북한 정권 수립에 기여한 김원봉을 '국군 창설의 뿌리'로 평가했다.

김원봉이 이끌던 조선의용대가 광복군에 편입돼 연합군과 함께 일본군과 싸웠고 이렇게 통합된 광복군의 군사적 역량이 광복 후 국군 창설의 뿌리가 됐다는 것이다. 김원봉이 국군 창설의 뿌리가 된 광복군의 대일 항쟁의 한 흐름이라는 뜻이다. 김원봉을 독립유공자로 서훈하기 위한 자락 깔기로 해석되는 발언이다.

김원봉의 광복 전 행적과 광복 후 행적을 분리해 전자만 부각시키는 전형적인 선택적·편파적 해석이다. 김원봉은 의열단을 조직해 무장 투쟁으로 일제에 저항했으나 1948년 4월 남북 협상에 참가하기 위해 평양으로 갔다가 돌아오지 않고 북한 정권 수립에 참여해 국가검열상, 노동상, 최고인민회의 상임위원회 부위원장 등 북한 정권의 요직을 역임했다.

특히 1952년 3월 "미제 약탈자와 그 주구들에 반대하는 조국해방전쟁(6·25)에서 공훈을 세웠다"며 김일성으로부터 최고 상훈(賞勳)의 하나인 노력훈장까지 받았다. 이런 전력의 김원봉을 국가유공자로 서훈하는 것은 대한민국의 적화를 획책했던 인물을 건국 공로자로 둔갑시키는 것이다. 독립유공자에게 주는 '독립유공자훈장'은 건국훈장이고, 이는 상훈법 11조에 "대한민국 건국에 공로가 뚜렷하거나 국가 기초를 공고히 하는데 공적이 뚜렷한 사람에게 수여한다"고 명시돼 있다.

국군 창설의 뿌리라는 평가부터 말이 안 되는 소리다. 뿌리라고 양보해도 그 줄기인 국군에 총부리를 들이댄 것으로 이미 뿌리는 아니다. 그런 점에서 문 전 대통령의 발언은 6·25 전쟁 참전 용사와 전사자들에 대한 모욕이며 대한민국의 정체성에 혼란을 초래할 수 있다.

"6월 6일 현충원에서의 '김원봉 도발'이 국민들의 엄청난 저항을 받았다. 현충원에 묻힌 26만 명의 희생되신 영령들의 한을 짓밟아버리고, 전몰 유가족의 가슴에 대못을 박았다. 문재인 씨는 윤이상, 신영복, 호치민, 김원봉 도발까지 했다. 그가 한 말을 보면

이 시대의 정의, 그리고 미래

그는 분명히 자유민주주의 사상을 가진 사람이 아니다. 고맙게도 6월 6일에 그 발톱을 다 드러내주었다. 이제 국민들은 의심의 여지 없이 자유민주주의 대통령이 아니라는 확신을 갖게 되었다."

〈2019년 6월 11일 광화문 천막당사 최고위원 회의 발언 중〉

문재인 친북 주사파 정권은 북한 공산괴뢰 집단의 6.25 남침을 쌍방과실처럼 만들려고 시도했다. 우리 아이들에게 6.25 전쟁의 실상을 숨기는데 급급했다.

백선엽 장군 동상(경북 칠곡 다부동전적기념관)

2023년 7월 5일 6·25 전쟁 영웅 백선엽 장군의 동상이 경북 칠곡군 다부동전적기념관에 세워졌다. 얼마나 다행인 줄 모른다. 경북 다부동은 6·25 전쟁의 향방을 바꾼 최대 격전지였다. 백 장군은 제1사단장으로 8000여 명의 국군을 이끌고 북한군 3개 사단 2만여 명의 총공세를 막아냈다. 만일 다부동에서 무너졌다면 현재의 대한민국은 존재하지 않았을 것이다.

북한군의 공세에 밀려 부하들이 후퇴하려 하자 백 장군은 "우리가 밀리면 나라도 끝장이다. 내가 앞장서겠다. 내가 물러서면 너희가 나를 쏴라"고 했다. 그가 권총을 뽑고 앞장서자 부하들이 적진으로 돌격해 빼앗긴 고지를 탈환했다. 백 장군은 이후 북진해 가장 먼저 평양에 입성했고, 1·4 후퇴 뒤에도 서울을 최선봉에서 탈환했다. 휴전회담 대표를 지내고 한국군 최초로 대장에 올라 두 차례 육군참모총장을 맡으며 군을 재건했다.

하지만 문재인 정부는 백 장군을 '독립군 토벌 친일파'라고 매도했다. 문 전 대통령은 백 장군이 아니라 남침 공로로 북에서 훈장을 받은 김원봉을 국군의 뿌리라고 했다. 민주당은 백 장군의 훈장을 박탈하자고 했고 현충원 안장도 막으려 했다. 나라를 위해 희생한 분들을 예우하지 않는 나라는 존립할 수 없다. 백 장군 같은 호국 영웅을 홀대하고 매도하는 일은 더 이상 없어야 한다. 김원봉은 국군뿌리가 아닌 동족상잔의 비극을 초래한 대한민국 원흉이다. 백 장군은 대한민국을 구해낸 구국의 영웅이다.

대한민국의 근대의 역사는 주사파, 종북, 친북, 이 배신자들의 역사가 아니다. 대한민국의 위대한 역사는 바로 민주주의를 지키고 세계 10대 강국을 만든 박정희 대통령, 이승만 대통령과 애국국민들의 역사이다. 대한민국 역사와 정체성을 부정해 온 문재인의 시각은 북한 정권의 당위성을 인정하는 종북사관주의와 비슷하기 때문이다. 민족과 평화주의로 포장된 문 전 대통령의 친북정책은 그가 공산주의를 추종하는 인물임에 의심하기 충분하다. 이들이 주입시킨 역사관을 받아들여선 결코 안된다.

"문재인 전 정권의 악랄한 친북, 종북행위들은 결코 용서받지 못할 국가범죄에 해당한다. 윤석열 정부가 좌고우면 하지말고 대한민국의 정체성과 국방안보를 위협한 세력에 대해서는 단호한 법의 심판을 할 수 있도록 철저한 조사를 해야 한다. 백선엽 장군의 구국정신으로 문재인 종북세력을 반드시 도려내야 한다."

〈2022년 7월 11일 보도자료〉

제 3 장 반대한민국

백선엽 장군 묘역 참배(국립대전현충원)

종전선언

　　문재인 전 대통령은 남북한 유엔 동시 가입 30주년인 2021년 9월 22일(현지시간) 유엔 총회 기조연설을 통해 '종전 선언'을 제안했다. 문 전 대통령은 당시 연설에서 "남·북·미 3자 또는 남·북·미·중 4자가 모여 한반도에서의 전쟁이 종료됐음을 함께 선언하길 제안한다"며 남북한과 주변국들이 함께 한반도 평화를 정착시켜 동북아시아의 번영에 기여하는 '한반도 모델'을 만들자고 했다.

　　"한반도에서 '화해와 협력'의 새로운 질서를 만드는 출발점"으로서 종전선언은 문 전 대통령이 임기 내내 추진해온 목표다. 문 전 대통령이 제안한 3자 또는 4자의 종전선언은 2018년 4·27 남북 정상회담에서 합의한 '판문점 선언'에 명시된 것이다. 2019년 2월 하노이 북미 정상회담 결렬 이후 남북 및 북미 대화가 사실상 중단되면서 종전선언 목표도 추진력을 잃었다.

　　문 전 대통령이 유엔 연설에서 종전선언을 다시 꺼낸 것은 임기 마지막까지 한반도 평화프로세스 재가동을 위한 노력을

위장평화전술 종전선언 반대 기자회견

멈추지 않겠다는 의지를 밝히고, 종전선언의 의미를 국제사회에 다시 한번 환기하려는 뜻을 담고 있는 것으로 보인다.

　　문 전 대통령의 종전선언 집착은 이루 말 할 수 없다. 문 전 대통령은 2020년 10월 9일 코리아소사이어티 화상 연례모임 연설에서 "종전선언이야말로 한반도 평화의 시작"이라며 "종전선언을 위해 (한미) 양국이 협력하고 국제사회의 적극적인 동참을 이끌게 되길 희망한다"고 말했다.

　　문재인 정부가 5년 내내 평화 타령과 비핵화의 입구라며 종전선언에 매달렸지만 돌아온 것은 북한의 핵·미사일 고도화 뿐이었다. 북한은 대륙간탄도미사일(ICBM), 잠수함발사탄도미

천안함46용사 추모(평택 해군 2함대)

사일(SLBM) 같은 전략무기를 선보이면서 대한민국을 위협하고 있다. 북한이 미사일을 쏴도 도발이라는 말을 꺼내지 못했다.

　　　한반도 평화 프로세스라는 미명하에 대북 제재 완화를 외치고, 북한이 개성 남북공동연락사무소를 폭파해도, 우리 군 초소를 겨냥해 총탄을 날려도 비판 한마디 하지 않은 채 종전선언에 매몰됐다. 북한의 가짜 평화쇼에 사로잡혀 군 훈련이 정상적으로 이뤄지지 못하면서 '싸우는 군대' 기능은 잃다시피 했다. 새 안보전략은 더 이상 북한의 선의에 기댄 가짜 평화에 매달리지 않고 왜곡된 안보 현실을 바로잡겠다는 것이다.

　　　그런 북한에 최소한의 태도 변화 촉구도 없이 엥무새 마냥 종전선언을 되풀이한다는 것이 제정신인가. 종전선언 집착도 이 정도면 중증이었다. 종전선언 비판에 청와대 대변인은 "대통령이 평화를 얘기하면 안 되는 것인가"라고 했다. 북핵이 그대로 있고, 한국 국민을 바이러스처럼 소각하는 북의 야만적 본성이 그대로 있는 데 뭔 종전선언인가.

　　종전선언을 한다고 북이 핵을 포기할 것이라는 것은 착각 중의 착각이다. 종전선언은 북에 주한미군 철수, 유엔사 해체, 제재 해제를 주장할 명분을 줄 뿐이다. 그런데도 좌파 세력과 우매한 우파도 '선(先) 종전선언 채택, 후(後) 비핵화 조치 이행'을 말하고 있다. 종전선언을 하면 북한이 핵을 폐기하지 않은 채 핵국가 선언을 하더라도 북한에 대한 군사적인 옵션을 포기하는 것이 된다. 이것은 북한 핵을 인정하는 꼴이다. 종전선언에 이어 평화선언 그것은 북한의 프레임에 갇히는 상황이다. 사실상 대한민국 안보를 해제하려는 엄청난 속셈이다. 종전선언 자체가 평화협정으로 가고, 평화협정이 주한미군 철수로 가고, 그 다음 사회주의 연방제 통일을 하고자 하는 것이 그들의 속셈이다.

　　그래서 나는 종전선언과 전시작전권 전환을 강력히 반대했다. 잘못된 종전선언과 전작권 전환은 한미동맹을 무력화하고 주한미군 철수 등 한반도 안보를 불안하게 만드는 친북 주사파 세력들의 주장에 불과하다. 북한의 핵미사일 위협, 중국의 위협 등 동북아의 안보환경을 고려할 때 종전선언과 전작권 전환은 절대 안된다. 이렇게 되면 대한민국 안보는 완전히 무너진다. '완전하고 검증가능하며 돌이킬 수 없는 비핵화' CVID를 통해서 북핵을 폐기시켜야 한다.

다행히 윤석열 정권이 내놓은 '국가안보전략'은 문재인 정부 때와 차별화 되어 있다. 지향 목표부터 '자유, 평화, 번영의 글로벌 중추 국가'로 제시해 5년 전 문재인 정부가 내놓은 '평화와 번영의 한반도'와 차별화된다.

"문재인 정권은 유엔 기조연설에서도 종전선언을 제안하는 등 종전선언에 완전히 목을 매고 있는데 이는 북한의 영변핵시설 재가동, 순항미사일 발사 등 북한의 호전적 태도와는 정반대로 가고 있는 것이다. 잘못된 종전선언은 주한미군철수, 한미동맹 해체 등 대한민국의 국가안보를 심각하게 위협한다. 북한의 그 어떤 도발도 용납하지 않겠다. 우리공화당은 거짓평화쇼에 불과한 종전선언은 절대 반대한다. 반드시 북한 핵을 완전폐기하는 CVID를 성공시켜야 한다.

〈2021년 11월 23일 대전현충원에서 연평도 포격전 11주기 추모 현장 발언 중〉

종전선언 후에 대대적인 주한미군 철수 촛불집회를 하게 될 것이다. 미군에 대해서 '양키 고 홈'이라는 구호로 조롱할 것이다. 뻔히 눈에 보이는 그들의 전략이다. 종전선언을 하면 우파를 궤멸시키게 될 것이다.

이 시대의 정의, 그리고 미래

남쪽 대통령

문재인 전 대통령은 2018년 9월 19일 평양 5·1경기장을 방문, 김일성 손자 김정은과 북한주민 15만 명 앞에서 한 연설은 명백히 단죄의 증거물이다.

그날 그는 자신을 '남쪽 대통령'이라고 했다. "남쪽 대통령으로서 김정은 국무위원장의 소개로 여러분에게 인사말을 하게 되니 감격을 말로 표현할 수 없다"고 했다. 임기 중에 중국을 방문했을 때, '중국은 큰 산이고 한국은 작은 산'이라는 말을 서슴없이 했던 문재인이었다. 문재인은 헌법상 대한민국 대통령이지 남쪽 대통령이 아니다. 대한민국 헌법재판소와 대법원은 일관되게 북한이 국가가 아니라 반국가 불법단체라고 판시해왔다. 한반도의 주인인 대한민국을 '남쪽'으로 폄하하고 자신을 '남쪽 대통령'으로 소개한 사실은 명백히 대한민국 헌법체제를 부정하는 반헌법적 행태다.

'남쪽'은 '국호'가 아니라 '지역'이다. 문재인은 스스로 지역 대표 자격을 부여했다. 김정은 국무위원장의 부하로 인정한 꼴이다. 2018년 10월 10일 행정안전부 국정감사 질의를 통해 이를 따졌다. 당시 장관은 김부겸 전 국무총리였다.

조원진 의원

"대한민국 대통령은 공무원입니까?"

김부겸 행정안전부 장관

"정무직 공무원입니다."

조원진 의원

"정무직 공무원이죠. 대한민국 대통령은 남측 대통령입니까? 대한민국 대통령입니까?"

김부겸 행정안전부 장관

"대한민국 국민의 대통령."

조원진 의원

"그런데 평양가서 대한민국 국민들 보고 남측 국민이라고 이야기했으니까. 저는 남측 대통령으로 질문하겠습니다. 거기에 동의 하십니까?"

김부겸 행정안전부 장관

"대한민국."

조원진 의원

"미국가서는 대한미국 대통령이라고 적고 평양가서는

이 시대의 정의, 그리고 미래

국회 행안위 질의(김부겸 장관)

남측 대통령이라 적으면서요. 도대체 대한민국 국민은 누구를 대통령이라고 합니까? 정무 공무원이니까 행안부 장관에게 여쭤 보는 거예요."

김부겸 행정안전부 장관

"의원님께서 말씀하시는 것이 평양 대운동장에서 연설 때 말씀하시는 겁니까?"

조원진 의원

"그러니까 남측 국민이 맞습니까. 대한민국 국민이 맞습니까? 답답해서 묻는 거예요. 저도 헷갈리니까."

김부겸 행정안전부 장관

"그 자리가 가지고 있는 어떤 상징성, 또 그 자리에서 비핵화 등의 문제가…"

조원진 의원

"아니요. 장관님. 미국 가서는 대한미국 대통령이라고 적고 평양가서는 남측 대통령이라고 적으면 대한민국 국민들은 도대체 누가 대통령입니까? 정말 답답하잖아요. 듣는 국민들은…이게 실수도 한두 번 해야 하는 거 아닙니까."

"제가 좀 여쭤볼께요. 대한민국은 법치 국가가 맞죠?"

김부겸 행정안전부 장관

"네 그렇습니다."

조원진 의원

"법치국가에서 그 누구도 법 위에 군림하지 못한다. 아주 고유의 법 논리입니다. 지금 헌법 제66조 2항에 명시된 대통령의 영토 보전의 의무 또 헌법 제69조에 명시된 국가보위의 의무를 파기한… 이런 국가 보위의 의무와 영토 보전의 의무는 장관님 잘 알고 계시죠?"

김부겸 행정안전부 장관

"네."

조원진 의원

"그러면 이번에 가서 9.19 군사협정 맺었는데 NLL다 넘겨줬잖아요. 처음에는 거짓말로 40km라고 하다가 나중에 탄로나니까 50km, 85km다 넘겨줬어요. 여적죄에 해당된다고요. 여적죄에 해당된다고 시민단체가 고발한 것은 아세요. 이 쓰레기 같은 언론 방송이 한 줄도 안 내주지만은 수많은 시민단체가 지금 그 행위는 여적죄에 해당된다고 고발한 것 아시냐고요." 형법 제93조 여적죄 조항을 좀 읽어 드릴께요. 남측 대통령께서 어떤 행위를 했는지 들어보세요. 적국과 합세하여 대한민국에 항적하는 것은 형법 제93조 여적에 해당한다. "대한민국 적이 누굽니까?"

김부겸 행정안전부 장관

"대한민국의 존립을 위협하는 세력이 적이라고 할 수 있겠죠."

조원진 의원

"북한이 대한민국 주적은 빼고 적입니까 아닙니까?"

김부겸 행정안전부 장관

"아직도 안보적인 차원에서는 적이라고 봐야죠."

조원진 의원

"지금 헌법 개정하지 않는다면 북한은 적이죠."

김부겸 행정안전부 장관

"현재로서는 네."

조원진 의원

"거기에서 어떤 대통령한테 국민들이 NLL을 85km 덕적도까지 밀으라고 하고 항공감시권 다 뒤로 밀고 영해주고 영토주고 영공까지 다 주라고 어느 국민이 대통령에게 그런 권한을 줬습니까?" "상당 부분은 앞으로 계속 후속 합의에 위임하지 않았습니까." "아니 군사합의 내용에 나와있는 거예요. 군사합의에 그래서 지금 경찰청이 장관님 소관으로 되어 있잖아요."

"여적죄 고발 건에 대해 조사하실 것입니까?"

김부겸 행정안전부 장관

"그 내용은 제가 더 파악을 해야 답변드릴 수 있겠습니다."

그뿐만 아니다. 문재인의 평양방문에는 태극기가 실종됐다. 평양 주민들이 방북한 문재인 대통령을 환영하면서 한반도기와 인공기를 손에 들었다. 평양 순안공항과 카퍼레이드가 진행된 도로에 집결한 북한 주민들은 문 대통령과 김정은 국무위원장을 향해 한반도기와 인공기, 인조 꽃을 흔들었다.

연도에서 카퍼레이드를 하는데 15만 군중들이 자발적으로 나왔다고 보는 세계의 국민들은 없다. 그들은 새벽 1시부터 준비를 했고 보위부를 중심으로 사람들을 동원하고, 그것을 감시하는 카메라는 계속 돌아갔다. 그럼에도 불구하고 이 문재인은 그들 앞에 고개를 숙이고 위대한 평양이라고 했다. 도저히 용서할 수가 없는 일이다. 김씨 세습정권의 성지라고 하는 백두산에 가서 물에 손을 담그는 문재인을 보면서 큰 충격을 받았다. 이제는 대한민국이 완전히 사회주의화, 공산주의화 되는구나하는 공포를 느낀다.

　　　외국 원수가 방문한 경우 양국 우호를 기원하는 의미를 담아 자국기와 상대국 기를 동시에 흔드는 것이 상식이다. 언제부터 대한민국 국기가 한반도기가 되었는가. 한반도기를 드는 것은 그야말로 외교참사다. 문재인 정부 시절 북한을 방문한 특사도 태극기를 달지 않았다. 과거 북한 특사단의 왼쪽 가슴에 자랑스럽게 달려있던 태극기 배지가 사라져버렸다. 김영철 당 통일전선부장과 김여정 제1부부장 등 북측 배석자가 김일성·김정일 배지(북측은 '초상휘장'으로 호칭)를 여전히 달고 나오는 것과 대비된다. 국가대표가 국민의 눈을 피해 태극마크를 슬그머니 떼어버리고 경기에 나간 형국이다.

　　　"남쪽 대통령, 웃기고 앉아있다. 우리는 남쪽 국민이 아니라, 부산시민 아닙니까? 우리는 남쪽 국민이 아닙니다. 대구시민이고, 서울특별시민 아닙니까? 가짜 대통령이 평양 가서 조작된 15만 군중 앞에서 빨간 인공기 흔드니깐 정신이 없는 겁니다. 권력을 정상적으로 가진 것이 아니라, 권력을 찬탈하니까 김정은한테 굽신거리고, 평양 공산당 지도부들한테도 굽신거립니다. 나라 경제 다 망했는데, 평양시내가서 김정은과 손 흔드니까 대한민국 국민들이 추석 송편 먹다가 다 체한 것 아닙니까."

〈2018년 9월 29일 제83차 부산역 태극기집회 연설 중〉

9.19 군사합의

9.19 군사합의는 2018년 9월 19일 문재인 대통령과 김정은 북한 국무위원장이 평양정상회담을 통해 채택한 '9월 평양공동선언'의 부속 합의서이다. 남북은 2018년 평양정상회담에서 9·19 군사 분야 합의서를 평양공동선언의 부속합의서로 채택하고 이를 철저히 준수하고 성실히 이행하며, 한반도를 항구적인 평화지대로 만들기 위한 실천적 조치들을 적극 취해나가기로 하였다.

합의문에는 지상과 해상, 공중 등 모든 공간에서 무력충돌을 방지하기 위해 일체의 적대행위를 전면 중지한다는 게 골자다. 세부적으로 군사분계선(MDL) 일대 포사격과 기동훈련, 항공기 실탄사격 금지 등이 담겼다. 대한민국은 이에 따라 비행금지구역, 완충수역 등을 설정했다.

비무장지대(DMZ)를 평화지대로 만들기 위한 DMZ 내 최전방 감시초소(GP) 시범 철수, 서해 북방한계선(NLL) 일대를 평화수역으로 만들기 위한 시범적 공동어로구역 설정도 합의서에 포함됐다. 이를 두고 당시 언론은 평화가 찾아온다고 호들갑 떨었다.

"문재인 대통령과 김정은 북한 국무위원장이 '9월 평양공동선언' 합의문에 서명하고 전쟁 없는 한반도가 도래했음을 선언했다. 3차 남북정상회담 2일째인 19일 두 정상은 백화원 영빈관에서 회담을 갖고 한반도 전 지역에서 모든 전쟁을 없애기로 합의했다. 김 위원장은 빠르면 올해 안에 서울을 방문한다. 최대 관심사였던 비핵화와 관련해 남북은 동창리 엔진시험장 영구폐쇄 등의 조치를 취하기로 했다."

〈2018년 9월 19일 국내 언론이 동시에 보도한 내용〉

그동안 9.19 군사합의는 남북 간 군사 충돌을 방지하는 '안전판'이라는 인식이 강했다. 하지만 북한이 탄도미사일 발사 등 무력 도발을 감행할 때마다 우리 군과 당국의 대응을 자제시켜 결과적으로 군 기강 등 안보 역량의 저하를 야기시켰다. 이 바람에 서울과 수도권이 자칫 무방비 상태에 놓일 뻔한 아찔한 일이 연일 벌어졌었다.

그런데도 문 전 대통령은 '9.19평양공동선언' 5주년을 기념하며 현실과 동떨어진 인식으로 현 정부의 대북정책을 비판했

북한 군사정찰위성발사

다. 전 정권 인사들을 주축으로 모인 9.19평양공동선언 5주년 기념식에서 문 전 대통령은 "언제 그런 날이 있었나 싶을 정도로 파탄 난 지금의 남북관계를 생각하면 착잡하기 짝이 없다"고 말했다. 북한이 이미 헌신짝처럼 일방적으로 저버린 약속을 문 전 대통령은 여전히 금과옥조처럼 품고 있는 꼴이다. 북한 비핵화 없는 어떠한 군사합의도 의미가 없다는 것이 증명 되고 있는데도 문 전 대통령이 현실 인식이 없는 특유의 유체이탈 화법인지 아니면 일부러 모른 척 하는 건지 도무지 알 수 없다.

더 충격적인 사실도 드러났다. 9.19군사합의 협상 당시 북한은 청와대·국방부·주한미군기지 등 서울과 수도권이 포함되는 군사분계선(MDL) 이남 60km까지 전투기 비행금지구역을 설정하라고 요구했다. 당시 문 정부 협상단이 이를 거부하지 않고 고개만 끄덕였다는 것이다. 문 정부가 남북정상회담 성사 등 성과에 급급한 나머지 북한이 던진 위장평화 전술의 올가미에 걸려든 것이라는 해석이 나온다.

우리 군은 군사합의에 묶여 지난 수년간 실탄훈련과 정찰비행을 축소했다. 결과적으로 우리의 안보태세에 빈틈이 생겼다. 반면 북한은 최근에도 연이어 탄도미사일을 발사하고 전술핵 탑재 잠수함까지 공개했다. 그리고 최근에는 군사정찰위성도 성공적으로 발사했다고 한다. 북한이 9.19군사합의 이후에도 핵전력 개발을 멈추지 않았다는 걸 보여준다. 문재인 주장대로, 북한이 핵을 폐기하고 대한민국에 평화가 찾아온 게 아니라 더욱 군사적 도발을 해왔다. 공산주의자들 특히 북한 김정은 집단은 거짓말을 밥 먹듯이 해왔다. 북한과 군사합의를 맺었다고 평화가 찾아온다는 것은 헛된 망상이다.

북한은 2018년 합의 체결 이후 지난 5년간 서해 창린도 포격, 비무장지대 GP(감시 초소) 총격, 포문 개방 등 총 3600여 차례에 걸쳐 반복해서 위반해왔다. 북한의 정전협정 위반 사례는 43만 건에 달했다. 북한이 2023년 11월 말 "9·19 남북 군사합의에 구속되지 않겠다"며 "이 합의에 따라 지상·해상·공중에서 중지했던 모든 군사적 조치를 즉시 회복하겠다"고 밝혔다.

정부가 북한의 군 정찰위성 발사에 대응하기 위해 군사분계선(MDL) 정찰 활동을 복원하도록 9·19 합의 일부 사항을

일시 효력 정지하자, 이를 비난하며 하루 만에 9·19 전면 파기 선언을 한 것이다.

북한 국방성은 성명에서 합의 파기의 책임을 한국에 돌리며 "이제 MDL 지역에 보다 강력한 무력과 신형 군사 장비들을 전진 배치할 것"이라고 했다. 그러면서 "합의서는 '대한민국'의 고의적이고 도발적인 책동으로 이미 사문화돼 빈껍데기로 된 지 오래됐다"고 했다. 나는 애초부터 9.19 군사합의는 여적행위로 당장 파기되어야 한다고 주장해왔다.

여적죄 문재인 규탄 태극기집회(양산 문재인 사저)

이 시대의 정의, 그리고 미래

"북한의 군사도발과 핵위협은 유엔 안전보장이사회 결의 위반이며 명백한 9.19 군사합의 위반이다. 문재인 정권이 대한민국의 방위체계를 무력화시키는 북한의 요구를 들어준 반역적 9.19 군사합의는 즉각 폐기되어야 한다. 문재인의 반역적 9.19 군사합의 족쇄에서 완전히 벗어나야 한다. 9.19 군사합의 파기의 책임은 북한에 있다는 것을 명심해야 한다. 북한의 거짓 평화쇼에 놀아난 문재인의 9.19 군사합의 실체를 밝히고, 대한민국 군사주권을 농락한 장본인에 대해서 반드시 죄를 물어야 한다."

〈2023년 10월 25일 보도자료〉

이것은 대한민국의 안보를 북한에 넘겨준 합의나 마찬가지였기 때문이다. 9.19 군사합의는 대한민국만 이행했다. 그동안 대한민국은 이로 인해 엄청난 안보구멍이 뚫렸다. NLL 다 넘겨줬다고 봐야 한다. 바다도 넘겨주고, 영토도 넘겨주고, 영공도 다 넘겨줬다. 이는 대한민국을 다 넘겨줬다는 말이다. 대한민국 수도권 2500만 명의 생명이 다 담보로 잡혀 있었다. 정찰 감시하지 않으면 북한의 남침을 막을 수 없다. 어느 대한민국의 국민이 문재인에게 이 같은 권한을 주었는가?

대한민국의 NLL 다 포기하고, 영토 다 포기하고, 정찰

감시 다 포기했다. 북한이 기습공격하면 2시간 만에 평택까지 총 한 발 쏘지 못하고 장악된다. 9.19 군사합의는 문재인 정권의 반역적 합의다.

"9.19 군사합의로 대한민국은 국가안보 태세가 취약해졌고 우리 군의 군사적 활동에 엄청난 제약으로 작용했다. 문재인의 9.19 군사합의는 명백한 여적죄이다. 북한의 그 어떤 군사적 도발에 대해서도 단호히 대응하고 국민의 생명과 안전을 지키기 위해서 문재인의 9.19 군사합의를 완전히 폐기해야 한다."

〈2023년 11월 22일 보도자료〉

여적죄 문재인 규탄 태극기집회(서울역)

이 시대의 정의, 그리고 미래

판문점 선언

2018년 4월 27일 판문점 '평화의 집'에서 제1차 남북정상회담을 통해 '판문점 선언(4.27선언)'이 발표됐다. 한반도의 항구적 평화체제 구축을 위해 남북이 협력키로 했다는 것이 골자다. 이를 위해 연내 종전선언과 평화체제로의 이행을 구축하며, 일체의 무력사용을 중단하고 기존의 '불가침 합의'를 재확인 한다는 내용도 포함됐다.

당시 북미관계의 불투명에도 불구하고 판문점 선언을 통해 남북 및 북미관계의 새로운 가능성, 그리고 냉전체제의 완전한 종식 가능성까지 거론될 만큼 그 파장은 컸다. 국내 언론과 여야 할 것 없이 정치인들은 환영 의사를 나타냈다.

그러나 우리공화당은 달랐다.

"매국노인가, 애국자인가?" 이 용어가 드디어 나오기 시작했다. 4월 27일 판문점 안보쇼할 때 이렇게 얘기했다. 그 내용에 '한반도의 기존 국제질서를 바꾼다.' 이것은 무엇을 얘기하는 것인가, 전 세계가 인정하다시피 대한민국이 유일한 국가다.

제 3 장 반대한민국

거짓평화 판문점선언 규탄 태극기집회

김정은 3대 세습정권은 국제적으로 고립시킨 것이다. 한미동맹을 통해서 대한민국을 10대 강국으로 만들고 누구도 범접하지 못하는 대한민국 중심의 한반도의 기본 질서를 바꾼다는 것이다. 그것이 4.27 판문점 선언이다.

이는 '가스도 내준다', '도로도 내준다', '철도도 내준다' 등등 외에 노무현 정권 마지막에 북한에서 체결한 10.4선언을 이행한다고 되어있다. 10.4선언은 뭐냐, 정권 말기에 대한민국의 자유민주주의 국가가 영토도 내주고 돈도 주는 그것을 문재인 씨가 이행하는 것이다.

나라의 돈을 자기의 마음대로 주겠다고, 4.27에 대한민국 주적 괴뢰정권 김정은과 앉아서 한 이야기. 지금까지 4.27

선언 내용 전부 공개하지도 않았다. 그런데 2018년 9월 11일 이것을 국회에 상정시키려 했다. 더욱 큰 문제는 문 전 대통령이 2018년 4월 27일 김정은에게 건넨 USB다. 도보다리에서 건넨 USB에 어떤 내용이 담겨져 있는지 반드시 밝혀져야 한다.

북한 원자력발전소(원전) 건설 문제에 대한 밀담이 오갔다는 내용이 들어있을 것이란 의문도 제기됐다. 이를 건네기 전 두 사람은 판문점 도보다리에서 44분 동안 둘 만의 대화를 나눴다. 두 사람이 도보 다리에서 대화를 나누는 모습은 전 세계에 생중계됐다.

하지만 두 정상은 마이크와 멀리 떨어져 있었기 때문에 목소리는 전혀 들리지 않았다. 새가 지저귀는 소리만 화면의 배경 음향 역할을 했었다. 어떤 대화를 나눴는지는 두 사람 빼고는 알 수 없다. 공은 윤석열 정부로 넘어왔다. USB를 둘러싼 진실은 반드시 밝혀져야 한다. USB가 어디서 전달됐는지, USB에 어떤 내용이 담겼는지다. USB와 책자에 담긴 내용은 당연히 우리 국민들이 알 권리가 있다. 한국형 원전 관련 산업부 기밀자료가 북한에 넘어가지 않았는지, 지금이라도 윤석열 정부가 이를 조사해서 국민들에게 밝혀야 한다.

문 정권 종사자들은 김 위원장에게 건넨 USB에는 한반도 신경제 구상이 담겨져 있다고 했다. 그렇다면 이를 공개하지 않을 이유가 없다. 문 정권 세력들은 USB는 외교상 기밀문서고, 정상회담 장소에서 건네졌기 때문에 대통령 기록물로 가지 않았을 것이라고 한다. USB를 공개할 경우 대한민국의 국격과 외교와 또 정부의 정책이나 이런 것들이 통째로 흔들리는 것이라고 반박한다. 이것은 USB에는 대한민국에 치명타를 줄 만한 내용이 담겨져 있기 때문에 이를 꺼리는 것이다.

분명 이를 작성한 자와 원본파일이 남아 있을 것이다.

"만약에 국회의원 어느 한 사람이라도 4.27 판문점 선언 통과시키는데 찬성하는 사람은 대한민국을 팔아먹는 매국노입니다. 우리는 애국국민을 중심으로 이 매국노를 처단하는데 전력을 다할 것입니다. 매국노짓 하지말고 제발 그만두십시오."

〈2018년 9월 8일 제80차 태극기집회 서울역 · 광화문 연설〉

이 시대의 정의, 그리고 미래

연방제

2012년 8월 김대중 전 대통령 3주기 추도식 당시 대선후보였던 문재인은 이렇게 언급했다.

"남북 국가연합 또는 낮은 단계의 연방제를 꼭 실현해 그분이 6·15 선언에서 밝힌 통일의 길로 나아가고 싶다."

김대중 전 대통령은 2000년 평양에서 김정일과 남북정상회담을 갖고 채택한 6·15 공동선언에서 '남과 북은 나라의 통일을 위한 남측의 연합제 안과 북측의 낮은 단계의 연방제 안이 서로 공통성이 있다고 인정하고 앞으로 이 방향에서 통일을 지향시켜 나가기로 하였다'라고 명시했다. 사실상 남북을 하나의 연방으로 엮겠다는 의도를 드러냈다.

'낮은 단계'가 무엇을 의미하는가. 이에 대한 설명이 없다. 이후 2000년 10월 6일 '고려민주연방공화국 창립방안 제시 20돌 기념 평양시 보고회'에서 비로소 그 내용이 소개되었다. '1민족, 1국가, 2제도, 2정부의 원칙에 기초하되, 남북의 현 정부가 정치, 군사, 외교권을 비롯한 현재의 기능과 권한을 그대로

연방제 사회주의 개헌 반대 집회

보유한 채, 그 위에 민족통일기구를 구성하자는 것'이라고 정의되었다. 이는 1970년대 김일성이 제안했던 고려연방제 연장선상에 있는 것으로 보여진다. 이를 낮은 단계의 연방제로 명칭만 바꿔었을 뿐이다. 그 내용에서는 북한 정권의 기존 연방제 주장과 차이점을 발견하기 어렵다.

  아울러 연방제가 도입됐을 경우 이념 체제는 무엇이냐는 점이다. 대한민국은 자유민주주의 체제의 나라고, 북한은 인민민주주의를 지향한다. 김 전 대통령은 체제와 관련해선 후세에 이를 맡겨야 한다는 무책임 발언을 했다. 김 전 대통령의 연방제를 계승한 자가 문재인 전 대통령이다. 문재인은 2017년 4월 25일 대선후보 TV토론에서도 이렇게 밝혔다. "낮은 단계의 연방제는 우리가 주장하는 국가연합과 거의 다르지 않다고 생각한다."

북한 정권이 말하는 '낮은 단계의 연방제'는 높은 단계의 연방제인 '고려민주연방공화국'으로 가는 중간 단계다. 고려민주연방공화국은 어떻게 건국될까? 남과 북이 고려민주연방공화국이라는 이름의 중립국가를 선포하고 각각의 자치정부와 그 위의 연방정부를 두는 방식이다.

연방정부에는 입법부로 최고민족연방회의, 행정부로 연방상설위원회를 둔다. 사법부는 각 자치정부에 둔다. 자치정부는 자치 입법, 행정 기관도 갖는다.

낮은 단계의 연방제는 높은 단계의 연방제에서 연방정부가 행사하는 기능을 모두 자치정부가 갖되 연방정부는 조정 역할만 하도록 하는 방안이다. 높은 단계의 연방제와 낮은 단계의 연방제의 공통점은 '1국가 2체제'라는 점이다.

북한은 1960년대부터 연방제를 주장해왔다. 이후 1970년대 들어 공식 명칭을 '고려연방제'로 바꾸더니 1980년대 이후에는 '고려민주연방공화국'을 주장했다. 고려민주연방공화국 주장은 적화통일 전략 차원에서 나온 것이다.

북한은 고려민주연방공화국 창립 방안을 처음 내놓은

1980년 "사회 민주화와 전두환 정권 퇴진, 국가보안법과 반공법 폐지, 공산당 활동을 포함한 모든 정치, 사회단체 및 개별 인사들의 자유로운 활동 보장, 주한미군 철수 및 조미 평화협정 체결, 미국의 '2개의 조선' 조작책동 및 내정 간섭 중지" 등 한국 정부가 취해야 할 선결조건을 제시했다. 이것을 보면 북한의 궁극적 목적이 한국의 국방력 약화 및 남남갈등 유발을 통한 한반도 적화통일이라는 점이 분명해진다.

연방제 하에선 북한이 무력을 사용해 내전을 일으키더라도 한국이 단합된 힘으로 저지하기가 지금보다 어려워진다. 무엇보다 미국이 연방제 국가의 내부 문제라 한국을 돕기 어렵다. 적화통일 가능성이 높아진다. 자유민주주의와 시장자본주의 국체를 희생하면서까지 독재자와 연방제를 추진해선 안 된다. 통일은 자유민주주의 체제인 자유통일이어야 한다.

남북한 연방제를 거쳐 통일이 된 이후 대통령을 뽑을 경우 일당 지배 체제인 북한에서는 단일 후보자에 대해 몰표가 나올 것이다. 반면에 다당제인 남한에서는 다수 후보자로 표가 분산될 것이다. 이렇게 되면 결국 북한이 지지하는 후보가 대통령에 당선될 것이다.

강력한 중앙정부를 가진 북한이 약한 중앙정부를 가진 한국보다 더 큰 영향력을 행사하게 된다.

북한은 정상적인 체제 국가가 아니다. 김정은 한 마디면 백두혈통도 하루아침에 독살하고, 우방국인 말레이시아 국민도 인질로 잡는 등 그야말로 '막가파 범죄집단'이다.

　　북한의 사정을 누구보다 잘 알고 있는 태영호 전 공사는 연방제 통일에 대해 '남한 국론을 분열시키기 위한 기만술이다', '통일 정부를 만들어서 외교, 안보를 관할하게 하고, 남과 북 사이에 차이점이 없어지면 통일로 간다? 이건 완전히 기만이다'라고 강조한 바 있다.

　　'한국 비핵화 주도론'과 '낮은 단계 연방제'는 한마디로 정의하면 북한이 지금까지 추진해 온 한반도 정책을 그대로 수용하겠다는 것이다.

　　김일성이 얘기한 고려연방제나 문재인이 얘기한 낮은 단계의 연방제나 내각제를 얘기하는 이원집정부나 결국은 똑같은 얘기다. 연방제가 도입되면 한반도는 사회주의 연방국가로 전락하게 될 것이다.

　　"저들에게 속지 말자. 저들에게 속은 것을 생각하면 분통이 터지지 않는가. 저들에게 기만당하지 말자. 저들에게 기만당한 것을 생각하면 내가 어리석었다는 생각이 들지 않는가. 저들의 뱀 같은 혀 끝에 선동 당하지 말자. 저들의 혀 끝에 속아서 개돼지 국

제 3 장 반대한민국

민이 되지 않았는가. 저들의 간계와 계략도 간파하자. 자유우파 국민들은 저들이 깔아놓은 연극판을 보고 웃고 웃는 관객이 되어선 안된다. 저들의 연방제는 북한의 대남 적화통일을 받아들이는 음모다."

〈2023년 6.25 행사와 8.15 광복절 집회에서〉

연방제 사회주의 개헌 반대 집회

이 시대의 정의, 그리고 미래

국가보안법과 기무사

　　2019년도 국회 행정안전위원회 국정감사에서 '국가보안법' 문제를 집중거론했다. 경찰청으로부터 제출받은 국정감사 자료에 따르면 경찰이 검거한 국가보안법 위반 사범이 문재인 정권이 들어선 2017년 이후 급격히 줄어들어 2018년에는 15명, 2019년 8월까지 9명에 불과한 것으로 드러났다.

　　이는 2010년 151명, 2011년 134명, 2012년 109명 이명박 정부 시절과 2013년 121명, 2014년 66명, 2015년 62명, 2016년 60명인 박근혜 정부 시절과 비교해서도 4분의 1 수준이었다.

　　나는 "국제사회에서 '북한의 수석대변인'이라는 지적을 받는 문재인 정권의 법무부 책임자라는 조국은 국가보안법을 아무렇지도 않게 여기고 있으니 경찰의 대공수사가 사실상 휴업상태"라며 질타했다. 국가보안법은 국가의 안전을 위태롭게 하는 반국가활동을 규제함으로써, 국가의 안전과 국민의 생존 및 자유를 확보하기 위하여 제정된 법률이다. 대한민국 국민 중에서 이 법률로 인해 피해를 입는 사람은 없을 것이다.

그런데도 문재인 정권은 대한민국의 국가보안법을 사실상 무력화시켰다. 국가보안법은 북한과 관련된 반국가활동을 규제하는 것이 핵심 내용이다. 내란 행위나 외환 행위가 발생하기 전에 그러한 목적의 결사나 찬양, 고무, 선전, 선동 행위를 할 경우 처벌하는 것이다.

국가보안법 철폐 반대 집회

친북 좌익 단체의 존재나 활동 자체를 규제하는 것이 국가보안법의 존재 이유다. 국가보안법 폐지의 핵심 논거는 국가보안법이 지배계층의 기득권을 보호하기 위한 장치라는 것이다. 즉 국가보안법은 공산혁명에 장애가 된다는 것이다.

이해찬 전 대표는 북한 정치인과의 만남에서 국가보안법 폐지 필요성을 언급했다. 2018년 10월 이 대표는 평양에서 기자들과 만나 "평화체제가 되려면 국가보안법 등을 어떻게 할지 논의해야 하고, 남북 간 기본법도 논의해야 한다. 법률적으로 재검토할 것이 많다"고 말했다. 이것은 사실상 대국민 전쟁선포나 다름없다. 국가보안법은 피로써 지켜온 것이다. 국가보안법이 무너지면 지금의 언론·방송뿐만 아니라 정보시스템으로 간첩을 막을 수 없다. 이것은 북한 김정은에게 공개적으로 충성맹세를 한 것이고 자유대한민국을 파괴하겠다는 것이다.

2023년 초 공안 당국은 '자주통일 충북동지회' 조직원 3명을 간첩 활동 혐의(국가보안법 위반)로 구속했다.

이들은 2017년부터 북한 공작원과 지령문·보고문 84건을 암호화 파일 형태로 주고받으며 충북 지역 정치인, 노동·시민단체 인사 60여 명에 대한 포섭 활동을 벌인 혐의를 받았다. 이 사건 수사는 국가정보원이 주도했는데 검찰 단계로 넘어간 뒤엔 대검찰청이 청주지검의 검사 파견 요청을 거부하는 등 '수사 축소' 논란이 일기도 했다. 문재인 정부는 '국정원 개혁'을 한다며 국정원의 대공 수사권을 없애는 법안을 2020년 12월 더불어민주당의 국정원법 개정안 단독 처리로 대공수사권은 2023년 1월부터 경찰로 넘어갔다. 국가보안법 무력화 뿐만 아니라, 대공

수사권 해체도 시도했다. 국정원은 오랜 대공수사를 통해 축적한 노하우와 정보망을 갖고 있는 집단이다. 더불어민주당은 대공수사권을 경찰로 이관시켰다.

경찰이 대공수사권을 갖게 되면 제3국을 통해 들어오는 간첩의 적발은 불가능하다. 경찰은 해외 방첩망이 없기 때문이다. 외국 정보기관과의 협력이나 공조도 쉽지 않을 것이다. 정보기관 간 협력은 철저히 1대1로 정보를 교환하는 방식으로 이뤄지는데 해외 정보기관이 경찰을 자신들에게 가치 있는 정보를 제공할 능력이 있는 파트너로 여길지 의문이다.

이는 해외 연계 간첩이 주를 이루는 최근의 추세에 비춰 큰 우려를 자아낸다. 국정원이 대공수사권을 갖도록 국정원법을 재개정하려 해도 절대다수 의석인 민주당이 동의하는 것은 사실상 불가능하다.

국정원 대공수사권 박탈은 국정원이 오랜 시간과 비용을 들여 구축한 대공수사망을 매몰 처리하고 원점에서 다시 시작하겠다는 참으로 어리석은 결정이다. 간첩 혐의를 증거로 적발하려면 오랜 노하우가 필요하고 수년간 돈과 인력을 투입해야 할 때도 많다. 북한이 핵으로 동족을 겁박하는 게 보이는 위협이라면 대한민국의 근간인 자유민주주의를 흔들려는 간첩 행위는 보이지 않는 리스크다. 이런 위험에 대응하려면 대공 수사밖에 없다. 국정원의 수사권 폐지에 박수 치며 환호할 이는 김정은과 북한 지도부 밖에 없다. 국정원의 존재 이유는 자유대한민국을 지키는 데 있다.

문재인은 기무사령부도 해체했다. 계엄 문건 의혹이 발단이다. 문재인 정부 초기인 2018년 7월 여당 의원과 군인권단체가 처음 공개하면서 군의 '내란음모', '쿠데타 모의' 아니냐는 거센 정치적 논란과 함께 기무사의 해체 및 군사안보지원사령부(안지사)로의 재편까지 낳았다. 문재인은 이를 "헌정중단을 노린 국기문란 사건으로 독립수사본부를 설치해 수사하라" 지시했다.

문재인은 수사 지시를 해놓고 결과도 보지 않은 채 기무사 개편을 지시했고 당시 조국 대통령민정수석비서관은 '해편(解編)'이란 신조어를 써가며 기무사를 해체 수준으로 개편해 군사안보지원사로 만들었다. 이 문건에는 헌법재판소의 탄핵심판 이후 초래될 소요사태와 국정혼란에 대비한 위수령 발동과 계엄 선포 방안이 담겼다. 또 '대비계획 세부자료'엔 국회가 계엄 해제 의결정족수를 못 채우도록 시위 참석 의원들을 집중 검거하거나 보도검열을 통해 언론을 통제하는 계획까지 담겨 논란이 더욱 커졌다. 하지만 최악의 비상사태에 대비한 단순 검토 보고서였다. 군과 검찰이 합동수사단을 구성해 3개월 동안 수사했지만 쿠데타 음모 같은 증거를 찾지 못했다.

그 와중에 이재수 사령관과 문건 작성 간부 한 명은 억울함과 모욕을 참지 못해 스스로 목숨을 끊었다. 문 정부는 전 정권의 책임론을 거세게 주장하며 집중포화를 퍼붓고 샅샅이 조사했다. 하지만 결국 문건을 작성한 실무책임자까지 최종 무혐의가 확정됐다. 문 정부는 왜 이를 빌미로 기무사 해체를 노

참군인 이재수 기무사령관

렸는가. 군을 자신들의 입맛에 맞게 길들이기 위함이 아니었을까. 군사 방첩을 무력화할 의도도 없지 않았다고 본다.

"기무사 계엄문건이 조작으로 밝혀졌다. 이는 명백히 문재인 정권의 정치공작으로 반드시 법적 책임을 물어야 한다. 법적으로 문제될 것이 전혀 없는 기무사 문건을 국민선동의 도구로 활용한 기무사 문건 조작 사건에 가담한 모든 정치인들은 결코 용서받을 수 없는 범죄를 저지른 것이다. 문재인 정권은 기무사 문건을 조작 선동하여 마치 군이 국민을 상대로 쿠데타를 일으키려 했다는 식의 발표를 했고 심지어 문재인은 해외순방 중에 '있을 수

없는 구시대적이고 불법적인 일탈행위'라며 수사단 구성을 지시하는 등 문재인 정권이 총체적으로 개입했다. 문재인 정권차원에서 조직적으로 진행된 정치공작의 진실을 반드시 밝혀야 한다."

〈2022년 9월 15일 보도자료〉

제 **4** 장

용기

붉은세력들이 무슨 짓을 하는지 아직도 모르면
우리 국민들은 당해도 방법이 없다.
이제는 우리 국민들이 깨달아야 한다.
대한민국을 수호하는 길이 자유민주주의 체제를 지키는 길이다.
이것이 대한민국을 위한 길이고, 대한민국의 미래를 위한 길이고, 국민을 위한 길이다.

이 시대의 정의, 그리고 미래

핵폐기

김대중 전 대통령 때 북한은 절대 핵개발을 하지 않는다. 핵개발을 하면 본인이 다 책임지겠다고 하면서 우리가 상상할 수 없는 금액을 지원하였고, 노무현 전 대통령 때는 김정일을 앞에 두고 북한의 대변인 역할을 하고 있다고 스스로 말했다. 문재인 정권은 운전자론과 한반도의 비핵화는 없어지고 남한은 빠지라고 했다.

문 전 대통령은 북한 김정은의 바지를 붙잡으며 비핵화 거짓 평화쇼를 했지만 돌아온 것은 북한의 살인적인 미사일이었다. 대한민국에 북한 간첩들이 활개를 치도록 만들고, 북한의 인권을 더욱 악화시키는 반인권 행위를 노골적으로 자행한 문재인 정권은 태생적으로 '반대한민국' 세력이었다.

문재인은 대한민국에 돌이킬 수 없는 우리 미래세대에게 핵의 공포를 안겨주었다. 북한의 핵이 동결되고 핵보유국으로 인정됨과 동시에 문재인은 대한민국 국민, 미래세대, 역사와 민족 앞에 역적이 될 것이다. 나는 문재인 종북좌파 정권의 국체,

양산 문재인사저 앞 규탄 집회

국기, 대한민국 역사 정통성 파기에 대해 싸우고 또 싸웠다.

문재인 집권 5년, 나와 우리공화당 당원, 자유 우파 국민들은 붉은 세력과 전쟁을 선포하며 고통과 탄압을 견디며 자유 대한민국 지켜냈다. 우리는 지금도 그 싸움을 멈추고 있지 않다.

우리공화당은 2023년 11월 18일 문 전 대통령 사저가 있는 경남 양산에서 문재인의 정체를 고발하는 대국민 집회를 가졌다. 문 전 대통령은 대한민국 붉은 적폐 숙주다.

"문재인 정권 5년 동안 저질러 놓은 일 때문에 우리 대한민국이 치워야 될 일이 너무나 많다. 북한에는 핵을 고도화, 경량화 또 최종 완성 단계까지 가도록 만든 것이 문재인 5년이다. 백두산 가서 평양에 가서 소위말하면 김일성이 괴뢰도당들에게 존경을 표하고 있는 문재인을 보면서 저 사람은 이상한 사람이다. 도대체 북한 2,500만 주민들이 굶고 헐벗고 김정은 세력들한테 얼마나 탄압을 받고 인간 대접을 못 받고 있는데 그 2,500만 주민들은 다 외면하고 20만 명 모여있는 운동장에서 김일성 부자를 찬양하는 모습을 보면서 저 사람은 정상적인 대한민국 국민도 못되는 사람이구나 생각했다. 대한민국 국민들이 다 속았다. 6월 6일 현충일 날, 많은 사람들 앞에서 신영복을 존경한다는 말을 할 수 있는 그러한 새빨간 사람, 베트남이 월맹군에 의해서 통일될 때 그것을 보고 희열을 느꼈다고 자기 자서전에 적는 그러한 사람, 중국 시진핑 앞에서 '대한민국은 작은 나라고 중국 나라는 큰 산이기 때문에 중국의 몽을 따르겠다'고 말하는 그런 붉은 사대주의에 젖어있는 새빨간 인간이 바로 문재인이다. 수행했던 경호원과 기자가 폭행을 당했는데도 말 한마디 못하고 8끼나 혼밥으로 떼웠는데도 말 한마디도 못하는 그러한 붉은 사회주의자와 붉은 세력들에게 사대주의를 하고 있는 그 사람이 바로 저기에 있는 문재인이다."

〈2023년 11월 18일 양산 서리 마을 입구 연설〉

불태운 인공기

2019년 7월 30일 서울중앙지검이 서울역에서 한 기자회견을 집회 및 시위에 관한 법률 위반 혐의로 불구속 기소했다. 이유는 2018년 1월 22일 북한 현송월 삼지연관현악단장이 이끄는 북한 예술단 사전 점검단이 남한을 방문했다. 김정은의 가짜 비핵화, 김정은의 체제선전에 반대하는 긴급 기자회견을 서울역에서 열었다. 당시 우리공화당 당원들과 함께 김정은 북한 국무위원장 사진과 인공기, 한반도기를 불에 태우는 퍼포먼스를 하고 김 위원장의 사진을 발로 밟기도 했다.

대한민국의 안보를 위협한 북한의 핵실험과 ICBM 발사에 대해 북한 김정은으로부터 사과 한마디 못 받고, 평창의 꿈을 김정은의 꿈으로 만들려는 문재인 정권을 비판하고, 김정은이 가짜 비핵화로 대한민국을 속이고 있다는 것을 국민께 알리는 기자회견이었다. 국민의 대표인 국회의원이 양심에 따라 직무를 수행한 것이다.

경찰이 먼저 수사에 착수했다. 대한민국에서 트럼프 대

인공기 소각 기자회견(서울역)

통령의 입을 막는 퍼포먼스, 성조기를 불태우고, 심지어 태극기 화형식은 되고, 북한 인공기를 불태우면 안 된다는 것인가.

경찰의 수사는 대한민국 헌법 제8조에 명시된 정당활동의 자유를 위배한 것이며, 대한민국 헌법 제11조 평등권(모든 국민은 법 앞에 평등하다) 위배이며 헌법기관인 국회의원의 의정활동을 침해한 것이다. 헌법에서 보장한 정당 활동의 자유를 침해한 명백한 정당 탄압 행위다.

내가 김정은 북한 국무위원장 사진과 인공기, 한반도기를 불태운 것은 대한민국의 주권을 갖기 위함이었다. 당시 국민들은 평창올림픽의 조직위원장이 누군지도 잘 몰랐다. 평창올림픽의 조직위원장이 악단장 현송월로 보여졌다. 현송월 지시하에 움직여졌다는 의문을 지울 수 없었다.

평창동계올림픽을 김정은 괴뢰집단의 선전장으로 만들고, 북한 핵을 용인하는 세계의 선전장으로 만들었다. 그래서 나는 김정은과 김정은이 받들고 있는 인공기, 대한민국 태극기를 부정하고 국민 동의 없이 들고 가려는 한반도기의 화형식을 거행했다. 이것이 대한민국 국민의 생각이고, 이것이 자유대한민국의 가치를 드높이는 것이었다. 이것이 대한민국 5천만 국민의 생각이라는 것을 똑똑히 보여주고 싶었다.

당시 언론과 방송 기자단에게 미리 기자회견 공지 문자를 발송하였고, 당 홈페이지, 당 카페 등에 공지를 하였으며, 기자회견문도 내외신 수백명 기자단에게 이메일로 발송했다. 그동안 대한민국의 각종 시민단체와 직능단체는 자신들의 주장에 맞는 기자회견을 수도 없이 했다. 기자회견을 통해서 그들이 주장하는 내용을 알리는 여러 가지 종류의 퍼포먼스도 했다.

문재인 정권의 경찰은 기자회견을 집회로 규정하고 집시법(집회 및 시위에 관한 법률) 위반으로 엮으려고 했다. 만약에 불법 집회를 했다면 그곳에 나온 수백 명의 경찰들이 제재를 했을 것이다. 전혀 제재가 없었다. 경찰들이 기자회견이라고 인지했다는 것임을 알 수 있다.

나는 거듭되는 재판을 통해 이같은 사실을 강조했지만 재판부가 받아들이지 않았다. 지난 2021년 10월 16일 대법원 2부(주심 조재연 대법관)는 집회 및 시위에 관한 법률 위반 혐의로 기소된 나의 상고를 기각하고 벌금 100만원을 선고한 원심을 확정했다.

애시당초 검찰의 기소는 정당탄압이었다. 당시 일정상 집회 신고를 할 수 없는 불가항력인 상황이었다. 그래서 집회가 아닌 긴급기자회견으로 진행했다. 기자회견에서 손을 흔들고 구호를 외치는 일은 흔히 있는 일이다. 기자회견은 집시법 대상이 아니다. 그러면 검찰은 왜 다른 단체들이 성조기를 불태우고 구호를 외치는 것은 기소하지 않는 것인가. 검찰이 정치적인 면을 고려해서 나를 기소했다고 밖에 볼 수 없다. 검찰의 기소권 남용일 수밖에 없다.

"대한민국 헌법 개정 중에 가장 중요한 개정은 87년도의 대통령 직선제와 정당의 자유로운 활동 보장이다. 정당 대표에 대한 기소는 개인에 대한 기소가 아닌 정당에 대한 탄압이고 헌법에 보장된 정당 활동에 대한 침탈이다. 집회를 하려는 생각 없었고 집회행태도 취하지 않았다. 서울역 계단에서 30여분간 진행된 기자회견을 미신고 집회로 둔갑시키려는 것은 문재인씨 정권이 얼

제 4 장 용기

마나 김정은에게는 한없이 관대하고 대한민국 국민에게는 냉혹한 정권인지를 명백히 보여주는 것이다"

〈2020년 5월 8일 1심 재판 후 발언 중〉

이 시대의 정의, 그리고 미래

평창동계올림픽

2018년 1월 1일 김정은 북한 노동당 위원장은 신년사를 통해 평창 동계올림픽 대표단 파견 의사를 피력했다. 남북 당국 간 접촉 가능성도 열어놨다. 당시 문재인 대통령이 올림픽 기간 한·미 합동 군사훈련 연기 검토를 공식적으로 밝힌 지 열흘 만에 나온 메시지였다. 언론들은 김정은의 신년사를 두고 남북평화 무드라며 반겼다. 그러나 국제사회의 강력한 제재로 어려움을 겪고 있는 상황을 대남 정책을 통해 정면 돌파해보려는 김 위원장의 의도로 해석되었다.

올림픽 참가를 시사하는 이 메시지가 핵 포기로 가는 전략적 전환으론 보이지 않았다. 김 위원장은 미국 본토 전역이 핵 타격 사정권에 있다면서 "핵단추가 내 사무실 책상 위에 항상 놓여 있다"고 말했다. 핵무기 실전 배치를 시사한 대목이다. 언제든 미국을 향해 핵탄두 탑재 ICBM을 쏠 수 있는 능력이 있음을 과시한 것으로 풀이된다. 미국의 압박에 절대 굴복하지 않겠다는 의지의 표현이다. 여기에 대한민국의 운명도 김정은 책상 위에 놓여있는 것이다.

　　김정은의 화해 제스처는 제재 국면을 모면하기 위한 전술적 전환으로 봐야 했다. 과거에도 평화를 얘기하면서 내부적으로 전쟁을 준비하는 화전 양면전술을 자주 사용해 온 북한이 아니던가. 북한은 이 같은 우려를 불식시키려면 추가 도발 중단을 먼저 선언하는 진정성을 보여줘야 했다. 김 위원장의 메시지에 담겨 있는 한·미 연합훈련 중단과 미국 전략자산 한반도 전개 중지라는 조건도 철회하는 게 마땅하다.

　　남북 접촉 과정에서 한·미동맹 균열과 남한 내 갈등 유발을 시도하려 했다. 그런데도 문재인 정권은 남북 관계 개선이 마치 코앞에 다가온 양 호들갑을 떨었다. 단기적 성과에 일희일비하기보다는 남북 관계 개선이라는 큰 그림 속에서 대화의 세부 조건과 속도 등을 세밀하게 조절해 나갈 필요가 있었다. 아무리 북한 대표단의 평창올림픽 참가가 급선무라지만 이를 이용해 김정은 방한을 이루게 하고 대북 제재의 끈을 풀려고 했다. 이에 분노한 것이다.

　　"대한민국이 완전히 미쳐 돌아갑니다. 이 김정은의 대남 전략전술에 문재인 좌파독재정권이 못 따라간다 이겁니다. 문재인의 장난에 놀아나는 것 아닙니까? 문재인씨가 제대로 하려면 청와대에 있는 주사파부터 물리쳐야 합니다. 평창올림픽을 김정은 장난에 놀아나도록 한 장본인이 누구냐 청와대 있는 주사파들 아닙니까? 평창올림픽을 주최하고 있는 대한민국은 도대체 무슨 나라입니까? 대한민국 국민은 우리의 평창올림픽이 태극기가 우뚝 서고, 그동안 스포츠를 위해 피와 땀을 아끼지 않았던 선수들이 태극기를 왼쪽 가슴에 달고 태극기를 자랑스러워하는 그러한 올림픽을 바라는 것 아닙니까? 어느 국민들이 김정은과 같은 괴뢰집단에 속아서 한반도기를 들고 태극기를 버리는 그러한 작태를 하라고 했습니까? 우리는 분명히 이야기합니다. 태극기를 들지 않는 평창올림픽은 절대 반대한다. 대한민국 국민을 정말 우습게 보는 겁니다."

〈2018년 1월 20일 제35차 서울역 태극기집회 연설중〉

평창동계올림픽은 20년간 2전 3기 끝에 어렵게 유치했다. 평창동계올림픽을 북한의 적화야욕 전략전술에 넘어가서 북한의 핵과 체제를 인정하는 선전을 하고, 평양올림픽으로 만들려고 하는 문재인 정권의 노림수를 결코 좌시할 수 없었다.

주사파가 중심이 된 청와대가 이러한 국민들의 저항에도 불구하고 지속적으로 친북, 사망한 햇볕정책을 지속하는 것은 그 뒤 그들의 노림수가 분명히 있는 것이다. 그들의 진짜 의도는

제 4 장 용기

묵호항 만경봉호 입항 반대 인공기 소각

반대한민국이고, 반자본주의적이며, 반자유주의적인 것이다. 당시 문재인 정권은 대한민국의 정체성이며 상징인 태극기를 내리고, 국적불명의 한반도기를 등장시켰다. 국가의 영문인 코리아(KOREA)에서 COR을 변경하려 했다. COR은 북한이 COR로 바꾸기로 한 여러 가지 학술대회에서 나타난 영문명이다.

　　　　이것은 대한민국의 올림픽이 아니고, 평양올림픽이라는 것을 반증하는 것이었다. 현송월을 비롯한 북한 응원단은 김정은의 기쁨조다. 대한민국의 언론이 기쁨조 한 사람이 오는데 이렇게 호들갑을 떠는 이유가 무엇인가. 도대체 대한민국 국민이 누구인가? 대한민국에 있는 우리가 대한민국 국민이다. 김정은

143

의 '첩'이라는 여자 한 사람 때문에 대한민국 모든 언론 방송들이 이렇게 호들갑을 떨어서야 평창올림픽은 고사하고, 대한민국의 품격은 떨어질 대로 떨어진 것이다.

    2018년 1월 24일 국민주권연대와 한국대학생진보연합 등 세력들이 2018년 1월 24일 나를 서울 남대문경찰서에 고소했다. 이들은 "평창동계올림픽의 성공적 개최로 한반도의 평화와 남북관계 개선을 기대하는 온 민족과 세계인류의 염원은 철저히 무시한 채, 반북대결광증에 사로잡혀 평화와 화해의 분위기에 찬물을 끼얹은 나를 규탄한다"며 고발했다. 이들은 2월 5일 대구 달서 지구당 사무실로 몰려가 나를 규탄했다.

    나는 눈 하나 깜짝 하지 않았다. 옳은 길, 정의로운 길, 자유대한민국을 지키는 길을 걸으면 두려움이 없어진다.

제 4 장 용기

백악관 앞 시위

2018년 10월 1일부터 6일간 미국방문을 했다. 미국 정부 국무부 및 국가안전보장회의(NSC)와 미 의회 상원, 그리고 미국의 주요 언론사인 NBC와 ABC, 블룸버그통신, NHK 등 세계 언론사와 교류를 하였다.

미국 국회의사당 앞 태극기집회

이 시대의 정의, 그리고 미래

미국 백악관 앞 태극기집회

　　워싱턴 DC와 LA에서의 태극기 집회, 미국 동포와의 간담회 등을 통해 문재인 정권의 反시장·反자유주의 정책을, 거짓 평화쇼로 전락한 북한 비핵화 문제와 북한 김정은 레짐 체인지를 전달하고 설득했다.

　　또한 수잔 숄티 미국 북한자유연합 대표, 그레그 스칼라튜 북한인권위원회(HRNK) 사무총장 등 북한 인권전문가를 만나서 미국사회에 북한인권 유린의 심각성을 알렸다.

　　IRI 싱크탱크도 만나 교류를 하기로 협의를 했다. 6.25 전쟁기념관에서는 헌화를 했고, 미국 관계자를 만나 한미동맹의 중요성과 강화를 강조했다.

제 4 장 용기

미국 백악관 출입기자 컨퍼런스(내셔널프레스클럽)

한미동맹을 통해 대한민국은 자유민주주의와 시장경제를 바탕으로 굳건한 안보와 경제번영을 이루어냈지만, 문재인 좌파독재정권이 대한민국 안보와 경제를 망쳤다. 앞으로도 김정은은 알량한 위장 평화 쇼를 계속할 것이다. 대한민국의 안보와 국방을 무력화한 문재인 정권에 우리 국민들은 드디어 분노하기 시작했다. 이러한 우리 국민들의 목소리를 미국사회에 알리게 된 것은 큰 의의가 있다고 본다.

이제 문재인 정권은 마지막 카드인 북핵 비핵화 쇼에 목숨을 걸고 있다. 북한은 절대 핵을 포기하지 않을 것이다. 북한의 완전한 비핵화 없이는 종전선언은 절대 있을 수 없다고 미국사회에 알리고, 미국 동포들에게 알렸다. 방미를 토대로 대한민국 애국우파 세력의 총결집을 이루어내고 더욱 강력한 反문재인

147

투쟁에 매진할 것이다.

　우리는 그냥 태극기를 들은 것이 아니었다. 미국뿐만 아니라 미국 정계, 전 세계 언론들이 우리의 태극기투쟁을 잘 알고 있었다. 특히, 태극기투쟁을 통해 투쟁력을 하나로 결집한다면 문재인 정권의 끝도 얼마 남지 않을 것이다. 미국에서 대한민국의 진실을 이야기를 했다. 워싱턴 백악관 앞에선 시위를 했다. 백악관 앞에서 김정은 사진 찢고, 인공기 찢고, 화형식 했다. 당시 이 장면을 본 백악관 출입기자들이 박수를 쳐주었다.

　이런 시위를 본 백악관 기자들 입에선 문재인 정권을 조심해야 하고 한미동맹이 위기에 빠져있다는 우려가 터져나왔다. 백악관 출입기자인 크리스찬 브로드케스트 미디어 소속 Dr. June Knight 기자는 2019년 8월 말 기고문을 통해 문재인 정권의 반미감정 등에 대한 우려를 표했다.

　Dr. June Knight 기자는 기고문에서 "미국의 건국정신을 계승하기 위한 우리의 싸움을 제대로 이해하기 위해서 우리 미국인들은 대한민국에서 어떠한 일들이 벌어지고 있는지를 알아야 한다"면서 "그들은 좌파이념과 진보 아젠다로 우리의 역사와 미래를 바꾸려고 하고 있다"고 말했다.

　Dr. June Knight 기자는 제니박 백악관 출입기자의 USA Journal Korea의 내용을 인용하며 "2019년 8월 22일 문

제 4 장 용기

NBC, ABC 기자 취재(워싱턴)

재인은 지소미아를 파기하며 한미일 3각 동맹과 국가안보를 위협하고 있다. 문재인은 지금 일본을 한국의 외부의 적으로 이용하며 한국인들을 단결시키고 있다"면서 "결국에는 한국내의 반미감정을 일으켜 자신의 권력을 강화하는데 이용할 것이다"라고 우려했다. 백악관 기자들이 문재인 정권의 정체를 알아 차렸다.

NSC 한반도 보좌관 면담

"도대체 어느 대한민국의 정치인이 백악관 앞에서 김정은 사진을 찢고 인공기를 찢고 한미동맹을 강화해서 김정은을 척결하자고 했느냐고, 문재인 촛불쿠데타를 통해서 권력 찬탈한 세력이라 대한민국 대통령으로 인정 못한다고 어느 정치인이 얘기할 수 있습니까? 그런데 그 박수를 치던 세계에 유명한 기자 중에 한 사람이 이렇게 얘기를 했답니다. '트럼프, 김정은과 사랑한다는데 어떤 것이냐'고 저한테 물었습니다. '그 사랑은 깨지게 되어있다'고 했습니다. 금지된 사랑을 했지만 그것은 트럼프의 속임수입니다. '거짓사랑, 이 이루어질 수 없는 사랑 곧 깨지니깐 걱정하지 말라'고 인터뷰 했더니 그 분이 웃더라고요.

〈2018년 10월 6일 제84차 서울역 태극기집회 미국 방문 설명회〉

미국 백악관 출입기자 컨퍼런스(내셔널프레스클럽)

제 **5** 장

척결

대한민국 자유민주주의에 도전하는 세력, 시장주의에 도전하는 세력을 척결해야 한다. 이들을 척결하지 못하면 대한민국 존재 자체가 어려워진다. 사회주의자, 공산주의자, 주사파, 중국에 목매는 종중주의자, 종북주의자 이런 자들을 모조리 척결해야한다.

이 시대의 정의, 그리고 미래

김일성주의자들

문재인 전 대통령은 자서전인 '문재인의 운명'에서 마오쩌둥(毛澤東) 숭배 좌익학자 리영희씨의 영향을 가장 많이 받았다고 했다. 그가 월남 공산화를 예고하였고, 그것이 현실이 되는 것을 확인하였을 때는 '희열'을 느꼈다고 했다.

문 대통령은 다른 대담집에선 이렇게 말한다. "친일세력이 해방되고 난 이후에도 여전히 떵떵거리고, 독재 군부세력과 안보를 빙자한 사이비 보수세력은 민주화 이후에도 우리 사회를 계속 지배해 나가고, 그때그때 화장만 바꾸는 겁니다. 친일에서 반공으로 또는 산업화세력으로, 지역주의를 이용한 보수라는 이름으로, 이것이 정말로 위선적인 허위의 세력들이거든요."

이것은 문 전 대통령이 공산주의 사상가임을 커밍아웃한 것과 다름없다. 문재인 전 대통령이 '아버지의 해방일지' 책을 추천해 논란이 일었다. 2022년 10월 말 문 전 대통령은 트위터를 통해 빨치산을 주제로 한 소설 '아버지의 해방일지'를 소개했다. 이 소설은 일제시대 이후 사회주의 세상을 꿈꾸며 지리산 일

박정희대통령 탄신 제105주년(2022.11.14. 구미 박정희대통령 생가)

대에서 빨치산 활동을 한 아버지의 장례를 치르는 딸이 아버지의 삶을 회고하는 내용을 담았다.

　　문 전 대통령은 평창올림픽 당시 세계 100여 개국 정상, 북한의 김영남과 김여정을 앞에 두고 내가 가장 존경하는 한국의 사상가는 신영복이라고 공개적으로 말했다. 통일혁명당 사건의 주역은 김일성주의자다.

　　80년대 김일성의 주체사상을 지도이념과 행동지침으로 내세우는 이들을 주사파(主思派)라 한다. 북한의 남한혁명노선이라고 하는 민족해방 민중민주주의혁명론을 추종하여 특히 민족해방(national liberation)을 강조하였기 때문에 NL파라고도

부른다. 이들은 전향을 선언하지 않은 채 청와대 · 국회 · 정부를 장악하고 있었다. 문재인 정권을 '주사파 정권'이라 하는 것은 주사파 세력들이 정권의 핵심으로 자리 잡았기 때문이다.

윤석열 대통령은 지난 2022년 10월 20일 "주사파와 협치는 불가능하다"고 밝혔다. 윤 대통령은 전날 국민의힘 원외 당협위원장들과 오찬을 하면서도 "북한을 따르는 주사파는 진보도 좌파도 아니다. 적대적 반국가 세력과는 협치가 불가능하다"고 말했다. 윤 대통령의 발언에 공감했다.

주사파의 특징은 대한민국이 한반도의 유일한 합법정부임을 부정한다. 반면 조선민주주의인민공화국이 항일무장투쟁의 정통성을 가졌다고 주장한다. 대한민국의 '자유민주주의' 헌법정신을 부정하려고 한다. 자유민주주의에서 자유를 빼고, '민중민주주의'로 바꾸려 한다는 골자다. 민중이 바로 사람이다. 사람 중심을 강조하면서 자유를 배격한다.

주사파 세력이 자유대한민국 국가발전을 이룩해줄 것이라 믿는 것 자체가 망상에 가깝다. 주사파 세력들은 북한의 인민민주주의 혁명론인 민족해방인민민주주의 혁명론은 코민테른 강령에서 제시된 공산혁명 전략을 원용해왔다. 이들의 목표는 노동자 계급, 농민, 청년학생, 진보적 지식인을 주력군으로 하고 반동 관료 및 매판 자본가를 제외한 각계각층을 보조역량으로

하여 통일전선을 형성시킨다는 것이다.

그 후 미 제국주의를 축출하고 파쇼 정권을 타도한 다음 민족자주정권을 세운다는 것이다. 북한과의 연방제 통일을 한 다음 사적 소유와 프롤레타리아 독재 권력 수립을 내용으로 하는 본격적인 사회주의 혁명을 진행하는 전략이다.

주사파 세력들이 왜 미국에 대해 적대심을 가질까. 이들은 반미구호, 양키고홈을 입에 달고 산다. 이들에게는 미국이야말로 한국 민중의 자주성을 억압하는 주범이라는 것이다. 매판 자본가, 지주, 상층관료는 미국에 의해 육성되고 비호되는 대리 세력이고, 민족모순이 해결되면 다른 모순도 해결된다고 믿고 있다. 주사파가 한국에서 펼친 한국 사회 변혁 운동의 기본임무는 미국 지배와 그 대리세력 잔재인 보수 정권 통치를 청산하고 좌파 정권 수립 후 사회의 자주화와 민주화를 실현하는 것이다.

자주적이라 함은 미국의 식민지적 통치를 없앤다는 것이고, 평화적이라 함은 민족자주정부 수립 후 북한과의 연방제 통일을 말한다. 이러한 임무를 바탕으로 주사파 세력들은 ▲반미 자주화 투쟁 ▲반독재 민주화 투쟁 ▲조국통일 촉진 투쟁. 3대 투쟁 전략을 이어간다.

이들은 80년대 민족해방, 즉 통일을 지향하면서 '위수김동'(위대한수령 김일성 동지)에 이어 '친지김동'(친애하는 지도자 김정일 동지)를 외치면서 주체사상과 선군정치를 옹호해 왔다.

　　주사파 세력들은 김정은 독재에 대해서는 한 번도 문제를 제기하지 않는다. 북한의 미사일 발사에 대해서도 언급도 안 한다. 우리 평화와 안보의 최대 위협이 북한의 핵·미사일 폭주다. 이들이 그렇게 하지 못하는 것은 말로는 평화와 남북한 긴장완화를 위해서라지만 실은 북한의 정통성을 인정하는 그 사상적 이념이 뿌리박혀 있기 때문이라는 시각이 많다.

　　주사파 세력들은 절대 북한 미사일과 인권에 대해 지적을 못한다. 이미 주사파 이념에 감염된 좌파들은 북한의 정체성과 문제점을 따지는 것이 금기다. 남북공동연락사무소가 폭파돼도 9·19 군사합의 파기가 아니라는 사람, 대한민국 국민이 억울하게 수십 발의 총탄을 맞고 살해당하고, 시신이 불태워지는 참혹한 주권 침탈에 대한 부분에 대해서도 9·19 군사합의 파기가 아니라는 사람들이다.

　　주사파들은 입법 사법 행정부 문화 예술계 전 분야에 침투해 있다. 특히 민노총과 전교조에 주사파 성향을 가진 이들이 포진해 있다. 21세기 한국에 이런 자들이 아직도 있느냐 반문하는 사람도 있지만 곳곳에 있다.

제 5 장 척결

"대한민국은 민노총 간첩단 사건을 비롯하여 종북 주사파들의 발악이 일어나고 있다. 이들은 북한 김정은에게 충성 맹세를 하였으며, 북한 지령문에 따라 김정은 흠모 행사를 서울 한복판에서 자행하였다. 종북 주사파 세력들의 핵심이었던 창원 간첩단들은 2016년 3월에 이미 북한 공작원과 접선을 하였다. 이들 창원 간첩단들은 촛불시위에도 가담하였다. 한국에서 자행됐던 촛불시위는 좌파들의 좌파 사회주의로 가기 위한 좌파종북혁명이다. 자유대한민국에 숨어있는 종북 주사파 세력들을 완전히 척결해야 한다."

〈2023년 6월 3일 서울역 태극기 집회 연설〉

이들은 보수우파를 적폐로, 친일로, 친미주의로 몰면서 좌파들은 '죽창가'와 '양키고홈'을 부르짖고 있다. 우리공화당은 진작부터 주사파 척결에 앞장서왔다. 일각에선 이를 색깔론으로 몰아가는 데 이에 동의할 수 없다. 자유는 자연의 공기와 같아서 위협에 노출되면 자유의 정신은 파괴된다. 국가안보는 댐과 같아서 작은 구멍에도 큰 붕괴 위험에 빠지게 된다. 자유란 한번 잃으면 찾을 수 없다. 천만금을 주고도 살 수 없다. 주사파를 척결하지 않으면 대한민국은 영원히 붉은 세력들에게 농락당한다.

"이 땅에 문재인과 같은 김일성주의자들, 김일성을 신봉하고 있는 주사파 세력들, 또 붉은 세력들의 중추를 이루고 있는 민노총과 전교조, 대한민국을 좀먹고 있는 이 사회주의 공산주의 세력을 몰아내야 한다."〈2022년 11월 14일 '박정희 대통령 탄신 105돌 숭모제 · 기념식 발언〉

제 5 장 척결

386 종북주의자

20대 시절 불의에 눈감는 것을 비겁하다 여겼다. 나는 70년~80년대 격변의 한국 정치 상황을 겪었다. 뜨거운 피를 가진 청년이라면 불의에 저항하는 것은 그 시대의 정신이었다. 군 제대 후 한국외국어대 최초로 '전국예비역청년학생협의회'를 구성했다.

이 단체는 군에 먼저 갔다가 대학에 들어온 학생들이 민주화 열정으로 뭉친 순수한 조직이었다. 졸업 후에도 예비역청년협의회 고문을 맡으면서 이 조직을 주도적으로 이끌었다. 시국대회를 개최해서 정권의 부당성을 폭로했다. 진보적 생각을 가진 사람을 예우해 주어야 한다. 여기에서 말하는 진보주의는 기존 사회문화에 대항하거나, 정치나 제도 등을 '사회 개혁'을 통해 새롭게 바꾸려고 하는 것을 의미한다. 한국사회가 이렇게 변하고 발전된 것은 진보적 사고를 가진 사람들의 도움도 컸다.

새는 좌우 양(兩) 날개로 난다. 어느 한 날개만으로는 날 수 없다. 양 날개는 하나의 몸통에 의존하고 있다. 미국은 민주·공화 양당이 경쟁하는 체제이다. 양당의 정책은 자유민주주의라는 하나의 몸통에서 출발하고 있다. 우리 국민들은 진보의 이러한 망상에 사로잡혀 있었다.

국민들은 문재인 좌파 정권 5년을 거치면서 386 운동권 세력들 정체에 대해 눈을 뜨기 시작했다. 이들은 한국의 민주주의를 위해 많은 노력을 기울였지만 한편으로는 편향된 시각으로 반자유대한민국 세력으로 성장해왔다. 40년의 세월이 흐른 지금, 이들은 권력의 중심부에 서 있다. 이들이 입법, 사법, 행정, 지방자치, 시민단체 곳곳에 포진해 있다. 그런데 이들이 허위와 위선, 타락, 혐오의 대명사로 전락했다.

20년 전 기득권을 타파하겠다며 정치권에 입성했지만 견고한 기득권층으로 변했다. 권력욕과 재물욕만 남은 평범한 속물 정치인이 됐다. 진영 논리에 매몰돼 동료들의 도덕적 일탈을 옹호했고, 권위주의적이고 전체주의적인 행태도 보였다. 압도적 의석 수로 국회를 좌지우지하는 더불어민주당의 입법 독재도 그 연장선이다. "과거 군사독재와 싸우다 괴물이 됐다"는 평가까지 나왔다. 30년이 지났는데도 대학생 때 떠들던 선동 구호에 자신들이 흠뻑 취해 있으니 맘 따로 몸 따로 노는 게 익숙하다. 386 운동권 세력들은 전쟁과 평화, 민주와 독재도 분간하지 못하고 맘따로 몸따로 노는 사이비 종교세력으로 전락했다.

송영길 전 더불어민주당 대표가 2023년 11월 출판기념회에서 한동훈 법무부 장관 탄핵을 주장하며 "이런 건방진 놈이 어디 있나. 어린놈이 국회에 와서 (국회의원) 300명, 자기보다 인생 선배일 뿐만 아니라 한참 검찰 선배인 사람들까지 조롱하고 능멸하고 이런 놈을 그냥 놔둬야 되겠냐"며 원색적으로 비난했다. 송 전 대표는 386 정치인의 맏형이다. 당 대표까지 했던 자의 발언이라 하기엔 지나치게 저급하고 저열하다.

이들은 자신들이 절대적 정의를 독점하고 있다고 착각한다. 이들에게는 정의의 비정의성, 도덕의 비도덕성, 진실의 거짓 행위 등이 우위로 자리 잡았다. 민주주의의 가장 위험한 적은 스스로 민주주의자로서 투쟁하고 있다고 확신하는 이들이다.

386운동권 퇴출(서울역 집회, 2023.12.9.)

오래된 라디오처럼 민주화를 외치면서 이미 386 세력들은 정치재벌이 되었다. 저들끼리 탄탄한 정치 카르텔을 만들었다. 386 세력들은 입으로 민주화를 떠들면서 부와 권력을 손에 쥐었기 때문에 결코 쉽게 물러나지 않을 것이다. 아직도 낡은 시대정신만 머릿속에 가득한 386 운동권들. 세상이 바뀌면 시대정신도 바뀌어야 한다. 구시대의 낡은 선전 문구도 새로운 문화와 정서에 맞게 바뀌어야 한다.

인민에게 해방, 혁명, 평등을 외치면서도, 정작 지들끼리는 캐비어를 먹으며 프랑스제 명품을 두르고 호의호식했던 소련의 노멘클라투라(공산당 관료). 조지오웰의 '동물농장'에 나온 돼지들이 바로 이들이다.

1980년대 운동 경력을 팔아 출세에 성공한 386세대 좌파들이 한국형 노멘클라투라의 핵심이다.

그들만 정의로운 것도 아니고, 그들만 인권을 주장하는 것도 절대 아닌데 마치 자신들의 전유물인 것처럼 우긴다. 자신들만 옳다고 여기는 것, 독선은 집단의 아집과 내로남불에 빠져 있는 자들이다. 대한민국은 지난 40년 동안 많은 것이 바뀌었다. 경제, 사회, 문화 등 여러 분야에서 세계적으로 인정받고 괄목상대하게 발전했지만 386 운동권들은 40년 전 사고에 갇혀 있다. 30년간 구시대적 운동권들이 정치를 독점하는 나라가 어디에 있는가? 이들을 진보는커녕 좌파라 부르는 것도 적절치 않다. 친북좌파인 이들은 돈과 권력, 카르텔로 똘똘 뭉친 좌파도 진보도 아닌 '사이비극좌'에 불과하다. 돌이켜보면 민주화 투쟁은 자유민주주의 투쟁이 아니었다. 민족민주혁명 즉 좌익 혁명으로 대한민국의 체제를 뒤엎으려는 국가 전복 투쟁이었던 것 같다. 386 퇴진은 피할 수 없는 시대요구다. 노자는 도덕경에서 "일을 완수했으면 물러나는 게 하늘의 도리(功遂身退 天之道 :공수신퇴 천지도)"라고 했다.

"국민들은 맘따로 몸따로 노는 386정치에 식상하고 질렸다. 힘들지만 끝까지 투쟁해서 사이비 종교 수준으로 전락한 386 극좌 운동권 세력들을 정치권에서 몰아내야 한다"

〈2022년 5월 27일 보도자료〉

이 시대의 정의, 그리고 미래

혐오정치

    2023년 11월 19일 최강욱 전 더불어민주당 의원이 윤석열 정부에 대해 "암컷이 나와서 설친다"고 표현했다. 이것은 명백한 여성 비하와 모독 발언이다. 암컷은 인간이 아닌 동물의 '새끼 배는 쪽'을 뜻하는 말이기 때문이다. 한없는 저질스러움에 기가 찬다. 윤석열 정부를 비판한답시고 '암컷' 운운하며 여성을 싸잡아 모욕하는 행태가 정상적인 사고에서 나올 수 있는 것이 아니다. 최 전 의원은 2022년 4월에도 성적 행위를 연상시키는 비속어를 언급해 징계를 받았다.

    박원순 전 서울시장, 오거돈 전 부산시장, 안희정 전 충남지사 때부터 이어지는 민주당의 구시대적 성인지 감수성이 다시 한 번 드러난 것이다. 여성을 향해 "묻지마 범죄"를 저지른 것과 같다.

    최 전 의원은 조국 전 법무부 장관의 아들에게 허위 인턴 확인서를 써줘, 21대 국회 임기 8개월을 남기고 의원직을 상실했다. 공정과 정의를 짓밟으며 실형을 받아 의원직이 상실된 최 전 의원이 자중하기는커녕, 더욱 입이 거칠어지고 있다.

잊힐만하면 습관처럼 다시 도지는, 민주당의 막말 본능과 비하 발언이 국민을 분노케 하고 있다. 이쯤 되면 혐오와 분열의 저급한 삼류정치로 대한민국을 오염시키는 사회악이라고 해도 과언이 아닐 정도다. 문제는 여성 의원들도 있었지만 아무도 문제 제기하지 않았다. '인권'과 '젠더 감수성'을 입버릇처럼 강조하지만 자기편의 허물엔 눈을 감는다.

최 전 의원은 결국 자신의 더러운 인간성을 여실히 보여준 것이다. 최 전 의원도 엄마가 있는 자식인데 어찌 저런 심각한 여성비하 막말을 하는지 참으로 부끄럽다. 술도 먹지 않은 상태에 민주당 국회의원 출판기념회에서 이런 저질 막말을 쏟아내는 것 보면, 사실상 민주당 전체가 여성비하에 중독되어 있는 것 같다. 민주당의 고질병이 된 여성비하 막말을 고치려면 이번 선거에서 반드시 표로 심판해야 한다.

"참으로 입 밖으로 꺼낼 수 없는 저질 발언을 서슴지 않는 것을 보면 최 전 의원은 정말로 고쳐서 쓸 수 없는 인간쓰레기에 불과하다. 분열과 갈등, 선동에만 빠져있는 더불어민주당을 해체시키는 것이 정치개혁의 시작이 될 것이다"

〈2023년 11월 21일 보도자료〉

이 시대의 정의, 그리고 미래

민주당 노인, 청년, 여성 비하

    정치인의 한 사람으로서 참으로 부끄럽고 암담하다. "정치를 외면한 대가는 가장 저질스러운 인간들에게 지배당한다"는 플라톤의 말이 아니더라도 한국 정치는 대수술을 해야할 지경이다. 문제의 난잡성은 저질스런 인간에게 '지배'당하는 게 아니라 '지지'하는데 있다.

    무매한 국민들은 이 쓰레기들의 허상에서 깨어나지 못하고 있다. 국민들도 더 더럽고, 더 추잡하고, 더 쓰레기, 더 배신자, 더 역적, 더 법치파괴자, 더 반대한민국, 더 비윤리, 비도덕, 상식을 파괴시키는 자를 더 선호한다.

    과거 한국의 정치인 수준은 이러는지 않았다. 나쁜놈의 집합소가 되어 버렸다. 정치판이든, 공직판이든, 사회판이든,

'님'이 아닌 '나쁜 놈'만이 득실거린다. 대한민국은 바야흐로 '놈'이 되지 않으면 수직상승 할 수 없다. 남자가 출세와 권좌를 쥐고 싶다면 좋은 놈이든, 나쁜 놈이든, 이상한 놈이든, 놈처럼 살아야 한다. 한심하다.

"좌든, 우든 인간이 인간세계에서 지킬 가이드라인이 있다. 합리와 상식의 준수다. 이런 자들에게 이를 기대하는 것은 차라리 겨울철 제비가 오길 기다리는 게 낫다. 윤리와 상식은 당연히 없다. 아주 독선적이고 독재적이고 무례하고 건방지고, 폭력적이다."

〈조원진의 말말말 중〉

전북대 강준만 교수가 펴낸 '좀비정치'를 보면 요즘 정치 행태를 콕 짚은 것 같아서 공감한다. 한국의 정치는 소통을 거부하면서 상대방을 물어뜯으려고만 한다. 이것이 좀비정치다. 좀비는 머리가 텅텅 비어 생각 자체를 못하고 움직이기만 하는 존재다. 하지만, 살아 있는 사람들을 물어뜯어 자신처럼 만들려는 본능을 발휘할 때에는 전혀 무기력하지 않다. 놀라울 정도로 공격적이고 날렵하기까지 하다.

이들은 상대편을 무조건 악마로 규정한다. 이런 '극단의 네거티브 정치'를 하는 사람들은 자신의 안전과 번영을 위해 음모론을 구사한다. 음모론은 공포심을 부추겨 적에 대한 '증오 정치'를 정당화하며 증폭시킬 수 있기 때문이다. 이들은 자신의 순수성이라는 '도덕적 면허'를 앞세워 정치적 반대파에게 법과 윤리의 경계를 넘나드는 호전적인 공격성을 보인다.

　　이들은 정치적 신념을 종교화한 사람들이기에 정치에 적극 참여한다. 이들에게는 증오가 필수다. 반대편에 대한 증오 없이는 신도들을 모을 수 없기 때문이다. 이런 편 가르기는 '이권 쟁탈전'을 정당화하기 위한 도구일 가능성이 높다. 편 가르기에는 진영 논리가 따라붙는다. 진영 논리를 극단으로 밀어붙이는 '진영 논리의 독재'라고 해도 과언이 아니다. 이런 강성 지지층의 저주는 정치를 반정치로 만드는 원동력이다. 승자 독식 전쟁에서 이성과 양심은 독이다. 수단과 방법을 가리지 않아야 한다.

　　이렇게 정치는 말로 싸우는 격투기로 전락해버리고 말았다. 그럼에도 어쩌면 이 모든 게 '승자 독식의 정치'와 '제왕적 대통령제'의 종언을 향해서 나아가는 마지막 길목을 장식하는 거대 이벤트일 수도 있다. 이미 대한민국은 말종 좀비가 설쳐대는 '말종 좀비공화국'이다. 정치인들이 이렇게 정치와 나라를 혼돈과 혼란으로 밀어 넣었다.

제 5 장 척결

"우리는 이 세상에 잠시 머물고 갈 뿐이다. 결단코 파괴된 나라를 후손들에게 물려줄 수 없다. 그래서 국민들이 먼저 깨어나야 한다. 말종좀비들을 반드시 퇴출시켜야 한다."

〈2023년 11월 20일 우리공화당 연석회의 발언〉

이 시대의 정의, 그리고 미래

욕설 폭언

지난 2022년 1월 22일 더불어민주당 이재명 대선 후보의 '욕설 파일'이 공개됐다. 성남시장이던 2012년 무렵 형, 형수와 집중 통화한 내용들로 60분 분량의 녹음 파일 34개와 녹취록 전문이다. '굿바이 이재명'의 저자로 국민의힘 '이재명 국민검증 특위' 소속인 장영하 변호사가 정리한 것이다. 윤석열 대선 후보 부인 김건희 씨의 녹음 파일이 MBC 등을 통해 공개된 데 따른 맞불 성격으로 보인다.

욕설 자체는 이미 알려진 사실이고, 이 후보도 몇 차례 사과한 적이 있다. 그러나 이번에 공개된 전문을 보면 욕설과 막말 수위가 일반인의 예상을 뛰어넘는다. 형 재선 씨에게 거친 욕설과 함께 "정신병원에 가서 내가 먼저 감정 받고 너부터 집어넣을 거야. 개××야" 등의 폭언을 했다. 형수에게도 "너는 인간이 아니다"며 수차례 욕설을 했다. 내밀한 가정사가 있다 해도 이런 정도의 상스러운 욕설을 했다는 것 자체가 창피한 일이다. 당시 대선이 채 50일도 안 남았는데 욕설, 조폭 연계설 등 낯 뜨거운 논란만 부각되었다.

이재명 대표의 욕설은 국감서도 지적했다. 2018년 10월 19일 이 대표가 경기지사 재직시 였다. 당시 경기 수원시 팔달구 경기도청에서 열린 국회 행정안전위원회의 경기도에 대한 국정감사에서다. 경기도 국정감사는 본 질의를 시작하기도 전에 이재명 경기지사의 제소 현황 자료 제출과 '녹취록 공개' 문제로 여야 의원 간 거친 언쟁이 오가며 파행했다.

2018년도 경기도 국정감사

나는 이미 녹취록을 틀겠다고 예고했다. 하지만 재생은 하지 않았다. 이날 오후 질의시간에 앞서 인재근 위원장은 "'국정감사 및 국정조사법'은 개인의 사생활을 침해하거나 계속 중인

재판 또는 수사 중인 사건의 소추에 관여할 목적으로 행사되어서는 아니 된다고 돼 있어 녹취 재생이 어렵다"고 알렸다.

"제가 어렵다해서 못 틀 것도 아니고요. 마이크 갖고 발언대에 놓고 틀면 된다. 녹취 재생에 알레르기 반응을 하지 마라." 인 위원장은 물러서지 않았다.

"법적으로 안 된다 했잖아요."

"법적으로 안 되는 게 어디 있습니까. 그렇지 않아요. 이 문제는 법적 사안이 아니고 제 판단의 문제다. 위원장님이 그런 것 갖고 조언하는 것은 맞지 않다. 행정위에서 위원장님께 잘못된 조언을 한 것 같다. 틀 수 있는 방법이 많다. 국민정서상 어떨지 고민하는 것이다." 그러면서

"이 지사가 요즘 엄청난 압박을 받아서 안 됐다는 느낌도 있다." 이 지사를 상대로 질의를 했다.

"탈당 권유받고 경찰 압수수색도 받았다. 소회가 어떠냐"

"인생무상이죠, 뭐." 나와 이 지사가 함께 웃었다.

녹취록 재생에 촉각을 세웠던 국감장의 취재진 사이에서는 실소가 나오기도 했다.

"아무튼 말이 화를 냈다. 가족 문제는 3분, 1분짜리 녹취가 있어요. 욕을 많아 하셨던군요. 가족 문제에 대해 이야기 안하겠다."

"허허 네"

"형님 존함이 이재선입니까?"

"네."

"돌아가신 이재선 그분에 대한 정신병원 강제 입원이 형수와 조카 입에서 나왔다. 그 문제 때문에 압박받았지 여배우 때문에 그런 게 아니지 않느냐."

"그건 제가 병원가서 보여드린 게 다 죠."

"누가 그러더군요. 이 지사가 저하고는 악연인데 조원진 의원하고 목욕탕을 같이 갔다 와라 하더라."

"글쎄 한번 가셨으면 나았을 것인데…"

당시 국감장서 녹취록을 틀었으면 이것이 큰 논란과 화제를 모았을 것이다. 틀지 않았던 것은 가족의 사생활 문제가 불거져 있기 때문이다. 솔직히 알아서 잘 풀었으면 했다. 당시 이 지사를 둘러싼 조폭문제도 불거져 시끄러웠다.

이 지사는 사실무근임을 강조하고 형님 정신병원 강제 입원 의혹에 대해서는 "지자체장으로서 법적 조치를 할 수 있었지만 안 했다"고 재차 부인했다. 더불어민주당의 막말과 욕설 그 근원은 이재명 대표에서 비롯됐다. 최강욱 전 더불어민주당 의원이 '윤석열 정부는 암컷이 설친다'는 취지로 발언한 것은 형수에게 입에 담지 못할 욕설을 한 이 대표와 무엇이 다른가.

이 시대의 정의, 그리고 미래

이재명의 전화

　　나와 이재명 대표는 정치성향과 이념, 사상이 완전 다르다. 2022년 2월 24일 대선 국면 때 뜻밖의 후보로부터 전화가 걸려왔다. 더불어민주당 이재명 후보였다. 당시 국민의힘 윤석열 후보와 박빙을 펼쳤을 때였다.
　　폰에 모르는 번호가 떴다. 두 차례에 걸쳐서 전화가 왔지만 안 받았다. 나중에 알았는데 이재명 후보였다. 이 후보가 문자까지 남겼다.

"조 대표님 안녕하세요. 이재명입니다."

이 후보와 30분가량 통화했다. 이 후보가 정책 연대를 제안했다. 당시 대선에서 이 후보는 연일 '통합정부론'을 띄우고 있었다. 이 후보가 보수 진영에까지 손을 내밀며 국민의힘 윤석열 대선 후보를 고립시키려는 의도로 풀이됐다.

"다당제를 구현해 통합 정부를 만들겠다. 함께 하자."

"그보다 나랑 정책 토론을 먼저 합시다."

이 후보는 이를 받아들이기가 쉽지 않았을 것이다. 당내 반발도 우려됐기 때문이다.

이 후보는 앞서 15일 대구를 찾았을 때도 "대구에 왔습니다"라는 내용이 담긴 문자 메시지를 보냈다. 처음에는 이 후보가 아닌 다른 사람이 보낸 장난성 메시지인줄 알고 무시했다. 하지만, 24일 "이재명입니다"라는 메시지가 다시 전송되자 "진짜 이재명 후보가 맞습니까"라고 답 문자를 보냈다. 이에 이 후보가 "이재명입니다"라고 연락하면서 양측 통화가 이뤄졌다.

이 후보와는 정치적 지향은 서로 다르지만 이 후보가 보수 표심에 구애하는 느낌이었다. 이 후보는 경북 안동 출신이지만 영남권에서 외면당했을 때였다. 이에 대해 즉시 선을 그었다. 그 이유는 간단했다.

2017년 1월 31일 당시 이재명 성남시장은 "이승만 전 대통령은 친일 매국세력의 아버지이고, 박정희 전 대통령은 군사 쿠데타로 국정을 파괴하고 인권을 침해했던 그야말로 독재자"라고 밝혔다. 이 시장은 이날 대리인을 통해 민주당 대선 경선 예비후보 등록을 마친 후 서울 동작구의 국립현충원을 찾아 김영삼·김대중 전 대통령의 묘역에 참배하면서 이같이 말했다.

　　이 시장은 이승만·박정희 전 대통령의 묘역은 방문하지 않았다. 이 시장은 "우리가 전두환 전 대통령이 이곳에 묻혀 있다고 한들 광주학살을 자행한 그를 추모할 수 없는 것처럼 친일 매국세력의 아버지, 인권을 침해한 독재자에게 고개를 숙일 수는 없다"고 전했다.

　　이 시장은 "이승만과 박정희, 전두환과 노태우, 이명박과 박근혜로 이어지는 친일 독재·매국·학살 세력이 이 나라 다수 국민을 힘들게 하고 있다"면서 "소수의 불의한 기득권자로부터 다수의 약자를 지켜내는 그야말로 정확한 의미의 민주공화국이 만들어질 수 있도록 제 몫을 다하려고 한다"고 덧붙였다.

　　반면 이 시장은 김영삼·김대중 전 대통령에 대해 "두 분께서 이 나라 민주주의를 위해서, 민생과 통일을 위해서 일생을 바쳐오셨기 때문에 모든 국민이 기억하려고 한다"면서 "저도 대한민국의 국정을 책임져보겠다고 나서는 마당에 두 분의 걸어가신 발자취를 한 번 다시 되돌아보고 마음을 다잡기 위해서 이곳에 참배를 왔다"고 평가했다. 정치인은 누구와도 만나고 협치를 할 수 있지만 이런 삐뚤어진 생각을 갖고 있는 이재명 후보와 어찌 협치를 할 수 있는가. 그가 개과천선했다면 모를까. 그러나 인간은 고쳐 쓸 수 없다고 한다.

"이재명의 국민통합은 대국민 사기극이다. 지금와서 국민통합을 한다는 이재명의 말은 그야말로 대국민 사기극이다. 과거 자신이 한 막말과 거짓말, 비인간적으로 한 말들에 대해 사과한다면 비록 이재명 후보의 국민통합 메시지에 대해서 동의는 안하겠지만 큰 틀에서의 정치적 의미에 대해서 이해하겠다. 이제라도 더 이상 정치적 갈등으로 인해 국민에게 증오와 저주의 말을 쏟아내는 악마같은 정치는 청산되어야 한다."

〈2022년 2월 25일 보도자료〉

당시 나의 이 같은 보도자료에 대해 일부에선 "그래도 한번 만나나 보지 그랬냐"고 했다. 정치란 게 성향 다른 사람과도 만나고 그런다지만 이것은 만나고 안 만나고의 문제가 아니다. 아무리 대선이라지만 내가 보수우파 궤멸을 부르짖은 이 후보와 만나서 야합이라도 한다면 역사의 죄인이 되었을 것이다.

이 시대의 정의, 그리고 미래

대장동게이트 기자회견(수원 지동시장)

제 6 장

죽음

7년 간 붉은세력들과 전쟁을 치르면서 하늘로 가신 분들이 많다.

이들만 생각하면 가슴이 미어진다.

이들의 희생정신이 없었다면 오늘날 대한민국은 여전히 암흑이었을 것이다.

이들의 애국적 삶은 잊을 수도 없고 잊혀져서도 안된다.

이 시대의 정의, 그리고 미래

2017년 3월 10일 오전 119에 신고된 내용이다.

2017년 3월 10시, 12시 16분(통화시간 :47초)
신고자 : 안국역 3번 출구인데 빨리 구급차 보내주세요 사람이 엄청 많이 다쳤거든요
119근무자 : 환자분이 남자분이에요 여자분이에요
신고자 : 남자분이고 열 분이상 다치셨거든요
119근무자 : 환자분이 열분 이상 어떻게 다치셨어요?
신고자 : 지금 혼절하신 분도 있고 정신을 못 차리시는 분도 있고

이 신고는 당시의 상황이 얼마나 긴박했던가를 보여주는 것이다. 2017년 3월 10일 헌법재판소의 탄핵선고에 저항하다 억울하게 목숨을 잃은 5명 애국열사다. 이날 이들은 헌재의 탄핵선고에 저항했다가 폭압적인 경찰의 공권력과 응급대응 실패로 목숨을 잃었다.

고 이정남 열사(43년생), 고 김완식 열사(45년생), 고 김해수 열사(50년생), 고 김주빈 열사(45년생), 고 신원불상의 여성 열사다. 나는 이에 대한 진상규명과 책임자 처벌을 지금까지 요구하고 있다. 그러나 문재인 좌파독재정권은 물론 윤석열 정권도 이를 외면하고 있다. 언론은 아예 이같은 사실을 보도조차 하지 않았다. 공권력에 의한 억울한 죽음에 좌와 우가 따로 없다.

대한민국의 언론의 정의는 무너졌다. 어느 언론, 방송에서 한 줄, 한마디도 이날의 5명의 죽음을 외면했다. 정말 무서운 촛불세력들과 공범들의 만행이었다. 대한민국 언론의 최악의 치욕의 사건이며, 굴욕이다.

국회 행안위 국정감사(소방청)

그날 유명을 달리하셨던 분들. 이분들은 한 집안의 가장이요, 우리네 친구요, 이웃집 사람들이다. 아침밥 먹고 집에서 나온 이들은 두 시간 만에 싸늘한 시신이 되었다. 가족들은 얼마나 억장이 무너졌고, 고통스러웠을까.

국회 행정안전위원회 소속이었던 2018년 10월 4일 경찰청과 소방청으로부터 '3.10 탄핵선고 집회에 대한 구급활동 내역' 자료를 받았다. 그때 처음 정부 공식 자료에서 2017년 3월 10일 탄핵선고 집회 현장에서 4명의 국민이 사망한 것으로 확인됐다. 63명이 실신 등 부상으로 병원에 긴급 이송됐으며 9명이 현장조치 하는 등 총 76명의 사상자가 발생한 것을 소방청장이 진술했다.

〈2017년 3월 10일 탄핵선고 집회 사망자 현황〉

구분	시간	성명	성별/나이	발생장소	부상 등 내용	이송병원(응급조치)
사망	12:09	김ㅇㅇ	남/67	안국역3번	심정지(CPR)	강북삼성
	12:19	이ㅇㅇ	남/74	안국역4번출구	심정지(CPR)	서울백병원
	12:25	김ㅇㅇ	남/72	안국역3번출구	우측두개골함몰(CPR)	서울대병원
	12:35	김ㅇㅇ	남/50	안국역3번출구	심정지(CPR)	서울백병원

특히 탄핵선고 집회에 관련해 경찰청과 소방청은 제대로

된 안전대책을 마련하지 않은 것으로 드러났다. 경찰청은 '차단선과 경력운용 계획'을 세웠고, 소방청은 '소방안전종합대책'에서 집회장소 인근에 턱없이 부족한 구급차와 구급인력을 배치한 것으로 드러났다.

　　이로 인해 당일 12시 9분 신고된 응급상황에서 종로소방서 구급대는 12시 38분에야 현장에 도착하였고, 결국 심정지로 사망하였다. 또한 12시 16분에 신고된 환자의 경우도 12시 28분에 도착하였지만 공간 확보가 어려워 지상으로 이동후 심폐소생술을 했지만 결국 사망하였다.

국회 행안위 국정감사(소방청)

　　탄핵선고날 응급상황이 예상됨에도 불구하고 경찰과 소

방은 현장매뉴얼과 철저한 안전 및 응급대책을 준비하지 않았다. 억울한 국민이 현장에서 4명이나 사망하는 사고가 발생했다. 그럼에도 그 어떤 사후 대책도 마련하지 않았다.

나는 행안위 국감에서 이를 따졌다.

2019년 10월 24일 국회 행정안전위원회 국감현장.

이날 이철성 전 경찰청장이 증인으로 출석했다. 이 전 청장은 2016년 8월부터-2018년 6월까지 제20대 경찰청장을 역임했었다.

"2017년 3월 10일 당시 경찰청장이셨죠."

"그날 몇 분이 돌아가신 거 아십니까?"

"네 분이 돌아가셨습니다."

이날 국감장에는 소방청장도 출석했다. 소방청장에 질문을 돌렸다.

"6만 명 모인 자리에 왜 119 구급차가 한 대 밖에 없었는가. 안국역 3번 출구서 세 사람이 밟혀 죽었다."

소방청이 제출한 119 배치도를 펼쳐 보이면서 추궁했다. 국감장은 찬 물을 끼얹은 듯 싸늘했다.

이 전 청장에게 다시 질문이 이어졌다.

"집회 참석한 사람 중 45일 후 또 한 사람이 돌아가셨다. 이름을 아는가?"

제 6 장 죽음

국회 행안위 국정감사(민갑룡 경찰청장)

"파악하겠다."

톤을 높였다. "민갑룡 차장이 있을 때 여성 한 분까지 포함 5명이 돌아가셨다. 여기에 아무런 책임을 지지 않는다."

2019년 8월 30일 서울중앙지법 민사28단독 김태업 부장판사는 탄핵 반대 집회에서 숨진 김모 씨 아들이 국가를 상대로 한 손해배상 청구 소송에서 원고 승소 판결을 했으며, "국가가 3100여만원을 배상하라"고 했다.

재판부는 판결문에서 "집회 시위를 관리하는 경찰관은 집회를 적절히 통제해 국민의 인명이나 신체에 위해가 발생하지 않도록 할 의무가 있다"면서 "경찰이 집회 참가자들에 대한 보호 의무를 위반했다"고 했다.

또한 2017년 9월 6일 서울고등법원 제7형사부는 탄핵

반대 집회에서 사망한 애국열사와 관련한 판결에서 "경찰은 스피커가 추락하기 전 스피커가 충격으로 기울어져 있는 것을 인식하였음에도, 스피커를 하강하여 차량 안에 탑재하지 않고 현장을 이탈하였다. 경찰이 현장 이탈 전에 적절한 탑재 조치를 취했을 경우 이 사건 사고가 일어나지 않았을 가능성이 높다"면서 "경찰이 스피커를 완벽하게 고정했다면 떨어질 이유가 없다"고 판단하면서 경찰의 과실을 인정한 바 있다.

그럼에도 불구하고 지금까지 민갑룡 경찰청장은 경찰의 잘못, 경찰의 과실이 전혀 없다는 듯이 책임을 회피했고 당시 자료마저 제출을 거부하였다.

나는 경찰을 심하게 추궁했다.

"경찰은 셀프조사를 통해 '누구도 잘못하지 않았다'고 결론내렸다. 이것이 말이 되는가."

"돌아가신 분들에게 사죄 의향 없는가?"

"귀중한 생명이 돌아가셨는데…" 이 전 청장은 말끝을 흐렸다.

진영 행정안전부 장관에게 다시 질문했다.

"장관님 법원도 경찰의 과실을 인정했다. 셀프조사 안된다. 이 사건은 절대로 덮을 수 없다."

"취지는 알겠다. 셀프조사 아니라면 경찰 아닌 다른 데서 조사해야 하는지 검찰밖에 없지 않겠는가."

제 6 장 죽음

"감사원 감사를 해달라. 경찰조사 믿을 수 없다."

"국회서 얼마든지 감사청구 할 수 있다. 제가 경찰에 여러 번 조사를 해달라 요구했다. 셀프조사 안된다니…"

"민갑룡 경찰청장은 그동안 백남기 농민 사망사건, 용산 참사 유가족과 생존 철거민, 쌍용차 해고 노동자, 밀양과 청도 송전탑 반대 할머니, 삼성전자서비스 노동자, 강정마을 주민들에게 사과했으며 '애플청장'이라는 평가를 받았다. 법원이 2017년 3월 10일 사망한 애국열사에 대해 경찰의 과실을 명백하게 인정하고 국가가 배상해야 한다는 판결을 내렸음에도 억울하게 사망하신 우파 애국열사들에 대해서는 책임 회피로 일관하고 있고 증거자료마저 인멸하려는지 국민들은 이해할 수가 없다."

〈2019년 10월 4일 국정감사에서〉

이 시대의 정의, 그리고 미래

죽음 외면

　　　　행정안전위원회 국정감사, 업무보고 등에서 당사자인 행정안전부, 경찰청, 서울시 등을 상대로 3.10 태극기항쟁 참사 진상규명의 필요성을 수차례 강력히 요구해왔다. 이들은 면피성 발언만을 쏟아냈다.

　　　　서울시도 마찬가지였다. 당시 박원순 서울시장은 재난 및 안전기본법에 따라 서울시 재난안전대책본부장이었다. 박 시장은 2017년 3월 10일 탄핵반대를 외치는 국민이 현장에서 CPR 상태에서 병원으로 긴급 후송되었고 사망했다는 문자메시지를 받았다. 그런데도 자신의 페이스북에다가 '광장에 봄이 왔다'고 흥분했다. 국민이 사실상 공권력에 의해 사망한 엄청난 사건이 발생했는데 촛불에 정신이 팔려 국민의 죽음을 봄에 비유하며 즐거워했다.

　　　　당시 탄핵 반대 집회에 참가한 수많은 국민들은 압사당할 상황에서 경찰에게 "살려달라"고 외쳤지만 경찰은 쳐다만 보았고, 심지어 신고 29분만에 엠블런스가 현장에 도착해 제대로

제 6 장 죽음

3월 10일 애국열사 사망현장

된 응급조치도 하지 못하고 목숨을 잃었다.

  2017년 3월 10일 자유한국당에 공권력에 희생된 애국열사님에 대한 진상규명을 위한 국회 청문회와 특검 도입을 위해 함께 투쟁해 줄 것을 요청했다. 헌법이 보장하는 집회결사의 자유 속에서 자유대한민국을 지키고자 탄핵반대를 외치시다 돌아가신 5명의 애국국민에 대한 진상규명과 책임자 처벌이 반드시 있어야만 했다.

  "정치권은 2017년 3월 10일 살인적인 공권력과 공권력의 안전관리 소홀로 인해 희생되신 애국열사 5인의 진상규명을 위한 특검을 즉각 수용해야 한다. 박원순 시장은 2016년 11월 5일 백남기 농민 영결식에서 백남기 농민의 사망이 명백한 국가적 폭력이고 공권력의 이름으로 자행된 범죄행위라고 하면서 이를 정치적으로 선동하여 박근혜 대통령 하야를 주장하는 몹쓸 짓을 하였다. 정작 자신이 서울시 재난안전대책본부장임에도 직무를 유기하여 탄핵반대를 외치던 평범한 시민이 무려 2시간 만에 5명이 돌아가셨음에도 불구하고 국민들한테 강제철거 등 협박과 언어폭력을 일삼고 있는 것을 용서할 수 없다. 지난 2017년 3월 10일 오후 2시 12분경 박원순 시장은 국민이 3명이 사망했다는 보고문자를 받고서도 그 어떤 책임있는 조치와 대책을 지시하지 않았다. 반드시 특검을 통해 당시 책임자인 박원순 시장을 비롯하여 경찰청장, 서울경찰청장의 잘못을 밝히겠다. 똑같은 인간의 존엄성과 생명, 억울한 죽음에 대해 좌파들은 좌파들의 죽음은 영웅화시키고 우파 선량한 국민의 죽음은 외면하는 이중성을 보이고 있다. 자유한국당이 더이상 침묵하고 비겁하게 눈감지 말고 특검을 통해 진실규명과 책임자 처벌에 함께해야 할 것이다. 죽음에는 좌우가 없다."

〈2019년 5월 20일(월) 오전 10시 광화문광장에서 개최된 당 최고위원 연석회의에서〉

제 6 장 죽음

3.10 진상규명 촉구 기자회견(광화문)

추모분향소

이 시대의 정의, 그리고 미래

진상규명 특별법안

    2019년 7월 3일 공권력에 의해 다수의 희생자가 발생한 2017년 3월 10일 태극기항쟁 참사의 진상규명을 위한 '3.10 태극기항쟁 참사 진상규명과 희생자 지원 등을 위한 특별법안'을 국회에 제출했다.

수많은 희생자들의 증언에도 불구하고, 경찰청, 서울시 등 사건 관계자들의 책임 회피와 은폐, 자료제출 거부 등으로 진상규명이 이루어지지 못했기 때문이었다. 특별법안에서는 3.10 태극기항쟁참사특별조사위원회를 두어 3.10 태극기항쟁 참사의 진상규명·수습과정·후속조치 등의 사실관계와 책임소재 등의 진상을 밝히고, 이 사건과 관련된 희생자와 그 유족에 대한 지원 대책 및 공권력 혁신 방안을 마련하는 내용을 담았다.

    3.10 태극기항쟁 참사 진상규명과 희생자 지원 등을 위한 특별법안이 여야 간 인간 생명의 존중, 억울한 죽음이 있어서는 안 된다는 보편적인 기준에서 국회에서 신속히 통과되어야 한다고 촉구했다. 그러나 당시 내가 제출했던 이 특별법안은 지금도 국회에서 잠을 자고 있다. 여야에게도 잊혀진 법안이 되었다. 국민들도 그날 무슨일이 있었는지 제대로 알지 못하고 있다.

    그런데 그날 집회에 대해 1심 판결은 경찰의 책임으로 보았는데 2심 판결은 달랐다. 2022년 6월 9일 서울고법은 2017년 3월 10일 헌법재판소 앞에서 발생한 애국열사 사망에 대해 국가배상 의무가 없다는 판결을 내렸다.

    2017년 3월 10일 헌법재판소 앞에서 돌아가신 애국 열사는 경찰의 안전조치 미흡이라는 것이 국정감사에서 이미 밝혀졌다. 2019년 8월 서울중앙지방법원 판결문에도 경찰관의 집회 참가자들에 대한 보호의무 위반을 명백히 규정했다. 그런데도 서울고법은 국가의 손을 들어 준 것이다.

"소방청의 당시 3.10 민중 총궐기 집회 관련 소방안전종합대책에서도 탄핵반대집회(수운회관) 운집인원이 4-6만명으로 예상하였으나 수운회관 앞에 배치된 앰블런스는 고작 동대문 앰블런스 1대에 불과했고 구조신고한지 30여분이 지나 환자와 접촉한 것은 돌발상황에 대한 미흡한 대응이었다. 심지어 안국역 3번출구는 경찰의 차단막과 차단벽으로 인해 움직일 수 없을 정도로 막혀 있었고 통행할 수 있는 숨구멍조차 만들지 않았다. 명백한 경찰의 과실이다. 백남기 농민 사망사건에 대한 진상조사 결과, 경찰의 과잉진압에 의한 사망이라고 결론 내렸고, 경찰의 숨구멍 차단, 솥뚜껑 작전 등 봉쇄작전을 진행한 것은 시민의 통행을 전면적으로 제지한 것으로 과잉금지 원칙에 위배된다고 판단했다. 어째서 좌파들의 시위에서는 경찰의 과잉진압과 책임을 인정하고 우파 국민의 시위에서는 이러한 국가의 책임을 인정하지 않는 것인가"

〈2022년 6월 16일 보도자료〉

광화문 텐트와 빈소

앞서 3.10 진상을 국민들에게 알리기 위해 2019년 4월 말 광화문에 진상규명을 촉구하는 텐트와 빈소를 설치한 후 범국민 투쟁에 돌입했다. 2019년 6월 25일 박원순 서울시장은 이 광화문 텐트가 불법이라면서 당시 깡패같은 용역 3600명을 동원 소탕작전을 벌였다. 그로 인해 텐트를 사수하던 150여 명이 일방적 폭행을 당하고 중경상을 입었다.

더욱이 서울시 담당 공무원은 우리공화당 관계자 누구에게도 행정대집행 영장이나 행정대집행 책임자 증명서를 제시하지 않았다. 중대한 절차적 하자와 그 적법성에 대한 논란도 이어졌다. 그런데도 서울시는 그 다음날 나와 당 관계자를 특수공무집행방해, 특수상해, 폭행, 국유재산법 위반, 집시법 위반 등 혐의로 종로경찰서에 고발장을 접수시켰다.

서울시는 "우리공화당 대표 조원진을 포함한 피고발인들은 단체 또는 다중의 위력을 보이는 방법으로 광화문광장에서 행정대집행을 실시하던 시 공무원, 철거용역 인력들에게 물통과

집기를 던지고, 주먹과 발로 때리는 등 폭행하고 국유재산인 광화문광장을 사용하면서 사전에 시의 허가를 받지 않았고, 집회신고서를 경찰서장에게 제출하지 않았으며, 광화문광장 일대 안전에 위협을 가하였다"고 주장했다. 이것은 서울시의 완전한 억지였다. 그런데도 검찰은 나와 당원들을 기소했다.

검찰은 2022년 12월 초 나와 당원들에게 징역 1년 6개월 구형했다. 자유우파 국민들은 이 구형에 큰 반발을 보였다. 1심 판결을 앞두고 3.10 유족 아내가 재판부에 탄원서를 써서 선처를 호소했다.

"존경하는 판사님께!

조원진 우리공화당 대표 등 9명이 재판을 받고 1월 12일 선고를 기다리고 있다는 소식을 들었습니다. 저는 박근혜 전 대통령이 탄핵되던 2017년 3월 10일 경찰의 대형스피커가 떨어져서 현장에서 사망한 김○○씨, 처 입니다. 청천벽력같은 갑작스런 남편의 사망소식에 경황없는 세월을 슬픔 속에 보내고 있습니다. 남편을 잃은 것도 억울하고 한 없이 슬픈 나날이었는데 생계를 이어가던 서울 제일평화시장에 화재가 일어나 생계 또한 막막한 상황이 되었습니다. 화재가 나고 박원순 서울시장이 현장에 온 적 있었습니다.

저는 박 시장에게 2017년 3월 10일 박 대통령 탄핵당시 집회현장에서 경찰의 차량스피커가 떨어져서 숨진 누구의 처라는 것을 밝히고 박 시장에게 억울한 죽음을 좀 밝혀달라고 하소연 했습니다. 그러나 박 시장은 자세한 내용을 들을 볼 생각도 없이 한 마디로 "태극기는 안됩니다"라고 하여 억장이 무너질 것 같았습니다. 사실 저는 남편이 태극기 집회에 가는 것도 별로 신경을 쓰지 못했고 생계에만 열중하였기에 남편의 급작스럽고 황당한 죽음을 어디에 하소연 할 지도 모르고 서울시장에게 하소연 한 것이었는데 박 시장은 한 마디로 그것도 어느 편을 가르는 "태극기는 안됩니다"라는 말에 너무도 아연실색하였습니다.

3.10 진상규명 촉구 광화문 천막투쟁(분향소)

그러다 2019년 우연히 광화문을 지나다가 당시 3.10 희생자들에 대해 서울시에다 '진상을 밝히고 책임자 처벌을 요구'하는 집회를 보고 너무도 놀라고 감동을 받아서 관계자들을 만나고 이야기를 나누었습니다. 그리고 2019년 6월 25일 서울시가 무지막지하게 텐트를 부수고 그곳에 있는 사람들을 폭력적으로 끄집어 내고 던지고 하는 것을 보고 너무도 충격을 받았습니다.

존경하는 판사님.

아직도 저의 남편 죽음에 대해서 어느 국회의원, 심지어 어느 시의원도 저한테 물어 본 적도 없고 한마디의 위로나 조의를 표하지 않았습니다. 최근 이태원에서 일어난 사건을 보면서

민주당과 수 많은 사람들이 그 죽음에 대해 윤석열 대통령에게 사과를 요구하고 책임자를 처벌하라는 소식을 기사로 보고 저는 또 다시 남편의 억울한 죽음을 생각하게 되었습니다.

그 훨씬 전에 백남기라는 농민은 경찰의 물대포를 맞아 죽었다 하여 일단의 사람들이 이들 편에 서서 수년을 책임자를 처벌하라고 하고 있고 또 아직도 구은수 전 서울경찰청장의 재판은 대법원에 사건이 미루어져 있다는 이야기도 들었습니다.

죽음에 좌우가 있는 것도 아닌데 더구나 제 남편은 우라든가 좌라든가 하는 생각을 해 본 적 없는 보잘 것 없는 국민이었는데 어째서 제 남편의 죽음은 이 나라가 내몰라 하는 지 정말로 이해가 가지 않습니다. 조원진이라는 정치인은 유일하게

3.10 진상규명 촉구 광화문 천막투쟁

3.10 희생자들의 죽음에 대해 이 나라에 책임을 요구하고 또 유족인 저에게 위로를 한 사람입니다. 2019년 6월 25일 일어난 서울시의 그 행정대집행은 너무나 부당합니다. 서울시나 서울시장이 또 언론도 한 번도 3.10 희생자들의 죽음과 당시 대한애국당이 왜 광화문에 텐트를 치고 목소리를 냈는지 한 번도 제대로 알려주고 책임을 지려고도 하지 않았습니다.

존경하는 판사님.

조원진 정치인은 세상일을 모르고 오로지 내 입에 풀칠하기에 바쁜 보잘 것 없는 한 아낙네에게 그나마도 위로를 준 유일한 정치인입니다. 남편의 유언은커녕, 그 엄청난 분노와 공포 속에서 죽어간 저의 남편을 생각하면 너무도 슬픈 마음이지만 그것도 그 죽음이 헛된 것이 아니고 의로운 죽음이라고 저를 위로해준 유일한 정치인입니다. 조원진 정치인은 제가 알기로 당시 많은 것을 포기하고 새누리당을 나와 탄핵이 잘못되었다고 부르짖는 국민들의 손을 잡은 유일한 정치인이라고 들었습니다. 그러다 3.10에 돌아가신 분들을 위로하고 한 일이 지금 이런 재판까지 받게 되는 억울하고 야속한 상황이 되었습니다.

간청 하옵는데 제발 조원진 정치인을 선처해 주시길 바랍니다. 모두 제 남편과 아무 생각없이 살아온 선량한 국민들이고 그들 또한 국가로부터 아무런 보상을 바라고 현장에서 저항을 했다고 보이지 않는 사람들입니다. 부디 따뜻한 마음으로 조원진 대표를 비롯한 피고인들에게 법보다 사람이 우선이라는 마음으로 이들을 선처해주시길 간곡히 요청드립니다."

3.10 희생자 처

이 시대의 정의, 그리고 미래

분노의 판결

　　　　서울중앙지법 형사19단독 이원중 부장판사는 2023년 1월 초 나에게 징역 1년 2개월에 집행유예 2년을 선고했다. 함께 기소된 우리공화당 당원 8명도 각각 징역 6~8개월에 집행유예 2년, 벌금형 등을 선고받았다. 공무집행방해의 고의가 없었고 폭행 사실이 없다고 주장했으나 재판부는 받아들이지 않았다.

　　　　재판부는 "피고인들이 천막 내 농성자 200여명의 위력을 이용해 공무집행을 방해할 수 있을 것을 충분히 인식했다고 본다"면서 "공무원 또는 용역업체 직원들에게 폭행을 가했음을 인정할 수 있다"고 판시했다.

　　　　우리공화당 당원과 순수한 국민 100여명이 서울시가 동원한 용역업체 직원들의 폭력에 의해 갈비뼈가 부러지는 등 큰 부상을 입었다. 현장은 아비규환 그 자체였다. 재판부는 서울시가 제출한 영상만을 보고 이같은 일방적인 판결을 내렸다. 당시 많은 언론들은 이 현장을 영상에 담았다. 공정한 시각으로 이를 보았다면 이 같은 판결을 내릴 수 없었을 것이다.

3.10 진상규명 촉구 광화문 천막투쟁

재판부는 나에게 "당시 현직 국회의원 신분으로 적법 절차를 준수하지 않아 죄질이 나쁘고 잘못을 반성하지 않는 등 범행 후 태도도 좋지 않다"고 밝혔다. 광화문에서 천막을 치고 진상규명을 요구한 것은 헌법이 보장한 정당한 정당활동이었다. 이것이 죄질이 나쁜 것인가.

당시 폭력은커녕 어떤 폭압적인 언사도 없었다. 고작 한 것이 오후 5시 당원들과 함께 광화문 광장을 한 바퀴 돈 후 천막 토론회를 통해 진실을 알려왔다. 정당의 적법한 진상규명 시위를 불법이라고 한다면, 세월호 진상규명을 이유로 광화문 전역에 천막을 설치하고 술판까지 벌이며 도심 시위를 벌였던 이들은 왜 유죄가 아닌가. 박 시장 시절 서울시는 좌파단체에 대한 행정대집행은 하지 않았고, 오히려 광화문 광장에 세월호 추모 공간까지 설립해주었다.

윤석열 대통령은 자유와 법칙을 강조해왔다. 정권이 바뀌었으면 비정상이 정상이 되고, 법치가 살아나고 공정한 판결이 비로소 날 줄 알았다. 그러나 여전히 법은 진영의 논리에 기울어있고, 자유와 진실, 정의에 눈을 감아버렸다. 차악판결도 판결이라 수긍은 해야겠지만 세상은 이 판결대로 그렇게만 돌아가지 않을 것이다. 국민은 바보가 아니다. 이 판결은 때린 가해자가 피해자가 되고 맞은 자가 가해자되고, 진실과 정의의 목소리에 찬물까지 끼얹은 판결이다.

국가와 사회의 가장 평범한 보편성은 진실과 정의다. 진실과 정의가 사라지는 사회는 죽은 사회다. 진실과 정의가 인간에 의해서 규정되고 좌지우지 당한다. 우리는 흔히 그 인간의 보편적 양심을 보면서 진실과 정의를 운운하기도 한다.

3.10 사건은 진실과 정의, 애국이 은폐된 사건이다. 이들은 자유민주주의 체제를 지켜야 한다는 애국 국민이었다. 불의에 저항한 사람들이었다. 그런 국민이 공권력의 대처 미비로 희생당했다.

도대체 정치란 무엇인가. 윤석열 대통령은 각종 재난이 발생할 때 마다 "국민 생명과 재산을 지키는 것이야말로, 국가의 기본적인 책무이자 의무"라고 강조해왔다.

지난 2022년 10월 29일 핼러윈 축제를 즐기기 위해 이태원에 간 사람들이 압사 사고(梨泰院壓死事故)로 사망했다. 당시 이태원에는 핼러윈을 앞두고 많은 사람들이 몰려 있었으며, 해밀톤호텔 앞 좁은 골목길 경사로로 인파가 밀리면서 사상자가 다수 발생했다. 이를 두고 서울시가 인파의 밀집에 대비한 교통관리계획 등을 수립했는지, 재난안전상황실은 참사 당일 어떤 역할을 수행했는지 등에 대해 논란이 끊이질 않았다. 각 사회단체들은 지금도 이 사건에 대한 책임자 처벌과 진상규명을 요구하고 있다.

3.10 사건도 마찬가지다. 안국역 3번 출구 현장서 세 사람이 압사당했고, 한 사람은 경찰차에 매달려 있었던 스피커가 떨어지면서 머리를 맞아 사망했다. 또 여성은 압사 등 후유증으로 사망했다.

인간에게 가장 소중한 것은 돈, 명예, 권력 따위가 아니다. 목숨이다. 목숨을 잃으면 이런 것들이 무슨 필요가 있겠는가. 생명은 말 그대로 생물이 살아서 숨쉬고 활동할 수 있는 힘이다. 모든 생물에 공통적으로 존재하는 속성이기도 하다.

이 시대의 정의, 그리고 미래

이태원 참사에서 죽은 사람들의 생명은 소중하고 탄핵무효를 외치다 죽은 사람들의 목숨은 개죽음이어야 하는가!

3.10 진상규명 촉구 광화문 토론회

제 6 장 죽음

6월 25일 새벽

　　북한 김일성은 6월 25일 새벽 무력으로 남침을 감행했다. 민족의 비극 6.25는 이렇게 일어났다. 김일성은 자유 남한을 공산화시키기 위해 동족을 향해 만행을 저질렀다. 2019년 전 만 해도 각인된 6.25 였다. 그러나 2019년 후부터 6.25는 박원순 서울시장이 고용한 용역깡패들이 우리공화당 광화문 천막당사에 기습 난입, 짓밟은 날로 더 기억되고 있다.

　　6.25 발발 69년 되는 그날 새벽. 박원순 서울시는 광화문 우리공화당 천막당사를 기습공격, 자유민주주의를 짓밟았다.

6.25 불법행정대집행 현장

이 시대의 정의, 그리고 미래

박 시장이 기용한 '박원순 용역 깡패'들이 경찰과 함께 광화문 우리공화당 천막에 기습 난입, 사람도 물건도 그들은 닥치는 대로 짓밟았고, 때려 부수었다.

그들의 손에 끌려가지 않기 위해 텐트 기둥에 몸을 묶었다. 텐트 모기장 속에는 여성 30여 명이 서로 서로 끈으로 몸을 묶어 연결했다. 텐트 밖에선 약 50여 명이 서로 팔짱을 끼고 드러누웠다. 그들은 두려워하지 않았다. '올 테면 와 봐라'는 모습이었다.

용역들이 들이닥쳤다. 팔짱 낀 남성들을 짓밟았고, 끌어내렸다. 모기장 안에는 수십 명이 엉켜 있었다. 이들은 모기장

6.25 불법행정대집행 현장과 부상자들

제 6 장 죽음

행정대집행에 동원된 용역

을 끌어당겼다. 뒤엉킨 몸과 몸이 밖으로 내동댕이 쳐졌다. 여기 저기서 비명소리가 들렸다. 그날 광화문 우리공화당 천막당사는 아비규환 그 자체였다. 그들은 천막안 모든 것을 밖으로 던졌다. 그들이 마셨던 물, 비상식량도 아스팔트로 버려졌다.

　　3.10 진상규명(2017년 3월 10일 탄핵기각 집회 중 5명 사망) 피켓과 태극기, 성조기까지 그렇게 던져졌다. 대형 태극기와 성조기를 사수하고자 "도와달라"고 울부짖는 여성과 남성의 절규는 새벽 속에 묻혔다.

　　땅 바닥에 주저앉고 울고, 서서 분노의 절규를 내뱉었다. 이들이 입었던 옷은 갈기갈기 찢겨져 있었다. 단 한 사람도 성한 사람이 없었다. 용역들은 허평환 전 기무사령관을 밀쳤고, 허 전 장군은 허리를 다쳤다. 텐트 속에선 수 없이 많은 사람들이 푹푹 쓰러졌다. 의식을 잃고 거친 숨을 내쉬었다. 경찰에게 "사람이 죽어간다"고 도와 달라 했지만 외면했다. "도와 달라" 수십 차례 외쳐도 그들은 못들은 척 했다.

  수 십명이 병원에 실려 갔다. 병원에 실려 간 후 깨어난 이들은 첫마디가 "광화문 어찌 되었습니까"였다. 그들이 누워있었던 응급실 시트에는 흘러내린 눈물 자국이 배어 있었다. "누워 있는 것도 사치다"면서 다시 광화문 현장으로 달려가겠다는 환자와 만류하는 의사. 그들은 침대에 누워 거친 호흡을 내쉬면서 고작 그들이 할 수 있었던 것은 손수건으로 흘러내리는 눈물을 닦는 것 뿐이었다.

  6.25 광화문 기습. 그날 박 시장은 6.25 기습을 통해 세 가지를 죽였다. 자유민주주의를 죽였다. 비폭력 무저항주의 시민을 짓밟음으로써 그는 시민의 시장이 아닌 시민의 독재자가 되었다. 역사적으로 국민을 짓밟은 독재자는 결코 살아남지 못했다. 역사의 아이러니일까. 그 후 1년 뒤 2020년 7월 10일 여비서를 성추행 한 혐의로 고소당한 박 시장은 자살로 생을 마감했다.

  박 시장의 명복을 빈다.

제 6 장 죽음

좌우 죽음

2019년 10월 14일 서울시청 국감장.

이날 국감장에는 박원순 서울시장과 소방본부장 및 서울시 간부들이 출석했다.

박 시장에게 물었다.

"2017년 3월 10일 몇 분 돌아가셨는지 아는가요?"

"그 때 뭐, 3명이든가요?"

"시장이 몇 명 돌아가셨는지 모르고 진짜 '욕' 나온다."

속에서 터져나오는 분노를 꾹 참고 그날 상황에 대해 설명해 줬다.

"사건 터지고 네 사람 죽었다. 2년 6개월 지났다. 시장이 세 사람 죽었다고 아는 게 말이 되는가. 죽음에는 좌우가 없다. 사람이 죽어가는 데 20분 지나도 구급차 한 대도 오지 않았다. 이것은 절대로 덮을 수 없는 문제다."

"죽음에는 좌우가 없다. 맞다. 유감이다."

215

이 시대의 정의, 그리고 미래

2019년도 국회 행안위 서울시 국정감사

소방본부장에게 질문이 이어졌다.

"몇 사람 죽었는지 아십니까?"

소방본부장은 답변을 못했다.

"그 때 근무를 안 했기 때문에…과거 업무를 다 알 수 없다." 이날 국감서 2019년 6월 25일 서울시가 행정대집행 하면서 농성 중인 우리공화당 당원을 폭행하는 장면의 영상을 틀었다.

이 영상을 본 박 시장에게 질문을 던졌다.

"많은 사람들이 다쳤다. 아십니까?"

"상황을 다르게 알고 있는 것 같다. 공무원들이 많이 다쳤다." 박 시장의 어이없는 답변에 분노가 치솟았지만 꾹 참았다. 소방청 자료에는 병원 이송 67명, 현장 응급 9명 합 76명이었다.

"구급차에 누가(서울시 공무원인가, 우리공화당 당원들

인가) 많이 실려 갔는가?"

박 시장은 답변하지 못했다.

"그러니 청와대 가서 엉뚱하게 보고하지 않는가?"

"…"

"행정대집행 법 판례에 따르면 행정집행시 '사람에 대해 위해를 가하면 안된다'고 돼 있다. 아는가?"

서울시 강맹훈 실장이 "네"라고 대답했다.

그날 서울시가 동원한 용역들은 농성 현장을 폭력으로 물들게 했다. 그날의 사건은 속일 수도 없다. 그날의 폭력적 상황은 언론에 생생히 찍혀 있었다.

그들이 돌아가신 지 7년이 흘렀다. 목숨은 소중한 것이다. 목숨이 귀한 것은 인간은 하나님의 목적을 담은 신성한 생명이기 때문이다. 기독교에선 이 생명에 관련된 작업은 순전히 하나님의 몫이라고 한다.

인간의 얄팍한 의지나 정신적인 결단으로 생명을 왜곡하게 하고 변질되게 하는 것이야말로 생명을 경시하는 인간의 교만함에서 나온 것이다. 인간의 죽음은 헛되어선 안된다. 그런데도 아직도 진상규명이 이루어지지 않았다. 나는 이들의 죽음을 잊을 수 없다. 절대로 잊지 않을 것이다. 이들을 잊는다는 것은 진실과 정의를 은폐하는 것과 같다.

또한 그들의 의로운, 억울한 죽음을 외면한 정치인, 지식인, 언론들의 무모함과 불의에 대해서도 잊을 수가 없다.

제 6 장 죽음

여전사

인생은 참으로 덧없다. 삶은 어디로부터 오며, 죽음은 어디를 향하는 것일까. 삶이란 한 조각 구름이며, 죽음이란 한 조각 구름이 사라진 것이다. 뜬구름 자체는 본래 실다움 없는 것이듯 인생도 마찬가지가 아닐까…

체제전쟁을 치르면서 하늘로 가신 분들을 생각하면 도대

정미홍 총장 태극기집회 연설

체 우리는 누구를 위해 종을 울리려 죽어여만 했는가 울분과 슬픔이 교차한다. 대한애국당(현 우리공화당) 초대 사무총장 정미홍 전 KBS 아나운서가 2018년 7월 25일 작고하셨다. 그녀는 여전사로 통했다. 정 총장의 갑작스런 별세 소식에 많은 국민들이 슬퍼했다. 우리 시대 최고의 '여전사'를 잃었다며 모두가 비통했다. KBS 9시 뉴스 앵커였던 정 총장은 자신의 모든 것을 내팽개치고 거리로 나왔다. 국민과 함께 손을 잡고 진실과 정의, 자유 대한민국 수호, 문재인 종북정권 폭정에 맞선 '저항'을 주도했다.

이 땅의 지식인들은 문재인 종북 주사파 정권이 대한민국 역사와 정체성을 파기시키는데도 침묵했다. 대한민국 지식인들은 불의와 불법, 난동을 보고도 침묵하고 무관심으로 일관했다. 정의로운 척, 진실인 척 하는 이들은 하나같이 입을 닫고 침묵의 안전지대에 피신해버렸다. 대한민국 정치인, 학자, 언론인, 종교인 등 모두가 비겁한 침묵자와 방관자로 전락했다. 이들의 침묵을 대신해서 정 총장은 민초들과 함께 진실과 정의, 자유대한민국 수호를 외쳤다.

정 총장은 자유대한민국이 무너지면 우리는 폭정과 공산주의에 살 수밖에 없는 그 위험성과 경각심을 국민에게 알렸다. 정 총장은 이렇듯 역사와 대한민국의 질서와 정체성이 파괴되는 것에 대해 저항으로 맞섰다.

정 총장은 살아생전 곧잘 "인생 부질없다"는 말을 했다. 정 총장은 자신의 죽음을 직감했는지 탤런트 김자옥 씨 별세(2014년 11월)를 언급하며 "인생은 누구나 살아가는 과정이다. 내 또래, 가까운 사람이 죽는 걸 보니 정말 쇼핑, 외식 이런 것이 부질없다 생각이 들더라. 인생 마무리를 잘해야겠구나 이 생각이 매일 든다"고 말했다. 권불십년이요, 화무십일홍이라, 달도 차고 기울고 인생이란 일장춘몽과 같다.

인생은 희로애락이다. 슬퍼하고 즐거워하면서도 인간이 갖춰야 할 덕목 중 하나가 고마움이다. 정 총장 같이 불의와 불법, 사기와 거짓에 맞서면서 싸워왔던 국민이 있었기에 가능했다. 그의 애국정신, 희생정신은 숭고함 그 자체다. 정미홍 총장이 그립다.

정미홍의 진정토크 출연

이 시대의 정의, 그리고 미래

열사들

영혼의 구원만큼 가치있고, 영원한 것은 없다. 2022년 1월 정조희 목사는 삼성서울병원에서 위암 4기 판명을 받았다. 암은 이미 온 몸에 전이됐다. 수술도 불가능했다. 항암제와 방사성 치료도 할 수 없는 지경이다. 당시 의사는 그에게 6개월 시한부 통보를 했다. 지난 6년간 아스팔트에서 우리공화당 당보, 각종 집회 전단지와 사탕을 돌렸던 정조희 목사다. 3.1절 낮 서울역 연단에 선 나는 선거 유세를 했었다. 그 때 눈에 정목사가 들어왔다. 내 눈을 의심했다. 분명 병원에 계셔야 할 분이 왜 여기까지 왔는가. 연설하면서도 내 눈은 정목사 동선을 따라 움직였다.

그는 새마을운동 마크가 새겨진 모자를 푹 눌러쓰고, 검정색 롱패딩 옷을 입고 삼일절 유세에 참석했다. 뼈마디가 다 보일 정도로 말랐었다. 얼굴은 핏기조차 없이 하얬다. 암 진단 후 체중이 8kg 빠져서 지금 50kg 중반이란다. 누가 봐도 아픈 사람처럼 보였다. 그는 되레, "아프지 않다"고 말했다. 아프게 보는 주변의 시선을 부담스러워했다. 아프다면 진짜 아프기 때문이다.

제 6 장 죽음

그의 캐리어에는 하얀색 비닐장갑이 들어있었다.

정조희 목사

옷에 감춰져서 보이지 않지만 옆구리에는 비닐통을 차고 있었다. 소변과 불순물을 거르기 위한 것이다. 양이 차면 걸러 줘야 한다. 분명 암환자처럼 보였지만 멀리서 지켜본 그는 예전의 정조희 목사였다.

캐리어에서 사탕을 한 봉지 꺼낸 후 서 있는 행인과 집회 참석자들에게 돌아가면서 건네주었다. 또 빠른 걸음으로 사람들에게 다가가서 인사도 건넸다. 평소와 같은 일상적 모습이었다. 암과 싸우는 것을 아는 대부분 사람들은 근심 어린 모습이었다. 일부 사람들은 그를 껴안아주면서 다독거렸다. 서울역에 이어 서울시청 앞서 열린 유세현장에도 모습을 드러냈다. 자신을 걱정해주는 분들의 이야기도 경청하고 전화번호도 주고 받았다.

그는 이날 서울시청 부근에서 열린 유세현장 무대에 섰다. 무대에 오르기 전 그의 얼굴은 극도로 창백해 보였다. 그에게 의자에 앉을 것을 권했다. 정중히 거절했다. 이러면 암세포에 진다고 했다. 그는 "내가 연약해지면 암세포는 더 힘이 세질 것이고, 내가 강하면 암세포는 약해진다"고 했다. 그는 "비록 나는 4개월 시한부이지만 이것은 의사의 진단이다. 나는 암세포를 이겨낼 수 있다"고 이를 악물었다.

그가 이날 8분 14초간 연설을 했다. 그의 연설은 생의 마지막 바람을 전하는 절규 같았다. 그의 연설은 잔잔한 파고를 일으켰다. 모두가 그의 연설에 찬사와 박수를 보냈다. 우리 모두의 아픔과 설움, 희망이 배어 있는 연설이었다.

정 목사님은 평일에는 서울의 주요 대학가를 찾아서 사탕과 전단지를 돌렸다. 신림사거리 전철역, 홍대, 신촌, 강남역 일대를 번갈아 가며 돌면서 전단지를 나누어주었다. 그가 대학가에서 이를 돌리는 것은 젊은층이 깨어나지 않으면 대한민국 미래가 암울해지기 때문이다. 하루 7시간 이를 돌리다 보면 끼니를 거르는 것이 일상이 된다.

"식사는 언제 합니까"라고 물었다.

"아침에 나올 때 먹습니다."

"점심 저녁은 안드십니까." "네~ 그런 셈이죠." 하루 한 끼 먹는 것을 애둘러 표현했다.

경남 마산이 고향인 그는 충남 천안의 한 상가에서 월세 30만 원을 주고 산다. 천안은 아무런 연고가 없다. 결혼도 하지 않았다. 혼자 산다. 나는 그가 사는 천안에 가보았다. 상가에

엎혀 있는 집이라 밥을 제대로 해먹을 수도 없단다. 사발면과 빵 우유가 그의 식사다. 담배와 술은 입에 대지 않지만 암에 걸릴 수밖에 없는 환경에서 살아왔다.

추운 겨울철 그는 집으로 돌아와도 제대로 쉬거나 잠을 청할 수 없다. 겨울철은 더하다. 보일러가 들어오지 않는 방이다. 집안에 우풍까지 더해지면서 방은 시베리아 벌판같은 냉골이다. 전기장판 하나가 추위를 이기는 버팀목이지만 영하 10도로 떨어지는 날이면 방안 물이 얼 정도다. 추위에 전단지를 돌리고 집으로 가면 집이 더욱 춥게 느껴진다. 암은 그런 그를 비켜가지 않고 그의 몸을 파고들었다.

일반인이라면 그의 이런 행동이 이해가 되지 않을 것이다. 자신은 굶지만 행인들에게는 사탕을 나누어주고, 목회활동 외 특별한 직업이 없는 그의 시작과 끝은 탄핵무효·무죄석방 전단지를 돌리는 것이다. '신앙심'이 없었다면 이를 할 수 없다. 또 그가 이를 하는 원천은 '애국심'이다. "나라가 무너지는 데 어찌 보고만 있을 수 있습니까." 그는 비록 암이 발발했지만 자신의 삶은 전혀 부끄럽지 않고 떳떳하게 살아왔다고 자부했다.

"처음 암 통보를 받았을 때 혼자서 많이 울었습니다. 지금은 두렵지 않습니다. 하나님이 저에게 준 선물이라고 생각합니다." 그는 "반드시 암을 이겨낼 것이다"고 다짐했다. 나는 "그에게서 작은 기적이 일어날 수 있도록 우리 모두 기도를 드리자"고 했다. 정 목사는 2022년 9월 12일 하나님 곁으로 떠났다. 그의 나이 58세였다.

  2022년 1월 말에는 강태성 우리공화당 경기도 구리위원장이 유명을 달리했다. 그는 일주일 전에도 태극기 집회에 나오셔서 동료들과 함께 계셨던 분이었다. 그의 나이도 58세였다.

  2021년 12월 17일 우리공화당 서울시당 김현덕 위원장님도 하나님 곁으로 가셨다. 고 김현덕 님은 거짓탄핵, 거짓촛불에 맞서 서울 전역에서 태극기 동지들과 함께 자유대한민국을 지키는 자유혁명을 실천하셨다. 연세대학교를 졸업하시고, 외교공무원으로 주호놀룰루총영사관 부총영사, 주우크라이나대사관 공사라는 외교관으로 봉직하시면서 한미동맹 강화, 국제외교협력을 이끄신 분이었다.

김현덕 서울시당위원장

오직 자유대한민국의 발전과 국민행복을 위해 헌신하셨다. 한 줌도 안되는 거짓촛불의 조작, 음모, 기획, 선동의 거짓과 맞서 꿋꿋하고 당당하게 태극기를 들고 자유대한민국을 지키셨다. 우리공화당 서울시당위원장으로 서울을 중심으로 한 태극기 투쟁을 진두지휘하셨고, 잔인한 문재인 좌파독재정권과 두려움없이 싸우셨다. 주말 태극기 집회시에도 집회장소 한 켠에 서명대를 마련하여 서명을 받고 행진시에는 서대문구 깃발을 들고 행진에 참여하셨다.

누가 이 분이 외교부에서 영사까지 지낸 고위공직자분이라는 것을 알 수 있었겠는가? 아! 이 불법, 불의하고 안일과 배신과 기회주의, 보신주의가 판을 치는 대한민국에서 이렇게 올곧은 살아있는 고위공직자가 있었단 말인가? 정말로 안타깝고, 가슴이 찢어지는 아픔의 마음이었다. 한 없이 부드럽지만 한없이 강직하셨고 한없이 정의로우셨던 애국자셨다.

"우리는 자유를 위해 태어났지만, 개인도 자유를 절제하지 못하고 법을 어기면 감옥에 가듯이, 정권도 정의를 세우고 국민의 뜻을 받들지 않으면 처참한 몰락을 피할 수 없다."
〈2022년 5월 21일 제주시 동문로타리 탐라문화광장 문대탄 고문 연설 중〉

2023년 5월 18일 아침 동아일보 출신 문대탄 우리공화당 상임고문이 별세하셨다는 소식을 전해 들었다. 청천벽력 같은 소식이었다. 문 고문님은 근현대사 산증인이셨다. 누구보다 치열하고 객관적 사실에 바탕해서 제주4·3사건의 진실을 알리는 일에 앞장서셨

문대탄 상임고문

다. 문 고문님은 너무나 건강하셔서 그렇게 일찍 세상을 등질 줄은 몰랐다. 목소리도 카랑카랑하고 때로는 우렁찼다. 눈빛은 맑았고 매서웠다. 그래서 더 황망하고 충격이 크다. 문 고문님은 서귀포시 대정읍 하모리에서 태어났다. 모슬포의 매서운 바람을 맞으며 성장했으니 강할 수밖에 없었는지도 모른다. 서울대 법학과를 졸업하고 동아일보 기자생활을 하다 유신 반대로 강제 해직당했다. 해직되었지만 보수의 가치를 위해 헌신한 보기 드문 분이다.

제주일보 논설위원으로 있으면서 제주사회의 기득권과 부조리에 맞서 싸우기도 했다. 정당한 가치를 지키기 위해 노력하는 단체들에 대해서 재정적 지원도 아끼지 않았다.

문 고문님은 생전에 우리나라의 보수세력이 새롭게 거듭나고 이념과 진영을 떠나 국민통합을 이뤄내야 함을 강조했었다. 그게 진정한 보수라고 했다. 문 고문님이 우리 사회에 던졌던 가치와 주장들의 흐름이 여기서 멈출까봐 마음이 편하지 않다. 살아남은 사람들의 몫이 너무 크다. 너무 일찍 가셨다는 말을 하지 않을 수가 없다. 이외에도 많은 분들이 돌아가셨다.

2019년 10월 초 경기도 파주에 사시는 60대 중반 송모씨가 눈을 감았다. 암투병을 하시다가 작고한 후 한 줌의 재로 사라졌다. 그는 암 투병중 인데도 태극기 집회에 빠지지 않고 참석했다. 2018년 말 김정은 방한 반대 시위 도중 이를 막는 경찰과 몸싸움을 벌이다가 피를 토하면서 쓰러졌다. 뒤에 들은 얘기지만 송씨는 암세포가 자신의 몸에 다 퍼졌지만 항암 치료를 받지 않았다 했다. 항암 치료에 드는 비용을 애국 활동 후원금으로 대신했다고 한다.

또 서울역 우리공화당 집회에는 60대 부부가 늘 함께 나왔다. 어느 날 부터인가 남편 혼자 나왔다. "왜 아내와 함께 나오지 않는지" 궁금했다. 알고 보니, 아내가 집회 참석 후 쓰러졌다고 했다. 병원에 가서 진찰 한 결과 말기암 환자라는 청천벽력 같은 소리를 들었다고 한다. 그분의 아내는 3개월을 넘기지 못하고 눈을 감았다.

의사들은 암은 다양한 발명원인이 있지만 가장 큰 이유가 스트레스라 한다. 태극기 집회에 나오시는 분들 중, 단 한 사람도 스트레스를 받지 않은 분들이 없었다. 스트레스 이유는 나라가 무너지기 때문이다.

이 나라를 살리기 위해서 이들은 앞장섰다. 각종 집회 현장에서 만났던 국민들이 바로 대한민국 얼굴이요, 자유요, 정의의 수호신들이었다. 그뿐만 아니라, 미국 워싱턴, LA, 일본 동경과 오사카, 캐나다, 호주, 독일 등 전 세계에 사시는 교민들도 한 목소리를 냈다. 이들은 비록 태극기를 들고 동참할 수 없었지만 늘 애국 국민들을 지지 응원해주셨다.

모두가 정말 편히 잘 살 수 있던 분들이다. 7년 간의 애국운동은 많은 희생과 대가를 치렀다. 어느덧 50대가 60대, 60대가 70대, 70대가 80대가 되었다. 가장 인생의 황금기 나이에 이들은 자유대한민국을 지키기 위해서 희생하신 분들이다. 모두가 남부럽지 않게 살았던 분들로 자신이 가진 재산을 나라 살리는데 보탰다. 식당에서 일을 한 후 모은 돈, 항암치료를 대신해서 애국운동에 보태라고 후원하신 분, 자식들이 준 용돈을 모아서 주셨던 분.

이분들은 자신이 가진 돈을 써가면서 왜 태극기를 들고 아스팔트로 나왔겠는가. 이들이 '극우', '꼰대'라는 멸시와 조롱까지 받으면서 태극기를 들었을까. 촛불을 들었던 좌파세력들이 위장 기회주의 가짜보수와 나라를 전복시키려 했고, 문재인 좌파정권이 역사와 정체성을 허물었기에 오직 나라를 지키기 위한 일념으로 거리로 나왔다. 정치가 똑바로 서고, 올바른 정치인이 있었다면 국민이 왜 나서서 태극기를 들어야 했을까.

이들은 '꽃길' 대신 '가시밭길'을 선택했다. 이들이 나와 함께 이 길을 선택한 것은 자신의 권력유지와 기득권을 누리기 위함이 아니다. 문재인 좌파정권이 대한민국의 역사와 자유민주주의 정체성을 부정하고, 체제 탄핵을 가했기 때문이다. 이를 묵인하고 이를 외면하는 것은 그 스스로 밝혔듯이 역사의 죄인이다. 집회 때마다 외친다. "가시밭길로 가자! 고통의 칼날에 서자!" 그러나 이제 '꽃길'로 '행복의 길'로 걷게 하고 싶다. 문재인 좌파정권에서 윤석열 정권의 교체는 이들의 애국운동이 있었기에 가능했다.

진추모(진실을추구하는사람들의모임)

강제북송

2022년 7월 12일 문재인 정부 시절 '탈북어민 강제 북송' 현장 사진이 공개됐다. 그 사진을 보고 큰 충격을 받았다. 당시 통일부 관계자가 귀순어민 2명이 판문점에 도착해 북한군에 넘겨질 때까지의 과정을 연속 촬영한 10장의 사진이다. 그 속엔 북송 사실을 뒤늦게 알게 된 한 어민이 피범벅이 될 정도로 벽에 머리를 찧으며 격렬히 저항하는 장면도 담겨 있었다. 한마디로 "귀순 의사가 전혀 없었다"던 문 정부 고위 인사들의 그 간의 설명과는 딴판이었다.

이들 어민은 북송된 뒤 곧장 처형된 것으로 알려졌다. 공개된 사진에서 이를 예감한 이들의 공포감이 고스란히 드러났다. 입에 재갈이 물린 채 판문점으로 이송된 어민들이 북송을 거부하며 필사적으로 버둥거리고 있었으니 말이다. 한 어민은 안대를 벗기자 눈앞에 군사분계선(MDL)과 북한군을 발견하고 털썩 주저앉았다.

당시 김연철 통일부 장관은 강제북송 직후 국회에서 "이들이 죽더라도 북으로 돌아가겠다고 밝혔다"고 했다. 하지만 이와 180도 다른, 강제송환이란 실상이 이번에 확인된 셈이다.

탈북어민들은 2019년 11월 목선을 타고 남으로 내려오다 우리 해군에 나포됐다. 이들은 정부 합동조사 과정에서 자필 귀순의향서를 남겼다고 한다. 그러나 문 정부는 "진정성이 없다"며 이를 묵살하고 동료들을 살해한 흉악범으로 규정해 사흘 만에 조사를 끝내버렸다. 하지만 조그만 배에서 왜소해 보이는 이

탈북어민 판문점 강제 북송

들이 무려 16명의 다른 선원들을 살해했다는 사실도 선뜻 믿기지 않았다. 설령 그렇다 하더라도 탈북한 이상 그들도 우리 국민이었다. 그렇다면 철저히 조사해 국내법으로 처벌했어야 했다.

그런데도 문 정부는 이들을 서둘러 북송했다. 국민의 생

제 6 장 죽음

명을 보호해야 하는 헌법상의 책무를 저버린 건 물론 실정법까지 어기면서다. 북한이탈주민법에 따르면 탈북민은 한국에서 재판받을 권리가 있음에도 2명의 어민을 사지로 보냈기 때문이다. 더욱이 이들의 송환을 북한에 통보하면서 부산 한·아세안 정상회의에 김정은 국무위원장을 초청하는 친서까지 보냈다.

"사람이 먼저"라던 문 정권이 정상회담 이벤트를 위해 귀순자를 속죄양처럼 김정은에게 갖다 바쳤다는 비판을 자초한 격이다. 어떻게 자유와 인권을 중요하게 여기는 대한민국이 이런 범죄를 저지를 수 있는지 분노를 가라앉히기 어려웠다. 북한 귀순 어민이 귀순 의사를 밝혔음에도 불구하고 북한에서 처형될 것을 뻔히 알면서도 강제 북송을 했다면 문재인은 인권 살인마다. 북한 주민의 인권을 말살하는 반인권 반인륜 범죄행위를 자행한 문재인은 더 이상 사저나 자연에서 인스타그램에 올리는 사진처럼 자유를 누릴 권리가 없다."

〈2022년 7월 13일 보도자료〉

이 일은 국제적으로도 논란이 됐었다. 오죽하면 이런 반인권적 처사에 당시 미국 의회 인권위원회도 "끔찍한 일"이라고 개탄했겠나. 빙산의 일각인 양 드러난 국기문란 행위의 전모를 이제라도 낱낱이 밝혀내는 게 급선무다.

이 시대의 정의, 그리고 미래

공무원 피살

2020년 9월 22일 밤에 서해 소연평도 인근 해역에서 어업지도활동을 하던 해양수산부 어업관리단 소속 전라남도 목포시 공무원인 남성 이대준씨가 연평도 인근 해역에서 실종되었다. 2020년 당시 문재인 정부는 자진 월북으로 판단된다고 발표했지만, 2022년 6월 윤석열 정부에서 해경과 국방부는 월북 시도를 입증할 만한 증거가 없다며 2년 여만에 결과를 번복하였다.

이 씨는 북한군에게 사살·소각된 것으로 추정된다. 감사원은 문재인 정부 당시 외교·안보 라인이 조직적으로 사건을 은폐·왜곡한 것으로 판단했다. 감사원은 국가안보실·국방부·통일부·국정원·해양경찰청 등 5개 기관 20명을 검찰에 수사 요청했다. 서해 공무원 피살 사건은 여러 가지 미스터리를 안고 있다. 이 씨가 북한군 총격에 살해될 때까지 구조 조치를 하지 않은 점, 사건 직후 관련 첩보를 106건이나 삭제한 점, 사건 발생 이틀 만에 자진 월북으로 결론 내린 점 등이다.

모두 밝혀져야 할 사안이다. '문재인 3시간'도 의문이다.

제 6 장 죽음

감사원 발표에 따르면 이대준씨가 북한 해역에서 발견된 사실을 보고 받은 문재인 전 대통령은 이씨 시신이 소각될 때까지 3시간 동안 아무런 조치를 취하지 않았다. 문 전 대통령은 감사원의 서면조사 통보를 '무례한 짓'이라고 거부했다.

서해공무원 피살 규탄 기자회견

이것은 대국민 농단, 헌정 농단이다. 이에 대한 철저한 조사와 책임자 처벌을 요구했다.

"대한민국 공무원이 북한에 의해 무자비하게 사살당한 초유의 사태를 문재인 친북주사파 정권이 '자진 월북'으로 조작했다는 것은 도저히 있을 수 없는 헌정 농단, 국민 농단사건이며 파렴치한 범죄다. 대한민국 헌법에 모든 국민은 인간으로서의 존엄과 가치를 가지며, 국민의 기본권인 생명권과 생명·신체의 안전권을 가진다. 또한 대통령은 영토의 보전, 헌법 수호의 책무, 국민의 자유와 생명을 지킬 의무가 있다. 서해 공무원 피살 사건을 자진 월북사건으로 조작하고 왜곡한 문재인 청와대는 결코 용서 받지도 용서해서도 안된다."

〈2022년 6월 17일 보도자료〉

제 **7** 장

삶과 정치

정치란 시끄러운 것이 아니다. 주변에서 있는 듯 없는 듯
그러나 그 역할을 다하는 진중함이 있어야 한다는 말이다.
정치란 바로 국민의 뜻을 받드는 것이다.
여러 생각을 가진 국민들을 아우르는 것이다.

이 시대의 정의, 그리고 미래

물 같은 정치

정치란 무엇일까? 한자를 풀이해 보자면 정사 정(政), 다스릴 치(治)라는 두 글자로 이루어진 '정치'라는 단어는 사람들 사이의 의견 차이나 이해 관계를 둘러싼 다툼을 해결하는 과정을 의미한다.

정치는 영어로 폴리틱스(politics), 즉, 도시 국가를 의미하는 그리스어 폴리스(polis)에서 유래하였다. 옛날 그리스에서 도시가 처음 만들어졌을 때 도시를 '폴리스(polis)'라고 하였으므로 정치는 곧 도시 국가의 업무를 말한 것이다. 아리스토텔레스는 "인간은 곧 정치 공동체인 국가를 떠나 살 수 없고, 공적인 영역에 참여하면서 최고의 행복을 누린다"고 말해 정치의 중요성을 강조했다.

한 국가를 바르게 정치한다는 것은 그 나라에 속해 있는 모든 국민의 행복과 직결된다는 점에서 매우 중요한 일이다. 국가의 첫째 역할이 국민의 생명과 재산을 지키는 것이다. 이는 정치의 가장 기본이다. 국가 구성원인 국민의 의견 차이나 갈등을 조정 해결하고, 나라가 어려운 상황이나 위기에 처했을 때는 국민의 생명과 안전을 지켜주는 것이 정치의 목적이다.

나는 물 같은 정치를 하고 싶었다. 물은 정직하다. 물은 높은 곳에서 낮은 곳으로 흐른다. 세상의 모든 일이 물처럼만 흐르면 갈등과 대립도 없을 것이다. 물은 자신을 희생하면서까지 생명을 불어 넣어준다.

사람과 동물을 살리는 어미와 같은 존재다. 사람을 비롯한 모든 동물은 한 순간이라도 물이 없으면 살 수가 없다. 물은 낮추며 사는 법을 가르치지만, 인간은 이 평범한 진리를 깨닫지 못하고 마냥 올라가려고 한다. '노자(老子)'의 '도덕경(道德經)'에는 상선약수(上善若水)가 있다. 가장 좋은 상태는 물과 같다는 뜻이다.

물은 만물을 이롭게 하는데 뛰어나지만 다투지 않고, 모든 사람이 싫어하는 낮은 곳에서 머문다. 그러므로 도(道)에 가깝다. 물을 잘 다루면 인간에게 새로움을 창조한다. 서양에서 강물의 파괴력을 인식하고 조심스럽게 다루었듯이 동양에서도 아기 다루듯이 절대로 나쁜 의미의 말을 하지 않고자 했다.

이 시대의 정의, 그리고 미래

아! 금호강아

나의 성장 배경에는 물을 빼놓을 수 없다. 어릴 적 살았던 집 인근에 '금호강'이 있었다. 갈대숲을 스치는 바람이 비파 소리를 낸다고 해서 '금', 맑은 물이 잔잔하게 흐른다고 해서 '호', 그래서 금호강이다. 금호강과 산 그리고 이름도 없이 널린 야생초와 들꽃들, 언제나 마음 속에 아스라이 스며드는 고향의 평화로운 자취가 지금도 나를 설레게 한다.

어린 시절 뛰놀던 추억의 금호강에서

이대영 선생은 금호강에 대해 이렇게 말했다. "달구벌 분지를 한 폭의 동양화처럼 스케치한 표현으로는 이중환이 '택리지'에서 '대구는 경상감영이 있는 곳으로, 산이 사방으로 높게 둘러 싼(山四方高塞), 그 항아리 가운데에 펼쳐지고 있다(在其盆中散). 그 가운데 금호강이 동쪽에서 서쪽으로 흘러 낙동강으로 유입되고 있다(其中琴湖東西流入洛東). 관아(慶尙監營)는 금호강 뒤쪽에 있고, 경상도의 한 복판에 위치한 셈이다. 남북으로 가로(街路, 골목)가 나있으며, 산세와 물길이 좋아 도회지가 형성되었음.' 금호는 달구벌의 흥망성쇠를 묵묵히 지켜만 봤다.

이곳을 살았던 선인들은 금호를 두고 '물을 얻으면 승천할 금호잠용(得水昇天之琴湖潛龍)'이라고 믿었다. 마치 삼국지에서 후한헌제 건안 때에 백성들 사이에 떠돌아 다녔던 민요 '89년간 국운쇠망이 시작하자, 13년간에 혼자조차도 남지 않게 되었다네. 마침내 천명을 다해 하늘로 사라져야 할 경각에 처해있으니, 진흙 속에서 숨어있던 잠용들이 못에서만 머물지 않고 하늘 위를 향해 날아오르고자 한다네(八九年間始欲衰, 至十三年無子遺. 到頭天命有所歸處, 泥中蟠龍向天飛).' 처럼 언젠가 금호란 이름값을 할 것을 믿어왔다.

금호 섶 와룡산 기슭 대로원(大魯院, 신라어 따로원)에선 신라 화랑도뿐만 아니라 조선시대 벼슬길 가는 선비들까지도 금호 강물에 비친 달, 건너편 푸른 하늘을 보고 '세속을 초달한 흥취를 한곳에 품었으니 장쾌한 호연지기로세. 푸른 저 하늘에 올라 밝은 달을 손에 움켜쥐고 싶다네. 칼을 뽑아 물을 갈라도 물은 다시 흐르고, 술잔을 들어 근심을 삭혀보고자 했으나 걱정만 깊어지네. 한평생 사는 게 이다지도 뜻대로 되지 않으니, 내일 아침엔 머리를 풀고 조각배나 저어가겠노라'라고 했던 이백처럼 노래했다.

신라 꽃 사내(花郎)들이 중악(中嶽, 公山)과 금호강변 와룡산록 대호원(臥龍山麓大魯院)을 오가면서 '어진 사람의 요산과 지혜로운 사람의 요수' 도야로 호연지기를 함양했다."

금오강은 내 정치의 원천이다. 지금은 도시개발로 인해 금오강도 바뀌었지만 그렇다고 물의 성분이 바뀌지는 않았다.

어린 시절 뛰놀던 추억의 금호강에서

인자요산, 지자요수

노년의 공자는 강가에 서서 '흐르는 것이 이와 같구나, 낮밤으로 쉬지도 않는구나' 하고 탄식하였다. 흐르는 물은 우리도 저와 같이 흐르고 흘러 언젠가 다른 세상으로 흘러갈 것임을 깨닫게 했다.

'인자요산, 지자요수'(仁者樂山, 智者樂水)란 말이 있다. 인자한 사람은 산을 좋아하고 지혜로운 사람은 물을 좋아한다는 뜻이다. 산은 거기 깃든 것들을 품어주는 자애로운 어머니이자, 엄하고 우뚝한 아버지를 표상했고, 인생사의 화탕지옥에 지친 이들은 산으로 숨어들었다. 강과 산은 인생을 살아가는 지혜와 사랑의 원천이었다.

모든 곳에 스며들어 모든 것과 연결되는 물은 만물을 이롭게 하지만 다투지 않듯이 중심적이고 위계적인 이데아가 되는 것을 거부한다. 오히려 물의 특성은 타자와의 공존, 곧 포용과 관용의 측면에서 생명정신을 강조하는 것이다. 강이나 바다가 이 세상 모든 골짜기의 왕이 되는 것은, 아래이기를 좋아해서다.

왕은 가장 아래에 처하는 자이다. 생명의 특성은 그대로 정치에 배속된다. 왕은 하늘에 부합되는 인물이다. 하늘에 부합하는 것이 자연의 이치이고, 정치란 이 이치를 따르는 것이다.

정치는 군림하는 것이 아니라 아래서 백성을 받들어 모시는 것이다. 자연도 탐욕을 부리는 자를 용서않듯이 탐욕정치인의 끝은 파멸이다. 도(道)는 낳고, 덕(德)은 기른다. 기르고 양육하며 안정시키고 성숙시키며 돌보고 덮어준다. 무엇을 낳고도 그것을 소유하지 않고 무엇을 하고도 그것을 자랑하지 않으며 무엇을 길러 주고도 그것을 주재하려 들지 않는다. 이것을 현덕(玄德)이라고 한다. 절대화와 고정화된 가치와 개념으로서의 통치가 아닌 생명의 방식을 따르게 하는 것이다.

도가의 중심 사상으로서 무위(無爲)는 비인위적인 자연성을 중시한다. 아무것도 하지 않는다는 의미가 아니라, 인위적인 개입이 아닌 자연 그대로 살아가게 해준다는 의미다. 무위는 인간이 목표로 삼아 추구해야할 행위의 규범이다.

인위와 조작은 천연의 아름다움에 이르는 장애이므로 일체의 법도를 버려야 한다. 노자는 이 규범을 주로 나라를 다스리는 원리로 활용하였다. "무위를 하면 다스려지지 않음이 없을 것이다.(爲無爲, 則無不治)"라고 하였는데, 노자는 법령으로 다스리는 것뿐 아니라 예(禮)로써 다스리는 것도 인위의 다스림으로 보았을 뿐만 아니라, 인의(仁義)로 다스리는 것도 인위(人爲)로 보았다. 그래서 노자는 이 도에서 가장 가까운 것으로 물을 꼽고 있다.

"사는 곳으로는 땅 위가 좋고, 마음은 못처럼 깊은 것이 좋고, 벗은 어진 사람이 좋고, 말은 믿음이 있어야 좋고, 정치나 법률은 세상이 잘 다스려지는 것이 좋고, 일을 처리하는 데에는 능숙한 것이 좋고, 행동은 적당한 시기를 아는 것이 좋다. 그렇게 하는 것이 다투지 않는 것이다. 그러므로 잘못됨이 없는 것이다. 물은 이에 제일 가깝다."

〈노자 '도덕경'〉

이 시대의 정의, 그리고 미래

올바른 정치

"올바른 정치란 높은 산 위에서 바위에 앉아 산 아래 흐르는 강을 보는 것 같다"는 말이 있다. 즉 정치란 산에서 내려다보는 강물과 같이 정지된 듯하나 주변의 내와 천과 강의 어떠한 물도 거부하지 아니하고 다 품어서 아래로 흘러 결국 광활한 바다를 만든다는 뜻이다.

정치란 시끄러운 것이 아니다. 주변에서 있는 듯 없는 듯 그러나 그 역할을 다하는 진중함이 있어야 한다는 말이다. 정치란 바로 국민의 뜻을 받드는 것이다. 여러 생각을 가진 국민들을 아우르는 것이다.

포용과 화합의 정신을 실천하는 것이 바로 정치다. 한없이 낮아지는 것부터 시작해야, 정치의 참뜻을 안다는 것이다. 점차 낮은 곳으로 가면서 그 위세는 더 커지는 강과 같다. 국민 속에 들어가지 않고 여의도 국회에서 '나 홀로 정치'는 한계에 왔다. 정치인이 이제 여의도라는 큰 울타리를 벗어나 비상하는 독수리와 같이 하늘을 날아 매서운 눈으로 현실을 직시해야 한다.

대구 두류공원에서 주민들과 아침 인사

나는 2008년 대구에서 첫 국회의원이 된 후로 정치란 무엇을 하는 것인가에 대한 화두를 늘 가슴에 품고 살았다. 그건 아마도 돌아가신 아버님께서 나에게 당부하신 '사람을 가리지 말고, 누구의 말도 경청하고, 또한 할 말은 당당하게 하면서 사람들의 바람에 귀 기울일 줄 아는 사람이 되라'는 말과 별반 다르지 않았던 것 같다.

때로는 실향민이셨던 할머니의 고향을 그리는 바람처럼 나누어진 우리를 묶는 것이었다. 때로는 다리가 불편한 누님의 바람처럼 약자나 장애자가 소외되지 않고 능력을 나타내는 것이었다. 나라의 근간을 이루어 사람들의 소박한 꿈을 이루는 자리

어르신들과 함께

어린이들과 함께

를 만드는 것이었다. 슬프고 억울한 삶이 없도록 두루두루 마음을 거두어 주는 것도 다 정치가 할 일이라고 생각했다.

정치가 있는 것은 국민 속이다. 바로 국민 속으로 들어가서 국민들의 바람을 최대한 받드는 것이 정치이고, 국민의 여망을 구체적으로 실현할 수 있는 실현 가능한 희망을 보여주는 것이 정치다. 그렇게 정치란 살아가는 사람들의 살아 있는 소망을 이루는 엄숙한 사명을 실현하는 것임을 알았을 때, 내 마음은 겸손해지고, 발은 자연스럽게 현장으로 향하고 있었다. 이렇듯 정치는 스킨십을 나누는 것에서부터 출발해야 한다.

모든 이슈에 대한 답은 국민 속에 있다. 지역, 이념, 계층, 갈등 등 여러 가지 복잡 다양한 문제 해결방법은 현장을 다니는 부지런함, 얼마나 많은 발품을 파는가에 달려 있다. 현실을 대하는 뜨거운 가슴, 열정이 필요하다.

상황에 대한 냉철한 판단과 사회 인식에 대한 보편적 사고가 필요하다. 보편적 사고, 건전한 사회성이야말로 바른 정치의 기본이다. 그런데 좌파독재정권이 들어선 후 지금 대한민국에는 폭정의 정치가 이어지고 있고 나라의 역사와 정체성마저 위태로운 상황에 놓여있다. 상식과 공정이 무너지고 불의와 거짓의 나라가 되어가고 있다.

정치인의 한 사람으로서 어찌 이를 방관만 할 수 있겠는가. 어찌 나의 기득권만 생각 한 채 국민을 속일 수 있겠는가.

"저는 매일 아침, 제가 왜 정치를 하는지, 무엇을 하려고 국회에 왔는지 다짐합니다. 정치는 여의도에만 있다고 생각했던 적이 있었습니다. 대한민국 국민의 행복은 내가 이루겠다는 오만한 생각도 가졌었습니다. 그런데 지역구민을 만나면서 삶의 현장을 다니면서 정치를 다시 생각하게 되었습니다. 가는 곳곳이 삶의 현장이었고, 정치가 해결해야 할 숙제였습니다. 100원이라도 더 깎아보려는 어머니들과 손사래치며 안 된다는 시장 아줌마의 목소리에서 내 나라, 내 땅을 지키기 위해 열심히 훈련받고 있는 국군장병의 눈빛에서, 편의점 아르바이트로 등록금을 모으는 대학생의 손길에서 북녘을 바라보는 할머니의 눈물에서 제가 여기에 있는 이유는 내가 만나고 악수했던 여러분들이었습니다. 앞에서 도와주고, 대신 목소리를 내 주기 위함임을 가슴이 저미도록 깨달았습니다. 현장을 누비는 부지런한 발, 뜨거운 열정을 가진 가슴, 비전을 제시할 수 있는 미래지향적 머리를 가지고 여러분께 더 가까이 다가가겠다고 또 한 번 다짐했습니다. 때로는 옆집 아줌마처럼 푸근하게 다가가고, 때로는 내 누나처럼 마음을 잘 헤아리고, 때로는 내 친구처럼 편안하게 여러분 곁에 녹아들겠습니다. 나의 정치 인생 전반을 돌아보았다. 꿈이 어떻게 이루어졌고, 어떤 방식으로 세계와 국민과 지역을 품게 되었는지 돌아보았다. 이 모든 것이 나의 열정, 나의 정치였다. 그러나 아주 많은 경험들과 실패의 순간까지도 지나온 지금, 나는 새로운 변화와 혁신의 자

제 7 장 삶과 정치

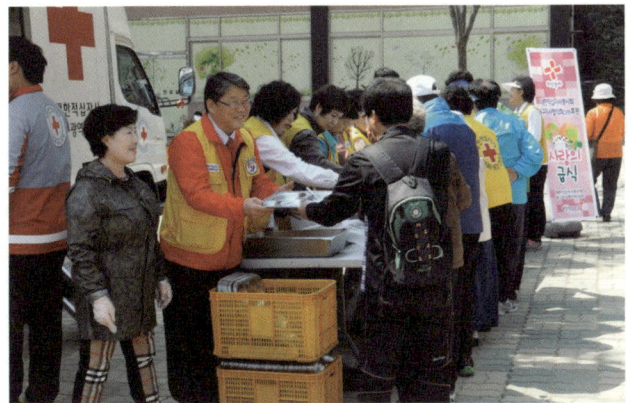

사랑의 급식 봉사

예천 수해복구 하천정비 봉사

노인복지관 무료급식봉사

리에 나의 열정과 정치인생을 다시 던질 것이다. 이때껏 많은 지역과 세계의 현장에서 경험하고 터득한 분별력과 비전으로 다시 대한민국 밑거름이 될 것이라 다짐한다. 왜냐하면 나를 있게 해준 국민들은 아직도 나를 통해 말하고 싶고, 이루고 싶고, 함께하고 싶은 것이 많음을 느끼기 때문이다. 그분들의 거친 손, 그분들의 뜨거운 마음, 그분들의 삶은 내가 받은 사랑만큼 보듬어야 할 현장이기 때문이다. 새로운 패러다임으로, 행복한 미래를 이루기 위해 혁신의 리더십, 비전의 리더십, 깨끗한 리더십, 창조적인 리더십, 포용의 리더십이 절실한 시대이다. 사람들은 나를 이렇게 평가한다. 지칠 줄 모르는 추진력과 열정의 소유자, 의리와 신의를 지키는 사람, 바른 분별력과 통찰력의 안목, 현실을 넘어 미래에 도전하는 개척자, 사람 편에 서서 사람을 위하는 인간미 등을 꼽는다. 과분한 평가이다. 이는 내게 단점도 있지만, 그런 단점 보다는 자신의 장점을 적극 활용하여 국민을 위하라는 따스한 격려일 것이다. 나는 그분들이 그런 지지와 사랑을 먹고 새 힘을 얻는다. 그리고 국민들에게, 지역민들에게 끝까지 함께, 진실과 헌신으로 나를 바칠 것이라고 다짐한다. 이제 바야흐로 새로운 변화와 혁신을 선도할 리더십이 절실할 때다. 그리고 나는 나의 모든 꿈과 사랑과 열정 희망을 다 쏟아 부을 것이다."

〈열정으로 다시 쓰는 내사랑 대구, 조원진〉

제 7 장 삶과 정치

아버지가 남긴 말

어릴 적 아버지로부터 항상 들었던 것이 "남을 속이지 마라, 남에게 속지마라. 정직하고 신뢰를 쌓아라, 분별하되 사람을 포용하라, 어떤 상황에도 당당히 소신을 가져라"라는 것이었다.

아버지와 동생 그리고 나

이 시대의 정의, 그리고 미래

어렸을 땐 잘 몰랐지만 내가 크면서 어른이 되고 보니, 그 말뜻이 여러 삶의 의미를 내포하고 있다는 걸 새삼 느끼게 되었다. 내가 느끼는 건 '남을 속이지 말라는 것은 정직하라는 얘기'이고, '남에게 속지 말라는 건, 상황을 잘 분별하고 때로는 알면서 속아주라'는 뜻이었다. 속이지 않고 정직한 삶은 신뢰의 기본이다. 인간관계는 허물없이 친한 것 뿐만 아니라 신뢰가 바탕이 되어야 한다. 신뢰와 남을 속이지 않기 위해선 무엇이든 절차가 투명해야 한다. 그래야 뒤탈이 없다.

6.25 참전용사 아버지 묘소(영천호국원)

신뢰의 가장 기본인 약속을 잘 지켜야 한다. 약속은 혼자서 할 수 있는 것이 아니고 상대가 있고 서로 간의 합의하에 이루어지는 것이다. 약속은 지키는 사람에게 문제가 있는 것이 아니고 지키지 않는 쪽에 있다. 정치인들은 이러한 약속을 얼마나 잘 지키고 있는 것일까?

정치인은 약속을 쉽게 하고 쉽게 깨트리는 습관에 익숙해져 있다. 하다못해 국민에게 약속했던 공약 약속을 지킨 정치인이 몇 명이나 될까.

정치인은 선거철만 되면 큰 절로 한 표만 달라고 애걸복걸한다. 저 마다 "저를 뽑아 주시면 열심히 국민편에서 일을 하겠다"고 한다. 유권자에게 공약을 잘 지키겠다는 약속을 하지만 당선되는 순간 공약은 속절없이 사라진다.

나는 약속을 지키기 위해 부단한 노력을 해왔다. 국민과의 약속, 민의는 천의라 한 옛 선조의 귀한 정신이다. 국민과의 약속을 위해 잠을 설치고 노심초사 하는 진정한 정치인이 되고 싶었다.

이 시대의 정의, 그리고 미래

전통시장

전통시장은 삶의 애환이 그대로 묻어 있는 곳이다. 전통시장에 가면 물건을 사고 받는 훈훈한 인심과 즐거움이 있다. 물건을 사고 난 후 이것저것 더 퍼주는 인심 덕분에 마음까지 뿌듯해진다.

시장방문

"요즘 뭐가 좋아요"라는 질문에 이것저것 설명해주는 상인들의 팁도 쏠쏠하다. 전통시장에 가면 사람 냄새가 난다. 시장에서 느낄 수 있는 사람 사는 냄새는 넉넉한 인심에서 나온다.

추운 겨울 시장 온 사람들은 두꺼운 외투와 긴 목도리로 목은 물론 머리까지 둘렀다. 겨울철 난로의 온기처럼 사람들의 잔잔한 정을 느낄 수 있는 곳이 전통시장이다.

전통시장에 가면 채소, 과일, 생선 등 각종 가게들이 시장길에 늘어선 모습은 언제 봐도 삶의 활기요, 눈요기 거리다.

시장마다 색다른 특색이 있다. 사람들의 활기찬 목소리, 흥정하는 아낙네들, 오랜 세월의 흔적을 담고 있는 소소한 풍경들, 시장에서만 즐길 수 있는 특별한 음식, 그 자리를 오랫동안 지켜온 사람들의 따뜻한 인심과 웃음, 골목골목 살아있음을 생생하게 느낄 수 있는 곳, 깎는 사람과 깎아 주는 사람 모두 즐거운 곳, 주머니가 다소 가벼워도 하나라도 더 얹어주는 인심에 부담 없이 찾을 수 있는 곳. 그 곳이 전통시장이다.

현실이 힘들고, 지칠 때 전통시장을 가면 신발끈을 다시 동여매고 새로운 마음가짐을 가질 수 있다. 1960~70년대에 설이 다가오면 제일 기다려진 사람이 뻥튀기 장수다. 튀밥을 튀겨야 차례상과 손님 다과상에 차려질 강정과 한과를 미리 만들 수 있기 때문이다. 뻥튀기 장수는 지게에 기계를 짊어지고 동네를 찾아다니면서 튀밥을 튀겨주었다. 마음이 들뜨고 뻥튀기만 보아도 풍성한 느낌이 든다.

바퀴 달린 작은 화로에 장작불을 피워 기계 밑에 밀어 넣고 기계에 달린 손잡이를 잡고 돌리면 기계도 돌아가고 풍구질도 되었다. 간식거리가 없던 시절에 서로 기계 앞을 차지하려고 했다.

장수장이 "펑이요"하면 이때 힘껏 귀를 막았다. '펑' 소리와 함께 하얀 연기가 솟아오르고 구수한 냄새가 사방에 진동한다. 지금이야 생각지도 못할 일이지만 그때 그 시절 지금처럼 먹거리가 없었지만 뻥튀기는 넉넉했다.

전통시장이 주는 풍성함과 정겨움은 이루 말할 수 없다. 어린 시절 장 보러 가는 엄마 손을 잡고 따라나섰던 추억이 떠오르는 친근하고 따뜻한 풍경의 동네시장이다. 사는 사람과 파는 사람 간의 흥정하는 소리, 왁자지껄한 소리가 정겨웠다.

어릴 적 할머니나 어머니와 시장 방앗간에 다니던 기억은 지금도 생생하다. 명절마다 쌀가루를 빻거나 떡가래를 빼러 시장에 가실 때면, 기어코 따라나섰다. 집에 있느니 사람 많고 구경거리 많은 방앗간이 훨씬 재미있었다. 시장에선 좌판에 산나물과 각종 채소 과일들을 늘어놓고 이리 오라며 손짓한다. 옥수수전, 감자전과 동지팥죽의 구수한 냄새에서도 훈훈한 인심이 전해진다. 상인들의 굳은 손마디에서는 보릿고개를 겪던 가난과 마음 고생 등 삶의 흔적들도 만날 수 있다.

광대 분장을 하고 엿판을 목에 맨 채 신명 나게 가위 소리를 내는 엿장수, 뽑기 좌판에 앉아 설탕 과자에서 별 모양 등 각종 모양 무늬를 떼어내느라 진땀을 빼는 아이들의 해맑은 눈빛. 이 모든 것이 삶에 지친 즐거움을 주었던 추억이다.

전통시장이라 하면 최고로 손꼽히는 게 먹을거리와 볼거리, 재밋거리다. 물건을 고르다가 출출하면 입맛 당기는 주전부리 앞으로 모여든다. 김이 모락모락 나는 어묵과 호떡, 순대, 붕어빵, 떡볶이가 먹음직스럽게 발걸음을 멈추게 한다. 전통시장은 정말 살맛나는 세상이다. 시장은 잠시나마 각박한 도시 생활에 지친 마음을 기댈 수 있는 곳이다. 옛 먹거리뿐만 아니라 추억까지 파는 마음의 장터가 전통시장이다.

정치의 계절이 돌아왔다. 정치인들이 어김없이 전통시장을 찾아서 장을 보고 어묵꼬치를 들고 먹는 사진들을 SNS에 올린다. 이미 수십 년째 보는 익숙한 광경이다. 이제는 식상하다. 많은 사람들이 무리지어 전통시장을 찾아 어묵과 국물을 들이키는 모습을 언제까지 봐야 하나 싶다.

전통시장을 방문하면 꼭 뭐라도 산다. 시장이 어느덧 유세현장으로 바뀌었다.

어릴 적부터 전통시장 추억을 간직한 나는 지금도 전통시장을 좋아한다. 국회에 들어와서 전통시장 희망배달 민생투어를 이어오고 있다. 어릴 적은 주전부리라는 이유가 있어서 전통시장을 찾았지만 지금은 상인들을 통해 고초와 고통을 고스란히 전해 듣고, 이를 해결하기 위함이다.

"서민경제가 살아나야 대한민국 국민의 삶이 살아난다." 나는 늘 이 점을 강조해오고 있다. 문재인 정권 시절, 최저임금 인상, 주 52시간 근로제, 코로나 백신 확보 실패 등 반 서민정책으로 자영업자가 거리로 나와 시위를 하는 사태까지 발생할 정도로 자영업자의 삶이 너무 아팠다.

코로나 19 발생 이후 자영업자의 빚은 무려 66조 원에 달하고 안타깝게 생을 마감한 자영업자가 20명이 넘었다. 전통시장 방문을 통해 국내 정치 현안 설명회를 가졌다. 이들 모두가 공감하고 박수를 쳐 주었다.

"최고의 금리와 최고의 물가인상, 고환율로 대한민국 경제가 비상상황이며, 부동산 폭락의 전조가 보이는 등 지방경제에도 검은 먹구름이 엄습해 오는데, 정치권은 나만 살려고 몸부림 치고 있다. 국민의 눈물을 닦아주면서 진짜 사회적 약자인 서민과 자영업자가 땀 흘린 만큼 행복한 꿈을 꿀 수 있는 자유대한민국을 반드시 만들겠다. 상인 여러분 힘내셔야 한다."

〈2022년 10월 21 일 대구 달서종합시장 상인과 대화〉

아내

정치를 하는 사람들은 아내 이야기가 나오면 입을 닫아버린다. 나는 그렇지 않다. 사람들이 아내에 대해 물어보면 아는 만큼 다 얘기 해준다. 그리고 아내를 존중한다. 결혼 37년 동안 아내가 곁에 있는 것만으로 든든하다.

정치인 아내로 살아간다는 것이 쉽지 않을 것이다. 정치인 아내는 처신하기 힘든 자리다. 남편의 지역구의 경조사 등 소소한 일까지 챙겨야 한다. 정치인 아내는 남편보다 더 바쁘다. 무한정 봉사하고 헌신을 해야 하는 자리다. 만에 하나 조금만 오버해도 사람들 입에 오르내리고, 모라자도 그렇다.

'암탉이 울면 집안이 망한다'는 속담은 잘못된 가치관을 가진 구시대의 막말이다. 아내의 내조가 정치인 남편에게는 무엇보다 든든한 '빽'이라는 얘기다.

아내는 나의 가장 비판자요 인생의 반려자다. 자유한국당 탈당할 때도 반대했었다. 내가 아무리 옳은 길을 간다지만 그 길이 가시밭길임을 알기에 탈당을 만류했다. 험난하고 미래마저

불투명하기에 그리했단다.

　　아내에게는 미안하지만 내가 결정하면 아내는 생각이 달라도 항상 이해하고 긍정적으로 받아준다.

　　그리고 기도한다.

　　아내말을 들을 걸 하고 후회하는 경우가 많다. 모든 아내들이 그렇지만 시간이 지나면 남편의 든든한 응원자가 된다. 나의 정치는 아내의 지지와 응원이 있었기에 지금도 진행형이다.

　　아내는 충청도가 고향이다. 장인어른은 충남 서천, 장모님은 충남 서산 출신이다. 그래서 나를 '충청의 사위'라고도 한다. 아내는 공무원으로 일하다가 나를 만나 결혼했다.

아내는 봉사활동이 몸에 배어 있다. 정치인 아내라서 그런 게 아니다. 결혼 전에도 소외된 곳으로 달려가 봉사활동을 했다. 아내의 봉사활동은 깊은 신앙심과 맞물려 있다.

5년 전쯤이었다. 대구 동산병원 의사인 친구한테 전화가 걸려왔다.

"우리병원 호스피스 병동에서 너 와이프가 봉사하더라."

"뭐…?"

나는 그 친구 전화받기 전만 해도 아내가 호스피스 병동에서 자원봉사 하는 사실을 몰랐다. 아내는 독실한 크리스챤이

사랑의 김장 봉사활동

다. 수년간 호스피스 봉사활동을 했는데 나를 비롯해 사무실 직원 그 누구도 몰랐던 것이다.

나는 미안한 마음도 들었고, 또 한편으로는 고마웠다.

아내는 2015년 경 호스피스 자원봉사자 교육을 받고 봉사를 시작했다고 한다. 호스피스는 질병으로 말기 상태에 있는 환자가 마지막까지 편안하게 살아가도록 배려하는 봉사이다. 죽음을 바라보는 힘든 과정이다.

그런데도 아내는 내색조차 하지 않았다. 아내는 코로나 19 발병 전까지 일주일에 한 번씩 호스피스 병동을 찾아가서 그들의 말벗이 되어주고 때로는 기도를 하면서 손을 잡아주고, 목욕과 마사지도 해주었단다.

아내는 호스피스 병동에서만 자원봉사를 한 것이 아니다. 대구 YWCW에서 15년이상 탈북민들이 대한민국 사회에 정착할 수 있도록 자원봉사 활동도 하고 있다.

아내는 살아가면서 자원봉사하는 것을 당연함으로 여긴다.

이 땅의 남편들은 아내에게 늘 미안한 마음을 가지고 살아간다고 한다. 나 역시 마찬가지다. 내가 배지를 3번 달았기에 아내가 호강하며 산 것으로 오해할 수 있지만 아내는 정말 검소하고 소탈하다.

아내는 내가 음해당하고 공격당하면 무척 속상해 하지만

이것이 정치인 아내의 숙명인 것을 누구보다 잘 안다. 아내는 내가 국민을 속이지 않고 항상 정직한 정치를 하기를 바란다. 때론 아내의 쓴소리가 나에겐 큰 힘이 된다.

항상 당당하고 떳떳한 남편이자 정치인으로 하루 하루 최선을 다할 것이다.

사랑의 급식 봉사활동

형제

형제복이 많다. 2남 3녀인 우리 형제는 우애가 남다르다. 위로는 누나가 있다. 밑으로는 남동생 한 명과 여동생 둘이다.

나를 음해하는 사람들이 내가 가진 재산을 동생에게 빼돌렸다고 하는 데 잘못된 얘기다. 만에 하나 그런 일이 있었다면 문재인 좌파정권이 나를 그냥 내버려뒀겠는가.

그 전에 중앙선거관리위원회에 적발돼 정치생명이 끊겼을지도 모른다. 이런 음해는 나를 죽이기 위한 것이다. 나는 당당히 말한다. 그런 사실은 결코 없다. 나는 돈에 대해서는 바보에 가깝다.

형제 중 누나는 늘 나의 든든한 지원군이다. 대구에서 태어나 경북여고, 경희대 한의학과를 졸업한 누나는 현재 대구 동구 신암동에서 한의원을 운영하고 있다. 대구한의대 외래교수와 대구 밀알장애인협회 이사장도 지냈다. 개척교회 목사 일도 한다.

누나는 2살 때 소아마비를 앓아 한쪽 다리가 불편하다. 대구 청구고 입학 후 서울 인창고로 전학 가게 된 이유가 경희대한의대에 입학한 장애인 누나를 보살펴 주기 위함이었다.

　　장애 누나를 위해 자신이 태어나서 자랐던 대구를 벗어나 서울로 전학 가기란 쉽지 않다. 나는 기꺼이 누나의 호위무사를 자처했다.

　　남다른 형제애는 아버지의 영향이 컸다. 아버지 고향은 북한이다. 해방 전인 1943년 할아버지와 함께 대구로 내려왔다. 누나가 의과대학 시험에 합격하고도 장애가 있다는 이유로 면접에서 어려움을 겪었다.

한의사 누나

　　이를 안 아버지가 그 학교 총장 앞에 가서 무릎을 꿇고

"딸이 공부하게 해달라"며 애원하셨다. 요즘은 그런 차별이 없지만 70년대만 해도 장애가 있으면 의대를 지원할 수 없었다.

부친은 대쪽 성격이었다. 대학 총장 앞에 무릎을 꿇은 것은 자식에 대한 진짜 깊고 넓은 사랑이 없었다면 할 수도 없다. 아버지는 늘 우애를 강조해오셨다. 밖에 나가서 자기 형제자매의 뒷담을 하면 면전에서 엄청나게 혼냈다. 아버지는 형제끼리 싸우는 것도 용납하지 않으셨다. 형제간 늘 배려와 양보를 강조해오셨다.

형제 우애가 좋은 집은 절대 부모를 욕보이게 하지 않는다고 하셨다. 형제불화는 결국 부모를 욕보이게 하는 것과 같다. 남동생도 나의 절대적 지지자다. 정치일선에서 바쁜 나를 대신해서 나의 사소한 일을 직접 챙겨주곤 한다. 여동생도 마찬가지다. 나에게 절대적 신뢰를 보내준다.

아스팔트서 지친 나에게 격려의 메시지를 보내주고 내가 가는 길에 한 번도 반대를 한 적이 없다.

대권주자였던 모 정치인은 형과의 불화로 구설수에 올랐다. 형제들이 많으면 투닥투닥 싸우는 경우가 많다. 종국에는 아주 절연까지 가게 되는 막장 케이스는 논외로 치더라도, 헐뜯고 싸우다가 가족 경조사 혹은 명절에도 얼굴을 보지 않는 형제가 많다.

2023년 추석에 형제 가족이 전부 모였다. 그러다 보니 외국에 있는 가족 빼고 20명 이상이 함께했다. 조카들이 있는 자리에서 여동생이 "오빠는 그래도 이름만은 남겼다. 너무나 자랑스럽다"고 말할 때 진정으로 고마웠다.

누나와 함께

누나와 동생과 나

집안이 화목하면 모든 일이 잘된다는 '가화만사성'(家和萬事成)에서 보듯, 정치는 국민을 돌보는 것이기에, 그보다 가족을 잘못 돌보면 정치를 제대로 할 수가 없다. 수신제가치국평천하(修身齊家治國平天下)이어야 한다. 먼저 몸과 마음을 닦아 수양하여 집안을 안정시킨 후에 나라를 다스리고 천하를 평정한다.

자기 가족을 제대로 돌보지 못하는 자가 무슨 정치를 하는 가에 대한 물음이다. 아버지는 어릴 때 "'너는 어떤 사람이든 지역이나 학벌 가리지 말고 다 품어라. 그리고 어떤 상황에도 절대 꿀리지 말고 당당하게 말하고 살아라"고 했다.

지금의 당당함은 아버지 영향이 컸다. 한국 정치인들은 늘 가족불행사가 있다. 이재명도 자신 스스로 "아버지가 알콜 중독자였다"고 밝혔다. 이재명은 자신의 젊은 날은 "아버지를 원망하며 필사적으로 좌충우돌하는 날이었다"고 했다.

문재인은 부모에 대해 언급했지만 그가 밝힌 부모가 진짜인지, 또 그는 출생을 거제도라 밝혔지만 진짜 거제도가 출생지인지, 그의 정확한 나이가 몇 살인지도 의문투성이다.

노무현, 김대중 전 대통령 가족사는 말할 것도 없다. 요즘 세상 형제들 자랑하는 사람 있는지 모르겠지만 우리 형제는 할아버지와 할머니, 아버지와 어머님을 존경했고, 지금도 우리 형제들은 대한민국 국민 일원으로 하루하루 성실히 살아가고 있다. 할머님은 아버님과 두 분이서 평북 선천에서 대구로 오셨다. 그리고 아버지는 대구 여성(어머니)과 결혼하셨다. 나는 우리 할

종로 초등학교 졸업식(할머니와 함께)

머니께서 매일 새벽 4시만 되면 일어나셔서 함께하지 못하는 할아버지를 위하여 찬물로 머리를 감으시는 모습을 보았다. 추운 겨울 얼음을 깨고, 머리를 감으시는 할머니는 무슨 생각을 하셨을까? 할머니는 30년 전 돌아가셨고, 아버지는 20년 전 돌아가셨다. 어머니는 내년이면 아흔이 되신다.

제 7 장 삶과 정치

안녕 순이야!

10살 반려견 '순이'가 세상을 떠났다. 2021년 4월 경이다. 반려견 기대수명이 15~20년이라는 데 순이가 좀 일찍 '무지개 다리'(반려동물의 죽음)를 건넜다.

순이는 10년 전 지금 키우는 피츄(순이 엄마)가 19대 당선되는 날 낳은 반려견

순이와 피츄

이다. 유독 몸집이 작았다. 그러다 보니 같은 형제 강아지 사이에서도 치이고 먹는 것도 빼앗겼다. 그런데도 대들지 않는 맑고 총명한 눈망울의 순이에 끌렸다. 두 마리 중 튼실한 애는 아들 친구에게 분양했다.

순이는 잦은 병치레를 했다. 병원가는 것이 다반사였다. 3년 전 봄, 10살 순이가 숨을 거두었다.

모든 반려견이 그렇겠지만 순이는 유독 나를 잘 따랐다.

순이는 나를 힐링해준 반려견이었고, 나를 잘 따라주는 반려견이었다.

반려견을 키워보면 진정 가족으로 받아들여져 사람과 다른 강아지란 생각이 안 든다.

순이에게는 단짝인 어미가 있었다. '피츄(14살)'다. 피츄는 순이랑 늘 함께 지냈었다. 순이가 무지개 다리를 건넌지 아는지 모르는지 피츄는 집에서 두리번거리며 순이를 찾기 일쑤였다.

순이 자리를 채워줘야겠다는 생각에 한 마리 더 입양했다. 믹스견 누렁이 '살구(아들이 살구색깔이라 지어준 이름)'다. 지금 14살 피츄와 1살 반의 살구는 사이좋게 잘 지내고 있다.

리차드 기어의 2009년 영화 '하치 이야기(Hachiko : A Dog's Story)'는 일본의 실화로 기차역에서 길 잃은 강아지를 한 교수가 주워다 키운 강아지 하치와의 아름다운 애정과 우정 스토리다.

아내의 눈치를 보고 키운 아키다견 하치는 매일 교수 주인이 기차역 출근하는데 따라가고 퇴근 할 때는 배웅나오지만, 어느 날 교수는 수업 중 심장마비로 사망한다.

하치는 교수가 죽은 줄도 모르고 매일 퇴근시각 기차역 앞 그 자리 분수대 위에서 비가 오나 눈이 오나 10년간 기다렸다는 세계인들의 가슴을 뭉클하게 한 영화다.

애완견 스토리는 끊이질 않는다. 죽은 주인의 묘를 수년간 지키다 굶주려 죽는가 하면, 쓰러진 주인을 살린 개, 눈 속에 길을 잃은 어린아이를 구하기도 하고 팔려나간 개가 주인집을 찾아 돌아오는 이야기도 전해지곤 한다.

반려동물 인구가 해마다 증가하면서 1500만 시대에 진입했다고 한다. 우리나라 인구의 30%가 반려동물을 키운다고 언론에서 이야기하지만, '2020 인구주택총조사'에서는 전체 가구 중 15%인 312만9천 가구가 반려동물을 키우고 있는 것으로 집계됐다.

애견 인구가 급증하는데도 반려견 정책이나 시설이 뒤따르지 못하는 게 우리 현실이다. 반려견이 죽으면 마땅히 묻을 자리도 찾기 힘들다. 동물 장례식장은 혐오시설이라는 이유로 쉽게 들어서지 못하고 있다.

돈벌이를 위해 애완견을 생산하는 속칭 '강아지 공장'도 있다. 반려견과 함께 관광지를 가고 싶어도 숙박도 여의치 않다. 대중교통 이용도 어려운 현실이다. 동물에 대한 정책이나 동물보호전담 기구도 선진국에 비해 크게 미흡한 실정이다.

1972년 개정된 독일 동물보호법 제1조 제1항에는 '동물과 인간은 이 세상의 동등한 창조물이다. 합리적 이유 없이 동물

이 시대의 정의, 그리고 미래

살구

을 해할 권리가 인간에게 없다'고 돼 있다. 독일 민법 제90a조는 '동물은 물건이 아니다'라고 정의하고 있다. 애완견은 그저 기르는 동물이 아니라 하나의 가족이기 때문이다. 반려동물을 단순한 '물건'이 아니라 '생명체'로서 보호하고 존중하는 제도와 정책이 필요하다. 우리공화당 반려동물 가족들과 같이 반려동물 정책에도 적극적인 목소리를 낼 것이다.

제 8 장

청산

껍데기 보수 껍데기 진보 전부 끝장내야 된다.
참보수, 참진보들이 나와서 국민들과 손을 잡고 새로운 나라를 만들어야 된다.
세상의 잘못된 것을 바꾸는 그것이 혁신이요, 발전이다.

껍데기

껍데기 보수나 껍데기 진보는 다 끝장내야 된다. 보수도 진보도 오염됐다. 보수 가치를 짓밟는 보수, 진보 가치를 짓밟는 진보가 다 무슨 소용인가. 보수도 진보도 오염됐다.

보수와 진보를 표방하고 있는 현 정치집단의 위선, 무능, 기만, 반칙의 실상과 그 민낯을 선명하게 확인하게 된다. 좌냐 우냐가 중요한 것은 사실이다. 이보다 더 중요한 것은 누가 개혁을 하고 누가 세상을 바꾸고, 누가 국민의 삶을 개선하는가다. 한국 정치가 보이는 진영논리, 정치적 양극화는 심각하다. 거대 양당은 가짜 이념을 무기로 정쟁을 반복한다.

우리나라 정치 문제는 이념이 아니라 사람의 문제다. 보수든 진보든 정치인들은 사회의 최상위 지도층이다. 국민들은 정치인들에게 가치와 의무를 실천하도록 한다. 그러나 스스로 이익집단화해 자기들만의 정치를 해 왔다. 양극화로 사회 불만은 증가하는데 당파적 이익을 앞세워 오히려 갈등을 부추겼다. 정치가 선동으로 흘러서는 안 된다. 국민을 이념의 포로로 만들어서는 안 된다. 보수냐 진보냐는 문제가 아니다. 정치를 하는 사람이 문제다. 이런 행태를 지켜보면서 국민은 정치인에 대한 존경은커녕 대의정치 그 자체를 불신하고 있는 것이다.

국민들도 마찬가지다. 보수와 진보 성향 국민들이 서로 티격태격 한다. 보수와 진보의 가치 추구도 모르면서 서로를 공격한다. 양쪽으로 갈라진 국민들은 사실상 패싸움 수준에 있다. 보수 편이면 무슨 일을 해도 눈감고, 진보 편이면 작은 일에도 불을 켠다. 선과 악, 진짜와 가짜, 옳은 것과 틀린 것 등 거의 모든 판단의 기준이 좌파냐 우파냐다.

이제 사이비 얼치기 보수, 기득권적 보수를 청산시켜야 한다. 자신의 기득권을 지키려고 보수란 가치를 이용하고 짓밟

아 땅에 떨어뜨리는 집단들을 퇴출시켜야 한다.

보수를 내세웠지만 사실 아집과 이기주의에 집착한 '사이비 보수'와 인권, 평등, 나눔 등 진보가치를 내세우고 기득권을 지키려 하는 사이비 진보도 퇴출이 답이다. 사실 대한민국에 진보는 없다. 얼치기 좌파와 종북 주사파세력만 있을 뿐이다. 이들은 대한민국 체제와 역사 정통성을 부정한다. 이것이 큰 문제다. 한국은 엄연히 자유민주주의 시장경제를 바탕으로 한다. 이를 부정하는 자들은 '반대한민국' 세력이다. 작금의 악은 교묘하게 중도, 진보, 민주의 탈을 쓰고 위장한다. 사악한 자들이 불의와 위장으로 죄를 덮고 무죄한 이들을 수렁으로 밀어 넣었다. 이제는 반대한민국 세력들이 역사의 주인공 행세를 한다. 부국강병의 나라로 세웠던 자들을 역사의 반역자로 몰아 부친다.

이런 것을 분별하기 위해선 역시 관심이다. 인간이 인간으로서 역사의 주인공이 되느냐 마느냐는 결국 인간의 관심과 무관심에서 엇갈린다. 최악의 태도가 무관심이다. 국민의 무관심이 사이비 보수와 진보가 자라나는 독버섯이다.

이들에게 지배당할 것인가, 이들을 퇴출시킬 것인가. 그것은 국민의 손에 달렸다.

제 8 장 청산

광화문 태극기집회

4류

김영삼 정부 시절인 1995년 4월 13일 삼성 이건희 회장은 중국 베이징 주재 한국 특파원과의 오찬간담회에서 "솔직히 얘기하면 우리나라는 행정력은 3류, 정치력은 4류, 기업경쟁력은 2류로 보면 될 것"이라고 파격적인 비판 발언을 했다.

당시의 발언은 기업이 뛰려 하면 발목을 잡는 행정규제에 대한 비판이었다. 이 회장은 "대통령의 개혁 의지에도 불구하고 행정규제와 권위의식이 없어지지 않는 한 21세기에 우리가 앞서 나가는 것은 상상도 할 수 없는 일"이라며 "반도체는 중국 장쩌민(江澤民) 국가주석이 '연구개발(R&D) 비용은 얼마냐'고 물을 정도로 관심이 많은데, 우리나라는 반도체 공장 건설을 신청해도 허가가 나오지 않고, 공장 건설하는 데 도장이 1,000개나 필요하다"고 설명했다.

그로부터 28년이 흘렀다. 아마 지금 물어봐도 동의하는 사람들이 다수가 아닐까 싶다. 거대 야당이 입법 폭주를 하거나 여야 대치로 민생·경제 법안들이 뒷전으로 밀리는 경우가 반복

되고 있다. 정치의 실종이다

어떤 이는 "4류도 아깝다"고 한다. 사실 정치만 달라지면 우리나라는 명실공히 일류 국가가 될 것이다.

1960년대 초반 1인당 국민소득은 70~80달러도 채 안 됐으나 지금은 3만 달러를 넘는다. 지구상에는 200개가 넘는 나라가 있는데(유엔에 가입한 나라만 193개국) 이 중에서 경제협력개발기구(OECD), 국제통화기금(IMF), 유엔개발계획(UNDP) 등 공인된 국제기구가 공통으로 인정한 선진국은 31개국이다. 그중에서도 인구 1,000만 명 이상으로 국민소득 3만 달러가 넘는 나라로는 우리나라가 11위권에 들어간다.

청계천광장 정치개혁 연설

이 얼마나 자랑스럽고 엄청난 일인가. 영국을 방문한 윤석열 대통령이 11월 말 영국 의회에서 "영국이 비틀즈, 퀸, 해리포터, 그리고 데이비드 베컴의 오른발을 가지고 있다면, 한국엔 BTS, 블랙핑크, 오징어 게임, 그리고 손흥민의 오른발이 있다. 우리 양국이 창조적 동반자로서 인류의 보다 나은 미래를 위해 기여할 때"라고 천명했다. 인도의 시성 타고르가 동방의 빛이라 한 한국이 이제 빛나기 시작하고 있다.

그러나 정치만 얘기할 때는 진정 부끄럽다. 정치혁명을 통해 4류 정치를 1류 정치로 높여야 한다. 한국의 정치가 4류에 머문 것은 어찌 보면 국민이 4류를 선택했기 때문이다. 국민이 올바른 선택을 했었다면 감히 품격이 떨어지고 저질스럽고, 나쁜 놈들이 국회로 들어올 수가 없다.

문제는 자질이다. 지난 대선 때 후보가 자기 형수에게 쌍욕을 해도, 각종 부정부패 비리에 연루되어도 "그게 뭐 어때서"라고 넘어간다. 미국 등 선진국 같았으면 그런 자가 후보 반열에도 오르지 못하고 정치생명이 끝장이다. 역대 대통령도 흠이 있는 사람들이었다. 하지만 '아무리 정치가 막장이라지만 이런 사람이 대통령이 될 수 있느냐'는 것은 국민의 수준과 직결된다.

"대중의 정치인 지지는 결혼할 사람이 아니라 연애할 사람을 고르는 여성의 심리와 같은 면이 있다"고 했다. 결혼할 사

청계천광장 정치개혁 연설

람은 반듯하고, 믿을 수 있고, 능력도 어느 정도 있어야 한다. 그런데 이런 사람은 연애쯤으로 여기고 만다는 것이다. 문제는 연애상대로도 깜이 안 되는 데도 고집한다.

　　정치는 외형적인 조건을 갖춘 사람보다는 올바른 자질

이 갖춰져 있냐 없냐를 보아야 한다. 왜 정치를 하는지 그 이유와 목적도 분명해야 한다. 단순히 높은 학력과 대중적인 인지도가 높다는 이유만으로 정치라는 직업을 선택하지 말아야 한다. 만약 대중적 인지도와 품격 없는 학벌을 내세워 정치를 업으로 삼으려 하는 사람이 있다면 이는 배격의 대상이어야 한다. 또 정치를 한다는 사람은 시대정신을 읽는 힘, 소통능력과 공감능력, 판단력, 상상력, 열정과 실천의지, 건강과 체력, 균형감각과 통합능력도 있어야 한다. 이것에 대한 분별만 잘하더라도 한국 정치에서 4류는 발을 붙일 수가 없다. 민주주의가 제대로 운영되기 위해서는 정당도 좋지만 정말 정치인이 될 만한 자격이 있는지를 묻고 따져보아야 한다. 좋은 인물이 국회로 진입하면 정치가 바뀌고 국민 삶의 질도 올라간다. 많은 국민들이 정치에 신물을 느끼고 정치인을 증오하는 것도 결국 유권자가 그런 정치인을 뽑았기 때문이다.

"모든 민주주의 국가에서 국민들은 그들 수준에 맞는 정부를 갖는다"(In every democracy, the people get the government they deserve)와 "모든 국가는 그 수준에 맞는 정부를 갖는다(Every nation gets the government it deserves)"라는 19세기 유럽사회의 경고가 우리나라에서 현실화되어 나타나고 있다.

우리공화당 연석회의

이 시대의 정의, 그리고 미래

특권

정치 불신은 늘 심각했지만, 제21대 국회는 최악이라는 표현도 부족할 정도다. 이런 최악 원인 중 하나가 특권 의식이다. 이를 내려놓아야 한다. 불체포·면책 특권 포기는 반드시 실현되어야 한다. 불체포특권 등 의원 특권 포기는 여야가 선거 때마다, 그리고 혁신위를 꾸릴 때마다 내건 단골 메뉴였다. 면책특권과 불체포특권은 국회의원이 누리는 대표적인 특권이다.

국민의힘 혁신위원회가 국회의원 숫자 10% 감축, 불체포특권 전면 포기, 구속 땐 세비 박탈 등 세비 감축 4가지 사안의 2호 안건을 의결했다. 틀을 바꾸는 정치혁신의 요체는 특권 포기다. 특권 포기는 정치를 맑고 밝고 바르게 만드는 최소한의 조치다. 혁신 경쟁을 한다면서 특권 포기에 대해선 여야가 변죽만 울렸다. 놓고 싶지도, 포기하고 싶지도 않은 중독성 강한 특권의 유혹 때문이다. 국회의원 특권은 186개에 달한다. 이걸 없애야 정치가 산다. 정당 공천 신청 시 특권 포기 서약서를 의무적으로 제출하도록 해야 한다.

한국의 의원 세비는 연간 1억 5,426만원으로, OECD 국가 3위 수준이다. 평균 가구 소득(약 6,400만원)의 2배가 넘는다. 보좌진을 최대 일곱 명까지 채용할 수 있는 임면권도 가진다. 보좌관을 두 명(4급 상당 별정직), 비서관 두 명(5급), 비서를 세 명(6·7·9급)까지 둘 수 있다. 최대 연 3억 6,795만원에 이르는 이들의 급여는 국민 세금으로 충당한다. 이와 별도로 의원실 운영, 출장, 입법·정책개발 등의 지원비로 연평균 9,100만원을 받을 수 있다. 서울 여의도 국회 내 의원회관에 149~163㎡의 의원실이 배정된다. 행정부 장관실(165㎡)과 비슷한 규모이며 사무실 운영비, 통신요금, 사무기기 소모품 등이 지원된다. 공무상 이용하는 차량유지비, 유류비, 철도·항공요금과 입법·정책개발을 위한 정책자료 발간비, 발송료 등도 지원 대상이다. '금배지의 위엄'은 해외 출장길에서도 빛을 발한다. 출국할 때 공항 귀빈실을 이용하고 현지에 도착하면 재외공관에서 영접해 현안 브리핑, 공식일정 주선, 교통편의 등을 지원한다. 항공기는 비즈니스석, 철도·선박은 최상등급 좌석이 제공되고 차량 이용 시엔 연료비·통행료를 실비로 정산해준다. 국회에서 직무상 행한 발언과 표결에 대해 민·형사상 책임이 면제되는 '면책특권'도 국회의원의 특권이다.

여야는 그동안 각종 특권과 특혜를 내려놓겠다고 했지만

단 한 번도 포기한 적이 없다. 국민을 속여온 것이다. 지난 봄 특권 폐지 운동을 펼치는 시민단체가 국회의원 전원에게 특권 폐지에 대한 의견을 물었지만 찬성 의견을 밝힌 의원은 7명 뿐이었다. 아무리 비판받아도 기득권을 놓을 수 없다는 것이다.

가짜 뉴스를 퍼트려도 처벌받지 않은 의원들에서 보듯 국회의원 특권 손질은 더 이상 미룰 수 없는 지경에 이르렀다. 의원들이 누리는 온갖 혜택은 무려 186가지나 된다. 이런 특권을 누리고도 하는 일이라곤 정쟁과 방탄, 입법 폭주와 꼼수, 혈세 낭비뿐이니 비판 여론이 높은 것은 너무나 당연하다.

국회의원은 특권을 누리고 행세하는 자리가 아니라 나라를 위해 헌신하고 희생하는 자리다. 그런데도 그 숱한 특권은 여야 의원들이 원수처럼 싸우다가도 자기 밥그릇이 걸린 문제면 의기투합해 하나둘씩 만든 것이다. 의원들이 스스로 나서지 않으면 줄이거나 폐지할 방법도 없다.

우리공화당은 여야 정당들에게 불체포특권 포기를 비롯한 200여 개 특권 포기를 추진할 것을 강력히 요구했다. 국회의원 정수도 300명에서 200명으로 줄여야 한다.

"국민의 지탄을 받으면서 국민 위에 군림하는 국회의원들의 불체포특권 포기를 비롯한 200여 개의 특권을 내려놓는 것이 진정한 헌법정신이다. 언제까지 국회의원들이 불체포특권을 방패막이 삼아 헌법과 법률을 유린하는 것을 지켜봐야 하는가. 부정부패를 저지른 국회의원이 뻔뻔하게 방탄국회를 하는 것을 당장 중단시켜야 한다."

〈2023년 7월 17일 제헌절 보도자료〉

이 시대의 정의, 그리고 미래

2023년 11월 9일 더불어민주당이 국회 본회의에서 여당 반대에도 불구하고 노란봉투법(노동조합 및 노동관계법 개정안)과 방송3법(방송법·방송문화진흥법·한국교육방송공사법 개정안)을 강행 처리했다. 국민의힘이 필리버스터(합법적 의사진행 방해를 위한 무제한 토론)에 나서려다 포기하자 일사천리로 법안이 통과됐다. 이들 법안은 해당 상임위원회에서 여당과 제대로 된 협의를 거치지 않았고, 법제사법위원회도 패싱한 채 민주당 주도로 본회의에 직회부됐다.

법안 발의부터 본회의 의결까지 '완전체 입법 폭주'인 셈이다. 민주당의 국회 독주는 오직 자신들의 지지층만 바라보고 가겠다는 선전포고나 마찬가지다. 지금 시대가 어느 시대인데 이런 식으로 입법 독재를 할 수 있단 말인가. '민주 세력'을 자임해온 민주당이 의회정치의 기본 중 기본인 합의와 타협의 정신은 단 1%도 없이 오히려 민주주의를 질식시키고만 있으니 기가 막힐 따름이다.

노란봉투법 반대 집회(2023.11.14. 여의도 국회 앞)

　　노란봉투법과 방송3법은 입법 절차상으로도 그렇지만 법안 내용에 있어서도 문제가 많다. 노란봉투법은 불법파업에 대한 손해배상 청구 제한, 사용자 범위 확대와 하도급 노조에 대한 원청 책임 강화, 노동쟁의 범위 확대 등이 골자다. 첫눈에 봐도 '파업 촉진법'이라 불러도 무방할 만큼 노조에 편향된 법이다. 법이 시행되면 대기업 노조는 물론 소규모 하도급 노조에서도 파업의 일상화를 초래할 우려가 크다. 그만큼 기업 활동을 위축시킬 것임은 자명하다. 더불어민주당이 말하는 '노란봉투법'의 실체는 자유시장경제를 망치고 기업의 피를 빨아먹는 악법에 불과하다. 무엇보다 노란봉투법은 불법파업을 조장하고 산업 현장의 혼란을 불러일으키는 블랙 봉투에 불과하다. 지금처럼 경제

상황이 어렵고 기업들이 산업경쟁력을 회복하기 위해 안간힘을 쏟고 있는데 기업의 발목을 잡는 노란봉투법을 강행하려는 것은 더불어민주당의 총선용에 불과하다.

"이재명 민주당 대표가 당무에 복귀하고 하는 것이 기업 죽이기, 시장경제 망치기 밖에 없는 것이 참으로 안타깝다. 지금이라도 이재명 대표가 정신을 차리고 진정한 민생정치를 해야 한다. 만약 더불어민주당이 강행처리한다면, 윤석열 대통령은 반드시 거부권을 행사해야 한다."

〈2023년 10월 31일 노란봉투법 반대 보도자료〉

방송3법은 KBS, MBC, EBS의 지배구조를 바꾸려는 것인데, 이사 수를 지금보다 2배가량 늘리고 이사 추천 권한을 시민단체, 학회, 직능단체로 확대하자는 내용이다. 겉으로는 방송사들의 공공성을 키우겠다는 명분을 내세우지만 정권을 뺏겨 방송 장악력이 떨어지자 친야 성향 인사들을 늘려 견제에 나서려는 것이란 의심을 사기에 충분하다. 민주당이 이런 일들을 벌여 민주노총과 방송 노조한테는 박수를 받겠지만 동시에 의회 권력을 독단적으로 행사하는 거대 야당을 견제해야 한다는 유권자들의 심판 의지 또한 커졌으리라 본다. 국민 무서운 줄 모르고 제

힘자랑만 하는 유아독존적 정치를 유권자들이 더는 용납하지 않을 것이다.

"시장경제와 산업현장을 혼란에 빠트리는 노란봉투법과 야당성향 단체들에게 방송사 사장 결정권을 주는 방송 3법을 힘으로 밀어붙인 더불어민주당은 조직폭력배보다 더한 힘자랑을 하고 있다. 더불어민주당은 그 어떤 정당보다 조폭처럼 행동하고 있다. 이들을 막을 수 있는 방법은 총선 밖에 없다. 더불어민주당은 지금이라도 이성을 되찾고 조폭 같은 만행을 중단해야 한다. 조폭보다 더한 거대야당 민주당의 폭주를 국민이 반드시 심판해야 한다."

〈2023년 11월 10일 보도자료〉

민주당의 폭주는 윤석열 대통령이 방치했다는 느낌도 지울 수 없다. 웃는 얼굴에 침을 뱉지 못하듯, 만나서 얼굴을 마주보면 또다른 오해가 풀리고 협치의 길도 열릴 수 있다. 윤 대통령은 더불어민주당 이재명 대표를 대통령 취임 이후 단 한 번도 만나지 않았다. 이재명을 만나고 싶지 않은 이유가 그가 범죄혐의자이기에 논란이 될 수도 있다. 윤 대통령 눈에는 이재명은 분명 나쁜 정치인이 맞다. 윤 대통령의 마음을 십분 이해한다. 그래도 야당 대표니까 윤석열 대통령이 만나야 된다.

윤 대통령을 위해서가 아니라 국민들을 위해서 만나라는 것이다. 자존심 때문에 범죄인하고는 못 만난다. 그러면 홀로 정치해야 된다. 집권 2년 차에는 이재명도 만나고 국민만 바라보고 협치 제발 좀 해야 한다. 또한 윤석열 대통령은 국민들의 아픈 곳을 제발 찾아다녀야 한다. 코로나 끝나고 자영업자가, 소상공인들이, 어려운 약자 국민들이 살고 싶어서 사는게 아니다. 어쩔 수 없이 사는거다. 윤 대통령이 이들을 보듬어줘야 한다.

정권이 바뀐 동안에 약자인 어려운 국민들께 희망을 줘야 한다. 나는 윤석열 대통령 정부가 잘 되기를 바라는 사람이다. 그런데 이렇게 가면 잘못된다. 그러면 그 피해는 누가 보느냐? 이재명도, 더불어민주당도, 윤석열도, 국민의힘도 아니다. 우리 약한 국민들이 그 피해를 본다.

제 8 장 청산

선동 괴담

경북 성주 참외가 '사드 괴담'에서 벗어나 올해 역대 최고치인 6014억 원의 매출을 기록했다. 2016년 정부가 사드 배치를 결정한 뒤 성주 참외는 '전자레인지 참외', '사드 참외'라는 허무맹랑한 괴담에 시달려 한때 가격이 30% 이상 폭락하고 매출마저 급감하는 어려움을 겪어야 했다. 하지만 사드 전자파가 인체 보호 기준(10W/㎡)의 0.189% 수준에 그친다는 과학적 데이터가 2023년 6월 공개돼 7년가량 이어진 거짓 선동은 설 자리를 잃게 됐다.

사드 괴담 선동자들(출처:연합뉴스)

303

선동은 국민을 부추겨 어떤 정치사상을 갖게 하거나 행동에 나서도록 조장하는 행위다. 한국 사회는 다양한 선동에 의하여 국가정책, 지방자치단체의 정책 방향이 판이하게 달라진다.

야당과 좌파들이 제기한 후쿠시마 오염수도 선동에 가깝다. 이에 대해 정확하고 명확하게 해야 한다. 그러나 전문가들의 과학적 설명은 물론 국제원자력기구(IAEA)의 검증 결과도 깡그리 무시한 채 오로지 대정부 공격에만 열을 올리는 행태다. 오염수의 경우 먹거리 문제에 민감한 국민 정서를 악용해 펼치는 거짓 선동으로 수산물 소비가 급격히 줄고 수산업자와 해당 자영업자들의 생계가 막막해졌지만 이런 현실은 야당의 안중에 없다.

우리 사회는 이미 광우병 괴담, 천안함 좌초설, 세월호 조작 등 헤아릴 수 없는 거짓 선동이 소용돌이쳤다. 민주당과 좌파들이 제기한 거짓 선동 중 사실로 판명 난 건 단 한 건도 없다. 오로지 지지층 결집과 상대 진영 공격을 위해 국민 분노와 불안 심리를 교묘히 부추기며 대정부 공격의 효과를 극대화하는 데만 몰두했다. 이 때문에 국가가 치러야 했던 비용은 천문학적으로 불어났다.

가짜 뉴스와 괴담은 사회 혼란과 국론 분열을 증폭시킨다. 김만배 등은 '대장동 몸통' 의혹을 엉뚱한 곳으로 돌리기 위해 허위 인터뷰 후 대선 투표일 사흘 전에 녹취록을 공개해 가짜

뉴스를 퍼뜨렸다는 의혹을 받고 있다. 허위 사실에 의한 여론 조작은 민주주의의 꽃인 선거의 공정성을 흔드는 중대 범죄다.

사익을 취하고, 거짓말을 하고, 함부로 남을 음해하다 실패한 정치인에겐 두 가지 길이 있다. 대부분은 사익과 거짓, 음해를 더 대담하게 하며 자기를 정당화한다.

2022년 7월 초 '거짓말쟁이' 논란에 휩싸였던 영국 총리 보리스 존슨이 퇴임 의사를 밝혔다. 이른바 '파티 게이트'로 당내 불신임 투표까지 당했던 그는 성 비위를 알고도 측근을 요직에 앉힌 것이 탄로 나자 또다시 거짓말을 일삼으며 위기를 모면하려다 50여 명의 장·차관이 집단 사의를 표명하는 초유의 저항 사태에 부딪혀 불명예 퇴진했다. 존슨 총리를 무너뜨린 것은 '끊임없는 본능적 거짓말'이었다.

'거짓말은 늘 새끼를 쳐 간다'고 하듯 그의 거짓말 본능은 일찌감치 싹텄다. 대학 졸업 후 기자 시절에는 기사 인용을 조작해 해고당했고, 야당 대변인 시절에는 여기자와 불륜에 빠졌다가 당 대표에게 거짓말을 해 해임당한 전력이 있다. 그는 퇴임 기자회견에서는 책임지는 자세는커녕 "보수당 의원들의 군중(herd)심리가 나를 몰아냈다"고 하는 등 책임 회피에 급급한 모습으로 눈살을 찌푸리게 했다. 이제는 더는 이런 선동정치에 속아 넘어가서는 안 된다. 주어진 현실을 냉철하게 판단하고 학연,

지연에서 벗어나 잘한 것에 대해서는 아낌없는 박수를 보내주고, 잘못한 것에 대해서는 잘못을 지적해주는 성숙한 사회를 만들어야 한다.

영국언론들은 존슨 총리의 허세와 경박한 언행, 편 가르기 정치(dog-whistle politics)를 꼬집으며 "그럴싸한 언변보다는 책임을 우선시하는 새 지도자가 요구된다"고 지적했다. 가디언지는 "그의 거짓말이 처음에는 개인에게만 피해를 줬으나, 나중에는 정당·정부에까지 해를 가했다"며 "태평스럽게 법을 위반하는 문화를 만들었다"고 꼬집었다.

존슨 총리의 정치 인생과 몰락 과정을 보면서 진실을 외면하거나 가리려는 정치인들의 몸부림이 얼마나 헛된 것인지를 깨닫게 한다. 진실 앞에선 어느 누구도 자유로울 수 없다. 우리 정치권에도 거짓말쟁이가 수두룩하다. 어제 한 일에 대해 자신과 관련없다고 발뺌한다.

"가짜뉴스는 결코 오래가지 않으며 진실은 언젠가 밝혀진다. 과거 세월호 거짓뉴스를 선동한 이재명 대표 등 선동꾼들은 진심으로 국민께 사과해야 한다. 또다시 이태원 참사를 정치적으로 악용하려는 선동을 중단해야 한다."

〈2022년 11월 17일 보도자료〉

제 8 장 청산

역대 괴담 사례

2008년 광우병 사태
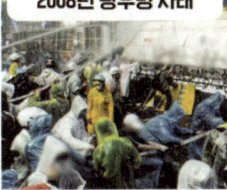

미국산 소고기 먹으면
인간 광우병 걸린다
뇌에 구멍이 송송 뚫린다

괴담. 미국 소로 인한 인간 광우병 사례는 0건

2017년 사드 전자파 시위

사드 레이더로
성주 참외가 썩는다
전자파로 몸이 튀겨질 것 같아

유언비어. 환경영향평가 결과 전자파 기준치의 0.189%에 불과. 참외 농가만 매출 급감

2010년 천안함 음모론

천안함은 스스로 좌초했다
내부 폭발로 인해 침몰했다

가짜뉴스. 한·미·영 등 5개국 민군 합동 조사에서 북한 어뢰 공격 사실을 밝힘

2005년 천성산터널 반대

도롱뇽 다 죽는다
철새도래지가 파괴된다

사실 아님. 터널 완공 이후 도롱뇽알 분포, 철새 개체수 등에 변화없음

역대 괴담 사례(출처 : 정부)

이 시대의 정의, 그리고 미래

가짜뉴스

한국에서 언론은 이미 죽었다고 한다. 이는 언론이 제기능을 못했다는 방증이다. 언론의 제기능은 무엇일까. '공정보도'다. 어떤 것을 '공정보도'라고 하는가. 팩트에 근거해서 다루어진 객관적 뉴스를 일컫는다. 이해가 상충될 때에는 양쪽 입장을 균형 있게 반영하라는 것이 공정보도다.

이미 공정의 울타리는 무너져 내렸다. 흔히들, '진실을 왜곡하지 말라'는 것은 '사실을 있는 그대로 보도하라'는 것이다. 사소한 사항을 부풀린다든지, 없는 사실을 만든다든지, 통계 중 일부를 과대하게 해석해서 전체를 왜곡한다든지 등은 공정보도가 아니다.

그런데 이에 반하는 가짜뉴스가 쏟아지고 있다. 가짜뉴스는 담고 있는 내용은 사실과 전혀 다르지만, 기사의 형식을 교묘히 빌려 사람들이 믿게 만든다. 가짜뉴스가 많은 사람들에게 진실로 포장된 채 파고들었다. 언론인의 가장 중요한 책무가 무엇이냐? 팩트를 보도하기 전에 다양한 팩트를 확보하는 것이다.

보고 들은 대로 전하는 앵무새가 되면 안 된다. 더욱이 가짜가 사실로 둔갑한 보도는 범죄다.

이성적 판단에 근거해서 균형을 잃지 않은 사실을 합리적으로 전하는 것이다. 사실을 전제로 하지 않거나 사실을 추구하지 않는다면 저널리즘은 존재 기반을 상실하게 된다.

좌우로 나누어진 대한민국 국민들의 갈등 대립이 극에 달해 있다. 언론이 좌우 시각은 가질 수 있지만 이에 편승해서 보고 싶은 것, 듣고 싶은 것, 읽히게 하고 싶은 것만 선별 취사 보도해서는 안된다. 갈등을 더욱 부추기는 기사만 양산해내고 있다.

가짜뉴스 못지않게 선동도 문제다. 선동언론이란 저널리즘의 기본을 무시한 채 사회불안과 정치 위기를 증폭시키는 기형적 저널리즘을 총칭한다.

히틀러의 통치기반을 공고히 한 괴벨스는 "대중은 거짓말을 처음에는 부정하고 그다음엔 의심하지만 되풀이하면 결국에는 믿게 된다"고 말했다. 이 말은 '위대한 독일제국의 재건'을 목표로 내 건 괴벨스의 대표적인 어록이다.

가짜뉴스와 선동뉴스는 대한민국 언론사의 치욕이다. 그런데도 이런 보도 행태를 질타하거나 문제를 제기한 언론학회와 언론단체를 보지 못했다.

이 시대의 정의, 그리고 미래

　　　　대한민국은 왜곡되고 독선적이고 파렴치한 언론의 곡필에 의해서 빠르게 죽어가고 있다. 나라가 망가지건 말건 언론은 눈에 보이는 게 없다.

　　　　보다 더 자극적이고, 호기심 가득한 기사로 채워나가고 있다. 언론이 재료를 만들고, 고발케 하고, 수사도 시키고, 재판에 관여하고, 집행까지 하도록 한다.

　　　　민노총이 장악한 언론, 전 매체의 선동 언론화, 이미 정치사회적 괴물로 자라난 선동 언론은 사회 여론을 황폐화시키고, 국가공동체 구성원들의 시민의식을 마비시켜 버렸다.

　　　　언론은 '권력감시·자본견제'를 해야 한다. 그러나 가짜 뉴스와 선동 뉴스를 부채질 해서 국민들도 '언론 피로감'을 호소하고 있는 형편이다.

　　　　지금 많은 국민들은 언론을 믿지 않는다. 믿지 않는다는

것은 가짜와 선동이 판을 쳤기 때문이다. 국민은 뉴스 보는 거 자체를 짜증, 뉴스를 안 믿는다.

2022년 3·9대선 때 투표일 사흘 전에 터져나온 '김만배·신학림' 녹취록은 막바지 선거 판세를 뒤흔든 돌개바람을 몰고 왔다. 72분 분량 방대한 가짜 인터뷰 내용을 터뜨린 뉴스타파는 '악마의 편집' 수법으로 가공했다는 의혹에 사로잡혔다. 이 때문에 대선 결과가 뒤집어졌다면 민주주의의 붕괴이며 이런 범죄야말로 자유민주주의에 대한 테러이자 국민 주권을 찬탈하려는 시도다.

"가짜뉴스 진원지는 끝까지 추적해서 엄벌해야 한다. 가짜뉴스는 땀 흘리지 않고 지상낙원을 꿈꾸는 좌파공산세력들의 단골메뉴이며 전유물이었고, 지금도 거짓촛불들이 꿈틀거리고 있다. 가짜뉴스를 철저히 조사해서 국민께 진실을 낱낱이 밝혀야 한다"
〈2023년 9월 6일 보도자료〉

가짜뉴스는 아니면 그만 식으로 끝날 문제가 아니다. 가짜뉴스는 대한민국을 위해서도, 국민을 위해서도 반드시 없애야 한다. 만약 가짜뉴스에 정치인들이 연루되어 있다면 정치인들도 반드시 책임져야 한다.

문재인 좌파정권은 가짜뉴스로 국민을 선동했다. '문재인 정부의 통계 조작' 사태는 한국 민주주의의 위기를 적나라하게 보여준 것이다. 감사원 감사로 드러난 부동산 통계 조작 역시 자유민주주의에 대한 심각한 도전이자 상상하기도 힘든 국기문란 행위다.

문재인 좌파 정부가 국민이 부여한 권력을 이용해 가짜 통계와 가짜뉴스를 생산한 것이다. 나라를 들썩거리게 한 김대업 병풍사건, 드루킹 댓글조작 사건, 광우병파동, 세월호 헛소문, 천안함 낭설, 사드 괴담 등 줄줄이 이어진 거짓투성이는 이 땅의 자유민주주의 근간을 흔들었다.

가짜의 마력은 무한대다. 가짜 맛에 재미 붙이면 벗어나기 어렵다고 주장하는 심리학에서는 가짜를 '마약' 수준의 경계심으로 다스려야 한다고 첨언한다.

윤석열 정권 들어 '청담동 술자리 의혹'도 거짓이었다. 2022년 7월 서울 청담동 술집에 윤석열 대통령, 한동훈 법무부장관, 김앤장 변호사 30여 명, 첼리스트, 이세창 전 자유총연맹 총재 권한대행이 모여 술을 마셨다는 것이다. 기본적인 팩트체크만 해도 허위라는 걸 금방 알 수 있었다. 그런 노력조차 안 한 채 김의겸 더불어민주당 의원은 '아니면 말고식' 폭로를 했다. 이는 상대를 해코지하려는 의도가 있었다고 볼 수밖에 없다.

김 의원은 거짓 선동이 전매특허로 굳어졌다. 김 의원의 '아니면 말고식' 의혹 제기는 이것만이 아니다. 김의겸이 내뱉은 가짜뉴스는 너무 많아서 나열하기조차 힘들다. 면책특권을 음해와 선동의 도구로 삼고 조작 발언을 이어가고 있다. 그래서 나는 김의겸 의원에 대해 의원직 사퇴를 요구했다.

"입만 열만 구라와 거짓을 일삼는 고질병에 걸린 김의겸 의원이 국가 신뢰를 흠짓내고 자칫 외교문제로 비화할 뻔 한 외교 참사를 저지르고도 제대로 된 반성조차 하지 않고 있다. 이제 국민들은 김의겸 의원의 뻔뻔하고 두꺼운 낯짝을 다 알고 있다. 괴담을 퍼트리다가 괴물이 된 김의겸 의원은 즉각 의원직을 사퇴하라."

〈2022년 11월 11일 보도자료〉

우리 사회에는 진영 입맛에 맞춰 조직적으로 팩트를 조작 날조한 가짜뉴스를 생산하고 유포하는 세력도 분명 존재한다. 내년 4월 총선을 앞두고 국내 불순세력은 물론 북한·중국·러시아까지 합세해 가짜뉴스가 더 기승을 부릴 개연성이 크다.

가짜뉴스를 생산하고 유포하고, 거짓 선동을 하는 반국가 세력들, 특히 좌파 유튜브의 상습적인 괴담 유포 세력에 대해서는 보다 더 엄중한 처벌에 나서야 한다. 사회 전체가 경각심을 가지고 가짜뉴스와의 전쟁에 나서야 할 것이다.

또 한 가지 더욱 심각한 것은 언론의 반이성적 정의 상실의 침묵이다. 2017년 3월 10일 헌법재판소 앞에서 탄핵 기각을 외쳤던 5명 애국시민들의 죽음에 대해 모든 언론 방송은 침묵했다. 한 줄, 한마디 기사화되지 못했다. 집단적 반이성주의적 언론의 굴욕이며, 치욕이다.

전자개표

2019년 10월 8일 중앙선거관리위원회 국정감사에서 "사전투표제를 폐지하고 부재자투표를 도입하며, 전자개표 대신 개표도 투표소별로 수작업으로 이뤄지도록 함으로써 공정하고 공명한 선거제도가 정착되어야 한다"고 말했다.

당시 박영수 중앙선거관리위원회 사무총장에 대한 질의에서 "당초 선거당일 투표가 어려운 선거인이 별도의 부재자 신고 없이 사전투표기간 투표율 제고를 위해 도입된 사전투표제도가 투표율 제고의 실질적 효과보다는 불법선거운동, 국민여론 왜곡 등 공명선거를 해치는 부작용이 발생하고 있다"면서 사전투표제 폐지를 주장했다.

당시 내가 이를 제기한 것은 현재 개표소로 투표함을 이송해 전자개표기로 개표하는 방식에 대해 많은 국민들이 의혹을 넘어 문제를 제기하고 있었기 때문이다. 프랑스 사례처럼 투명투표함과 투표소 내 수개표를 도입하여 공명선거를 위한 선거제도 개선에 노력해야 했다. 투표와 개표가 따로 진행되는 이분화된 선거에서 이동없는 투개표 일원화로 변경할 필요가 있었다.

특히 공직선거법 제151조에는 사전투표용지에 바코드 사용과 바코드에 담을 수 있는 내용을 규정하고 있으나 실제 사전투표용지에는 필요 이상의 방대한 정보를 담을 수 있는 QR코드를 사용하고 있어 국민들이 법 위반성과 유권자 정보 노출 의혹을 제기하고 있다. 공직선거법 제151조를 위반하면서까지 QR코드를 사용할 이유가 전혀 없다.

내가 투표 검표 시스템을 바꾸어야 한다는 이런 우려를 제기한 지 4년 만에 중앙선거관리위원회가 2024년 총선 개표 때 투표지 육안 심사 절차를 강화하기로 했다니 다행이다. 현재는 투표지 분리기를 거쳐 분류된 투표용지가 바로 심사계수기로 들어가는데, 이 과정에서 사실상 참관인들이 실제 투표지의 날인 여부를 제대로 확인하지 못할 수 있다며 의혹이 제기돼왔다. 개표사무원이 계수기를 구동할 때 투표지를 확인하지만, 세세하게 살펴보기는 어렵다는 이유다.

선관위는 투표지에서 분류된 투표지를 계수하기 전 개표사무원이 수작업으로 전량 확인하는 절차를 넣는 방안을 검토하고 있다고 보고했다. 잘못된 개표로 인해 지난 4.15총선이 부정선거였다는 주장이 일각에서 꾸준히 제기되어 왔다. 통계학과 전산학을 전공한 사람들이 과학적이고 설득력 있는 분석 자료를

제 8 장 청산

국회 행안위 중앙선거관리위원회 국정감사 선거법 개정 질의

바탕으로 개표 부정을 주장해 왔으나 선관위와 대법원은 이를 대부분 인정하지 않고 있다.

이런 와중에 북한 해킹 조직이 선관위를 공격한 사실이 국정원에 의해 밝혀져 충격을 주고 있다. 북한이 선관위를 해킹하는 목적이 무엇인지는 누구나 쉽게 짐작할 수 있다. 선거 시스템 자체를 마비시켜 투개표 시점에 대혼란을 야기하거나 개표를 조작하여 실제 투표와 다른 결과를 만들어내기 위한 것으로 밖에 볼 수 없다.

국정원이 2년간 선관위에 통보한 해킹 시도 내역을 살펴

보면 해킹 메일 유포 5건, 악성코드 감염 1건, 이메일 해킹 2건 등으로 나타났다. 국정원은 이들 8건 중 7건이 북한 정찰총국 소행이라고 밝혔다.

  2023년 10월 국가정보원과 한국인터넷진흥원이 합동 보안 점검을 한 결과, 선거인명부 시스템을 해킹해 사전 투표한 사람을 투표하지 않은 것으로 표시하거나 유령 유권자 등록도 가능하다는 사실을 밝혀냈다. 사전투표용지의 무단 인쇄도 가능했고, 개표 결과가 저장되는 '개표 시스템'을 해킹해 결과 조작까지 할 수 있었다.

2019년도 국정감사 선거법 개정 카드뉴스

투표에서 이기고 개표에서 진다면 민주국가에서 이를 용납할 국민은 없을 것이다. 나는 지난 2019년 10월 그동안 논란이 됐던 전자개표기의 부정선거 의혹을 차단하고 사전투표제도 문제점을 보완하도록 하는 법 개정을 발의했다. 핵심은 ▲사전투표제 폐지 ▲부재자투표 도입 ▲투표소별 수작업 개표 등의 내용을 골자로 한다.

선거 당일 투표가 어려운 선거인이 별도의 부재자 신고 없이 사전투표기간(선거일 전 5일부터 2일간) 투표율 제고를 위해 도입된 사전투표제도는 투표율 제고의 실질적 효과보다는 불법선거운동, 국민여론왜곡 등 공명선거를 해친다는 지적이 높았다.

특히 선거일 전 5일부터 실시하는 사전투표제도는 후보자에 대한 정확한 검증보다는 이미지 선거를 조장하고, 선거 후반부의 국민 여론을 왜곡하고 단순히 흥행위주의 잘못된 선거 문화를 만들며 사전투표에 따른 불법선거운동이 암암리에 조성되는 등 각종 부작용이 발생해왔다. 또한 사전투표제 실시 이후 투·개표 관리의 부실 우려와 함께 부정선거 소지에 대한 국민적 의혹과 불만이 지속적으로 제기되어 왔다.

이와 함께 개정안은 전자개표기에 대한 오류와 불신을 원천 차단하도록 투표소 수개표를 도입해 투표소 현장에서 투표 마감 후 직접 개표를 실시해 투표함 이송 및 개표 과정에서 발생하는 부정선거의 의혹을 원천적으로 차단하도록 했다.

"그동안 많은 국민들이 사전투표제 실시에 따른 투개표 관리가 부실하고 사전투표가 오히려 국민 여론을 왜곡하고 있다는 지적과 함께 전자투표에 대한 불신이 높았음에도 불구하고 제도 보완이 전혀 이뤄지지 않았다. 사전투표제도를 폐지하고 부재자투표제도를 도입하며, 개표도 투표소별로 수작업으로 이루어지도록 함으로써 공정하고 공명한 선거제도가 정착되고 국민의 신뢰를 높이는 계기가 되길 희망한다."

〈2019년 10월 공직선거법일부개정법률안을 대표 발의 후 언론인터뷰〉

공직선거법 일부개정법률안
(조원진의원 대표발의)

의 안 번 호	22910

발의연월일 : 2019. 10. 17.
발 의 자 : 조원진·이종명·홍문종
김진태·김중로·이채익
이현재·윤상직·김성원
성일종·박대출 의원
(11인)

제안이유

당초 선거당일 투표가 어려운 선거인이 별도의 부재자 신고없이 사전투표기간(선거일전 5일부터 2일간) 투표율 제고를 위해 도입된 사전투표제도가 투표율 제고의 실질적 효과보다는 불법선거운동, 국민여론왜곡 등 공명선거를 해치는 부작용이 발생하고 있음.

또한 사전투표제 실시 이후 투·개표 관리의 부실 우려와 부정선거 소지에 대한 국민적 의혹과 불만이 지속적으로 제기되고 있음.

이와 함께 전자개표기에 대한 오류와 불신을 원천 차단하도록 투표소 수개표를 도입해 투표소 현장에서 투표 마감 후 직접 개표를 실시해 투표함 이송 및 개표 과정에서 발생하는 부정선거의 의혹을 차단해야 한다는 국민적 요구가 늘어나고 있음.

이에, 사전투표제도를 폐지하고 부재자투표제도를 도입하며, 개표도 투표소별로 수작업으로 이루어지도록 함으로써 공정하고 공명한 선거제도가 정착되고 국민의 신뢰를 높이고자 함.

- 1 -

공직선거법 개정안

위성정당

송영길 전 더불어민주당 대표가 차기 총선에서 비례대표 신당을 염두에 두고 있음을 내비쳤다. 조국 전 법무부 장관과 함께할 가능성도 열어두고 있다고도 했다. '비법률적 방식 명예 회복' 운운한 조 전 장관의 비례대표 신당설도 나오고 있다.

이들은 지역구 출마가 국민의 반대로 여의치 않으니 비례정당을 활용하겠다는 것이다. '준연동형비례대표제'로 의석을 확보해 민주당과 합치거나 우군 노릇을 하려는 속셈일 것이다.

4년 전 민주당이 군소정당과 야합해 만든 준연동형제는 지역구에서 얻은 의석수가 전국 정당 득표율에 미치지 못할 땐 득표율의 50%만큼 비례 의석을 배정하는 것으로, 비례대표 47석 중 30석에 적용됐다. 기괴한 선거제도에 불과하다. 구체적인 산정에 들어가면 수학자도 풀기 어렵고 의원들도 이해하기 힘든 누더기 제도다. 정치를 '야바위판'으로 만들었다. 민주당은 공수처법 통과를 위해 군소정당과 이런 내용의 선거법을 맞바꿨다. 소수당에 절대적으로 유리하게 되자 여야 모두 위성정당을 만들면서 선거는 희화화됐다. 이런 엉터리 선거제도로 저질 논란을 일으킨 자들이 배지를 달았다.

여야가 반칙을 정당화하고 꼼수 위성정당을 만들어내는 선거제도를 고치지 못하면 정치 혐오를 더 키울 것이다.

더불어민주당 의원 30명이 2023년 11월 15일 "이제는 민주당이 결심할 시간"이라며 위성정당 방지법을 당론으로 추진해야 한다고 촉구했다. 이들은 이재명 대표가 대선 시절부터 꾸준히 약속해온 사안인 만큼 "민주당은 국민과의 약속을 지켜야 한다"고 강조했다.

꼼수 위성정당 반대 국회 앞 집회(2023.11.14.)

이들이 거론하는 대책은 실효성이 없다. 정치자금법을 바꿔 총선 후 2년 이내 모정당과 위성정당이 합당할 경우 국고보조금을 절반 삭감하는 내용이다. 그 정도 불이익으론 위성정당을 막을 수 없다. 총선에서 이긴 뒤 법을 바꾸면 그만이다. 이탄희 의원이 "연동형 비례대표제 유지가 가장 좋은 총선 전략", "비례대표 골목상권 47석을 보장하면 여러 정당이 국회에 들어올 수 있고, 연합정치 토대에서 민주당이 (윤석열 정권 심판의) 맏이 역할을 해야 한다"고 주장했다. 야권에서 나오는 200석 주장도 이런 발상의 연장선이다.

어떤 제도에도 장단점이 있다. 시대 정신과 정치 상황을 반영해야 하는 선거법은 더욱 그렇다. 현 연동형 제도는 민주당과 군소 정당들이 야합해 태어난 '귀태(鬼胎) 제도'다.

그런데도 헌법재판소는 2023년 7월 2020년 총선 때 도입했던 준연동형 비례대표제에 합헌 결정을 내렸다. 준연동형 비례대표제의 도입으로 인해 대한민국 초유의 위성정당이 만들어졌다가 사라졌다. 바람처럼 사라진 위성정당을 또 만들어도 된다는 헌법재판소는 제정신이 아니다.

헌법재판소의 판결은 또다시 대한민국 정치를 괴물로 만들겠다는 발상이다. 국민과는 완전히 동떨어진 섬나라 판결에 불과하다.

"꼼수정당, 위성비례대표정당은 거대 양당조차 잘못되었다는데 헌법재판소가 나서서 합리화 시키는 이유가 도대체 무엇인가. 헌재는 준연동형 비례대표제 꼼수로 만들어진 정당이 결국 선거 이후에 이 꼼수 정당이 없어지는 이유를 진정 몰라서 이런 판결을 내리는가."

〈2023년 7월 20일 보도자료〉

우리공화당은 이런 것을 방지하기 위해 꼼수 위성정당 금지를 위한 선거 관련법 개정을 강력 촉구했다. 그런데도 정치권이 꼼수 위성정당 난립 사태를 방지하는 선거제 개편 논의를 착수조차 하지 않았다. 국민을 속이고 유권자를 우롱하는 꼼수 위성정당이 명백히 민주주의를 파괴함에도 불구하고 아무런 대책 마련이나 제도개선을 하지 않는 정치권은 자유민주주의 파괴의 공범이다.

연동형비례, 공수처 반대 국회 기자회견

지난 총선에서 거대 정당이 갑작스럽게 여야의 위성정당을 만들어 국민을 기만하였고, 비례대표 선거가 거대 정당의 기득권 지키기로 전락했다. 여야가 하루속히 꼼수 위성정당 금지를 위한 법개정을 하지 않으면 국민의 분노와 엄청난 혼란이 또다시 발생할 것이다.

"선거가 임박할수록 기득권 거대 정당의 나눠먹기 행태가 발생할 가능성이 크다. 꼼수 위성정당 창당을 원천적으로 금지하고, 위성정당 합당도 금지해야 한다. 선거 관련법 개정을 통해 기득권 정당의 카르텔을 완전히 막아야 한다."

〈2023년 11월 8일 보도자료〉

선거가 민주주의의 꽃이라면 유권자는 대한민국의 주인이며 중심이다. 유권자를 무시하고 자신들의 기득권만을 챙기는 양당정치는 총선에서 반드시 심판받아야 한다.

제 **9** 장

국민이 원한다

국민이 윤석열 정권에 바라는 것은 거창한 것이 아니다.
대한민국 자유민주주의 체제를 수호하고
대한민국을 파기시켜온 붉은적폐 세력 청산이다.
이를 위해 윤 정권의 국정철학과 방향은 정체성, 가치가 명확하고 투명해야 한다.

이 시대의 정의, 그리고 미래

민생

2023년 초 윤 대통령은 "저부터 대한민국 1호 영업사원으로 신발이 닳도록 뛰고 또 뛰겠다"며 "국무 위원들 한 분 한 분 모두 다 이 나라의 영업사원이라는 각오로 뛰어 주시기를 부탁드린다"고 밝혔다.

윤 대통령은 "순방기간 만난 글로벌 CEO들에게 제 사무실이 언제나 열려 있으니 한국을 방문할 때 편하게 찾아달라고

윤석열 정부 제4차 수출전략회의

했고 애로 사항도 대통령에게 기탄없이 얘기해 달라고 했다"며 "국무위원들도 외국 기업의 애로 사항을 좀 많이 경청해달라"고도 언급했다.

특히 "우리 제도를 글로벌 스탠다드에 맞춰 대한민국을 세계 최고의 혁신 허브로 만들자"며 "규제, 노동 등 모든 시스템에서 글로벌 스탠다드에 우리 제도를 정합시키지 않으면 외국에서 투자도 하지 않을 것이고 우리 기업이 국제시장에서 경쟁하기 어렵다"고 지적했다.

그러면서 "총성 없는 경제 전쟁이 벌어지고 있는 글로벌 시장에서 기업이 혼자 싸우도록 만들 수가 없다"며 정부와 민간이 '한 몸'으로 뛰어야 한다고 재차 강조했다. 윤 대통령의 이 발언에 공감한다. 대통령은 당연 대한민국 영업사원 1호다. 윤 대통령에게 주어진 사명은 자신에게 주어진 '시대적 사명'을 터득하고 그 책무를 완수 후 대한민국을 보다 더 발전시켜야 할 의무가 있다. 현재 대한민국이 당면한 국내적·국제적 환경은 어떤 것이며, 이런 상황에서 윤 대통령 스스로 영업사원 1호라 했으니 그의 국정 목표가 어디로 향하는지 짐작해 볼 수 있다.

그런데 윤 대통령의 국정지향점과 철학 그 목표가 국민에게 공유되지 않고 있다. 여권에서도 엇박자를 이룬다. 대통령은 쎄 빠지게 일하는 데 여당이 뒷받침해주지 않고 국민도 그런 고생을 몰라주고 있다는 것이다.

윤 대통령은 "국민은 늘 무조건 옳다"며 "민생을 파고들 겠다"고 말했다. 윤 대통령에게 아쉬운 건 야당과의 협치가 실종 됐다는 점이다. 진정 민생을 중시하고 영업 1호 사원이 성사시킨 것을 국민께 알리려면 야당을 국정 파트너로 인정해야 한다.

윤 대통령은 야당과의 소통도 적극 늘려야 한다. 민생경 제를 위해서라면 이재명 대표를 당장 만나야 한다. 민생경제에 는 여야도 없고 좌우도 없다. 윤 정부가 나서서 서민의 아픔을 해결하는 노력을 해야 한다. 그것이 바로 국민의 목소리다.

윤 대통령은 2023년 11월 초 서민의 목소리를 듣는 타운 홀미팅을 가졌다. 비상경제민생회의를 겸한 타운홀미팅, 즉 현 장 민심 청취는 사실상 처음이었다. 이것은 아주 잘한 것이다. 앞으로 더욱 이런 자리를 많이 가져야 한다. 서민경제 해결은 결 국 서민속에서 서민들의 애로를 청취하고 개선책을 마련해 가는 것이다.

"윤석열 정부가 변했다고 국민이 느낄 수 있을 정도로 대 통령이 직접 나서서 국민과 소통하고 민생을 챙겨야 한다. 지금 서민들은 고금리와 고물가로 상상 이상의 어려움을 겪고 있다. 특 히 고금리로 자영업자가 다 죽어가고 있다. 대출원금 상환을 3년 더 연장해야 한다. 대출 원리금 상환 기간 다가와서 대출 원리금 갚느라 서민들의 부담이 너무 크다. 폐업을 걱정하는 서민을 위해 과감하게 정책 결정을 해야 한다. 엔데믹 전환 이후 식재료, 공공요금 등 각종 물가가 올라서 수익성은 나아지지 않는 상황이고 국내외 경제상황도 좋지 않다. 윤석열 정부가 냉철한 경제상황 인식을 갖고 어려움에 빠진 민생경제 회복에 총력을 기울여야 한다."

〈2023년 11월 2일 윤 대통령 타운홀 미팅에 관한 입장〉

3대 개혁 노동·연금·교육 개혁

윤석열 대통령은 미래세대를 위해 그리고 이권 카르텔과 기득권을 혁파하기 위해 지지율에 연연해하지 않으면서 노동·연금·교육 개혁을 추진하겠다고 밝혔다. 윤석열 정부는 이를 위해 최우선적으로 노동개혁에 나서야 한다.

윤석열 정부는 교육개혁에 있어서도 교육에 대한 결정을 과감하게 중앙정부에서 지방자치단체로 이관하고 '디지털 교육의 전면화'를 통해 한국교육 시스템을 완전히 바꾸고 있는 중이다.

연금개혁의 경우에는 다양한 의견을 수렴하는 등 개혁의 로드맵을 마련하고 있다. 워낙 이해관계가 첨예하게 갈리는 문제여서 이런 로드맵의 완성에 시간이 걸릴 것으로 보인다.

총선을 앞두고 가뜩이나 민감한 여야 정치권이 과연 '고양이 목에 방울을 다는' 연금 개혁안 논의를 국회 차원에서 할 수 있을지조차 의문스럽다. 자칫 개혁의 적기를 놓칠 수 있다는 우려가 점점 현실화되는 상황이다.

국민연금 개혁은 어느 정권에게도 인기가 없는 일이다.

과거 정부에서도 1998년, 2007년 단 두 차례만 개혁이 이뤄졌을 정도로 어려운 과제다. 하지만, 불안정한 국민연금 구조를 바로잡지 않고, 개혁을 늦출수록 미래 세대의 고통이 커질 수밖에 없다. 현재 추세라면 국민연금은 2055년에 완전히 고갈돼 1990년생이 연금을 받을 때가 되면 한 푼도 남지 않게 된다. "그대로 두면 나라가 파탄 난다"는 경고가 쇄도할 정도로 개혁은 불가피하다. 윤석열 대통령이 "인기 없는 일이지만, 회피하지 않겠다"면서 국민연금을 노동 · 교육과 함께 3대 개혁 과제로 추진하는 이유이기도 하다. 하지만, 정부가 구체적 개혁안조차 제시하지 않고, 책임을 국회에 넘겨 개혁 의지 실종이란 비난을 자초한 셈이다.

불안정한 국민연금 구조를 바로잡는 개혁은 더 이상 미룰 수 없는 과제이다. 대한민국의 유례없는 저출산 · 고령화 사태까지 감안하면 지금이 마지막 기회다. 보험료율을 올리고, 지급개시 연령을 늦추는 것으로 개혁 방안은 정해져 있는 것과 다름없다고 한다. 어려울수록 정부와 국회가 강력한 의지를 갖고 국민을 설득해야 한다. 공은 이제 국회로 넘어가게 됐다. 미덥지는 않지만, 민생 우선을 선언한 국회에서 사명감을 갖고 하루빨리 연금 개혁 논의에 속도를 내야 한다. 언제까지 미뤄서 될 일이 아니고, 개혁 여건이 나아진다는 보장은 전혀 없다. 지금이 국민연금 개혁의 마지막 골든타임이란 점을 명심해야 한다.

우리공화당은 연금개혁이 젊은 세대의 부담을 줄이고, 호응을 얻기 위해서는 기본적으로 '더 내고 더 받는' 형태가 되어야 한다고 주장해왔다. '더 내고 더 받는' 개혁이 이루어지기 위해서는 국민연금(노령연금)과 기초연금을 함께 고려해야 한다. 먼저 기초연금은 국민연금의 혜택을 받지 못하거나, 연금수령액이 적은 소득 하위 계층의 기본 생존권 보장을 위해 활용하고, 국민연금은 '더 내고 더 받는' 형태로 개혁하면 국민들의 동의를 구할 수 있을 것으로 보았다. 이를 위해서는 국민연금은 수익률을 3%p 정도 높여야 한다. 그 방안으로는 기금운용본부의 완전한 독립 및 서울 이전, 해외 운용인력 채용, 해외 투자의 확대 등이 있다.

저출산·고령화가 급속히 진행되는 상황에서 윤석열 정부가 연금개혁을 제대로 하지 못하면 그 피해는 젊은 세대가 고스란히 입게 된다. 이제 연금개혁은 정부에서 명확한 해결방안을 제시 못한 채 국회로 넘어왔다. 21대 국회는 이를 처리할 의지와 시간이 없다. 연금개혁에 손도 못댄 무능하고 안일한 21대 국회를 개혁하고, 참신하고 개혁적인 22대 국회가 구성되어야 할 이유가 여기에 있다.

시간이 촉박하지만 국회에 대한 기대를 완전히 접지는 않았다. 나는 공무원연금 개혁의 성공을 이끈 당시의 특위 간사로서 여야 합의에 의한 사회적 대타협을 이끌어낸 사례가 있는 만큼, 이를 잘 연구하여 다시 한번 여야 사이에 대한민국의 미래를 위해 대타협 안을 도출하기를 바란다.

2015년 공무원연금개혁 대타협기구 기자회견

"문재인 좌파독재정권은 잘못된 좌파사회주의 정책을 자유시장과 공공기관에 강요하였고 연금개혁은 아예 손도 대지 않았다. 전세계적인 경제 위기와 국내 경기 침체에 대응하기 위해서는 초강도의 공공개혁이 반드시 필요하다. 윤석열 정부는 3대 개혁에 더해서 반드시 공공개혁까지 완수해야 문재인식 붉은적폐가 청산될 것이다."

〈2022년 12월 16일 보도자료〉

반공주의

　　윤 대통령은 2023년 8월 28일 국민의힘 연찬회에서 야당과 전임 정부에 맹공을 퍼부었다. '철 지난 이념'은 지난 대선 때부터 윤 대통령이 민주당을 공격하면서 자주 썼던 단어다. 여기서 의문이 생긴다. 그러는 윤석열 정권의 이념은 무엇인가.

　　윤 대통령은 "정치영역의 타협은 늘 해야 하지만 더 근본적으로 어떤 가치로 할 것인지부터 우리 스스로 국가 정체성을 성찰하고 확고한 방향을 잡아야 한다"고 했다.

　　이는 '반국가세력과는 협치가 어렵다'고 선을 그었던 2022년 10월 발언의 연장선이기도 하다. 윤 대통령은 2023년 8·15 경축사서도 이념을 강조했다. "공산전체주의를 맹종하며 조작선동으로 여론을 왜곡하고 사회를 교란하는 반국가세력들이 여전히 준동하고 있다"는 인식의 종착점은 반공 이데올로기다. 윤 대통령이 말하는 '자유민주주의'는 1970년대 '반공주의'와 한 치도 다르지 않다.

　　윤 대통령은 후쿠시마 오염수 방류를 반대하는 다수 국

민에게도 이념의 반대자라는 낙인을 찍었다. "1 더하기 1을 100으로 안다"고 비판했다. 야당에 대해선 "가치와 국가 정체성"이 다르다고 했다.

윤 대통령은 '자유와 연대'를 강조하며 유엔 무대에 데뷔했다. 윤 대통령은 2021년 9월 20일(현지시간) 유엔총회 기조연설에서 자유를 21번 언급하고 한국이 국제사회의 일원으로 책임을 다하겠다고 밝혔다.

윤 대통령은 2023년 4월 27일(현지시간) 미국 상하원 합동연설에서도 자유를 강조했다. 44분 분량 연설의 키워드가 '자유'였다. 자유민주주의를 지키기 위한 미국의 노력과 한국전쟁부터 한강의 기적으로 이어진 한미 양국의 특별한 관계를 강조하는 등 자유를 46번이나 언급했다. 한미동맹이 초기 일방적 지원에서 상호 호혜적인 협력관계로 발전한 만큼, 한미동맹을 세계의 자유와 평화를 지키는 국제동맹으로 발전시켜나겠다는 점도 분명히 했다.

윤 대통령은 취임식에서도 자유를 강조했다. 윤 대통령이 그토록 강조하는 자유는 대한민국 정체성을 지키려는 의지로 읽힌다. 전체주의의 파시즘과 공산주의가 패퇴하고 나서 인류는 교묘하고 치밀해진 새로운 전체주의 앞에 직면했다. 이런 상황에서 이념적 인식을 만천하에 공개한 것은 무척 잘한 것이다.

제 9 장 국민이 원한다

제주 4.3사건 진상규명을 위한 세미나

윤 대통령이 강조한 자유를 국민의힘이 뒷받침해줄지는 의문스럽다. 사실 국민의힘은 윤 대통령의 이념적 발언을 멀리하고 있다. 대표적인 케이스가 태영호 의원의 발언이다. 국민의힘 태영호 의원은 2023년 2월 13일 "제주 4·3사건은 남로당 제주도당의 결정으로 일어났다"며 "공산당의 운영방식을 보아도 김일성의 지시는 명백하다"고 했다. 이에 대해 제주 4.3 단체와 야권이 반발을 보였다. 태 의원은 "김대중 대통령도 (제주 4·3사건이) 공산주의자들의 무장폭동이라고 했고 노무현 정부 때 진상 조사에서도 남로당 제주도당의 폭동이라는 점은 인정했다"며 "내가 말하고자 하는 건 제주도당이 왜 무장폭동을 일으켰느냐는 것"이라고 했다. 그런데도 국민의힘은 이 문제를 이유로 태의원을 징계했다.

"제주 4.3은 대한민국 건국을 막기 위한 김일성과 남로당의 공산세력들이 저지른 무장폭동이다. 결코 제주 양민들의 폭동이 아니다. 공권력에 의해 억울하게 돌아가신 무고한 제주도민들의 아픔을 함께 해야 한다. 분명히 공산무장폭도들과는 구분이 되어야 한다.

〈2023년 4월 3일 보도자료〉

내가 이 점을 강조한 것은 자유대한민국은 극단적인 공산세력들의 공산화를 저지하며 피와 목숨을 바쳐 지키고 건국한 위대한 나라다. 남로당의 무장폭동을 제주 양민들의 자발적 폭동이라고 하는 것이야말로 유족들을 욕하는 일이라고 봤기 때문이다. 또한 무고하게 희생된 4.3 희생자들에 대한 국가 차원의 배상은 이루어져야 한다.

참혹한 비극의 역사를 가슴에 새기고 다시는 이런 비극이 발생하지 않도록 하는 것이 우리의 소명이다. 제주 4.3 문제의 진실된 역사정리가 향후 자유대한민국 역사 바로세우기의 시작이라고 할 수 있다.

국민의힘은 '5.18 헌법 전문 수록 반대' 의견을 밝힌 김재원 최고위원을 징계했다. 기가 찬 일이다.

헌법전문에 '5·18 민주화운동'을 넣는 문제는 정치권의 화두였다. 나는 이를 결단코 반대했다. 5·18 정신 수록 문제는 1987년 6월 항쟁 이후 진행된 9차 개헌 때부터 불거졌다. 당시 야당이던 통일민주당이 전문에 포함시키려 했으나 협상 과정에서 빠졌다.

그러다 이 문제가 다시 정치권의 전면에 등장한 건 개헌 30년 만인 2017년 대선 때다. 문재인 후보는 ▶5·18정신 헌법 수록 ▶'임을 위한 행진곡' 공식 기념곡 지정 ▶5·18 민주화운동 추가 진상규명 등을 공약했다. 당시 이념적으로 가장 대척점에 있던 홍준표 당시 자유한국당 대선 후보도 "반대할 이유가 없다"며 5·18 정신 수록 문제에 긍정적 입장을 보였다.

문 전 대통령은 실제 취임 이듬해인 2018년 3월 5·18 정신이 전문에 포함된 헌법 개정안을 발의했다. 하지만 당시 야당이던 자유한국당과 바른미래당은 개정안에 포함된 '대통령 4년 연임제' 등에 대해 "충분한 사회적 논의가 필요하다"며 반대했다. 당시에도 5·18 정신을 전문에 넣는 문제에 대해선 여야 이견이 없었다.

그러다 2022년 대선에서 윤석열 당시 국민의힘 후보는 보수 정당 후보로는 처음으로 5·18 정신 헌법 수록을 대선 공약으로 제시했다. 윤 대통령은 2021년 11월 국민의힘 대선 후보로 선출된 직후 광주 5·18 민주묘지를 참배한 자리에서 "5·18 정신은 자유민주주의 정신이고, 우리 헌법 가치를 지킨 정신이기 때문에 헌법이 개정될 때 당연히 헌법전문에 올라가야 한다"고 강조하기도 했다.

여야는 5·18 정신을 헌법 전문에 수록하기 위한 '원 포인트 개헌'을 주장하는 목소리가 커지고 있다.

나는 "자유우파 국민이 동의도 하지 않은 5.18 헌법전문 삽입 발언을 하는 것은 도저히 있을 수 없는 일이다"고 반대했다. 이는 사실상 국민의힘이 자유우파 국민들에게 전쟁을 선포한 것과 다름없다. 이것은 더불어민주당이 '5.18 왜곡처벌법'을 날치기 통과한 것과 같다. 헌법이 보장한 국민의 표현의 자유까지 짓밟는 것이었다.

"5.18은 대한민국의 가장 아픈 역사이며 현재도 진행 중인 역사이며 우리가 잊지 말아야 할 교훈을 준 역사다. 역사는 항상 진실과 정의를 바탕으로 해야 한다. 그래서 역사는 과거이며 현재이며 미래인 것이다. "일방의 역사가 아니라 국민 전체의 역사가 되어야 한다. 그것이 상식이다."

〈2022년 5월 18일 보도자료〉

제 9 장 국민이 원한다

윤 대통령의 자유와 이념 정체성의 애매모호함은 국민의 힘 정체성과 맞물려 있다. 윤석열 정부 출범은 좌에서 우로 운전대를 돌렸는데, 바퀴가 자리를 못잡아서 불안한 상태의 지속이다.

이러니 윤 대통령이 강조하는 자유의 진정성을 국민이 받아들이지 못한다는 지적이 나온다. 그러면서 윤 대통령은 육군사관학교의 홍범도 장군 흉상 철거·이전 문제와 관련해서도

반공 체제싸움 현수막 행진

"잘못된 것을 가만히 놔둬야 하느냐"면서 '역사 바로 세우기'의 의지도 밝혔다.

부끄럽게도 우리 민족의 해방과 건국의 역사 안에서 올바른 역사세우기가 이뤄지지 못함으로써 역사 바로 세우기는 여전히 가장 중대한 과제 중 하나로 남아 있다. 그렇다면 지난 역사적 사건에 대한 평가는 대한민국 정체성을 지키기 위함이었는가 아닌가에 초점이 맞춰져야 한다.

문 좌파 정권이 허물어놓은 5년을 바로잡고 헌법에 따른 대한민국의 정체성을 확립하는 것이다. 대한민국의 정체성과 자유·민주적 신념을 저해해온 각종 사회 권력을 정리하는 데서 시작해야 한다. 1948년 대한민국 건국과정에서 대한민국의 선택은 반공주의였다. 이승만 대통령은 반공정신으로 자유대한민국을 건국했다.

좌파들은 '반공주의'를 냉전주의의 사고의 틀로 규정하여 비판하고 있는데 반공주의는 국민을 전체주의 노예상태로 만드는 것을 반대하는 지극한 당연한 이념이다.

공산주의는 전체주의로서 국민을 공산당의 노예 상태로 만들고, 개인의 자유를 박탈한다. 건국 이후 오늘에 이르도록 우리가 보고 있는 공산주의는 실패한 이념이다. 반공주의 노선을 선택한 대한민국은 자랑스러운 대한민국이 되었다.

만일 이승만 건국대통령의 반공정신으로 대한민국을 건국하지 않았다면 대한민국은 벌써 공산국가가 되어 오늘의 자유와 평안과 번영을 누릴 수 없었다. 그러므로 반공주의를 냉전적 사고로 규정하여 금기시하는 것은 대한민국의 정체성을 무너뜨리는 것이다.

따라서 이러한 조국의 현실을 보고 있는 대통령으로서 반공정신을 되새기는 것은 매우 중요하다. 반공주의는 때로는 정적을 제거하는 데 악용되는 사례는 문제가 있지만 대한민국이 처한 오늘의 현실에서 국가의 안정과 평화를 위해서는 반공주의는 되살려야 한다.

투명외교

윤석열 정부는 문재인 좌파정권때 거의 단절된 한미, 한일관계를 정상화시켜 놓았다. 윤석열 정부 외교정책은 미·중 사이에서 전략적 모호성을 취해 온 전임 정부들과 달리 한·미 동맹 강화라는 명확성을 택했다. 그 결과, 지난 4월 한·미 정상회담에서 '워싱턴 선언'을 이끌어냈다. 지난 정부의 종속적인 북한 관계도 상호주의적 안보 강화의 관계로 되돌려 놓았다.

한일 관계 정상화는 북핵 도발과 중국 위협을 저지하고 경제에 새 활력을 주는 마중물과 같다. 양국 정상 간 셔틀외교 복원과 문재인 정부 시절 중단된 한일군사정보보호협정(GSOMIA) 정상화, 반도체 3대 핵심 소재 수출규제 해제 등은 윤 대통령의 '제3자 변제' 해법이 없었으면 결코 풀지 못했을 사안들이다.

윤 정부 안보전략은 '북한 핵·미사일 위협에 능동적으로 대응하기 위해 독자적 대응 역량을 획기적으로 보강하고자 한다'는 강력한 자위권 확보 의지도 담았다.

제 9 장 국민이 원한다

이처럼 외교 안보 관계에 있어서 윤 대통령은 큰 업적을 내었다고 할 수 있다. 이제 세밀한 정책으로 국민에게 친밀하게 다가가 설명하며 내치에 임하여 국민들의 마음을 얻는 것이 필요하다.

야당이 바라보는 한일관계는 아직도 죽창가론이다. 2022년 10월 7일 이재명 더불어민주당 대표는 독도 인근에서 벌어진 한·미·일 연합훈련에 대해 "극단적 친일 행위다, 대일 굴욕 외교에 이은 극단적 친일 국방 아니냐 하는 생각을 할 수밖에 없다"고 비판했다.

이것은 대한민국 국민의 생명과 재산을 지키는 행위다. 이것을 친일로 모는 것이 과연 타당한 것인가. 1990년대 이후 미

지소미아 파기, 공수처법, 연동형비례대표제 저지를 위한 대토론회

국은 혼자 힘으로 아시아 지역 방어를 책임지는 데 한계를 느꼈다. 그래서 동맹국인 한국과 일본의 협력 체제와 부담을 나눠지고 싶어 한다.

일본은 한국과의 협력을 미일 동맹의 의무로 받아들였다. 우리에게도 한미 동맹과 한·미·일 협력은 하나로 묶인 패키지다. 한국과 일본은 대미 동맹만이 아니다. 북핵 탑재 미사일이 떨어질 가능성이 있는 나라는 사실상 한국과 일본 둘 뿐이다.

미국이 본토를 위협하는 북한의 ICBM을 동결하는 대가로 핵 보유를 용인하는 '이기적 선택'을 할 경우 강력하게 항의해서 저지해야 하는 나라도 한국과 일본이다. 같은 위협에 처한 나라와 힘을 합치는 것은 안보의 기본 원칙이다. 일본이 좋아서, 일본과 친해지고 싶어서 협력하는 게 아니다. 나라를 지키는 데 필요하기 때문이다.

이재명 대표는 "역사를 잊은 국민에게는 미래가 없다"고 했다. 대한민국 모든 패악의 원인을 친일에 돌린다. 일제 징용 '제3자 변제' 방안에 대해 논란이 있을 수 있다. 그러나 이재명은 "윤석열 정권이 일본의 사죄와 반성은 뒷전으로 둔 채 조공보따리부터 챙기고 있다"며 "하나부터 열까지 굴욕"이라고 시퍼런 비수를 던졌다.

정부 배상안 발표에 박수치는 국민은 많지 않다. 그러나 언제까지 과거사에 매달려 일본과 원수처럼 살아야 하느냐는 지적도 적지 않다.

2018년 말 대법원 강제동원 판결이 나오자 문재인 당시 대통령은 친일 청산을 말했다. 8월엔 "다시는 일본에 지지 않겠다"며 '관제 민족주의'에 불을 질렀다. 한일 군사정보보호협정(GSOMIA · 지소미아)도 흔들렸다.

이재명도 문재인 전 대통령 못지 않는 반일 시각을 그대로 보여주고 있다.

나는 이재명 대표의 한미일 연합훈련 비판과 친일파 발언 등 반일감정 조장에 대해서 강력하게 비판했다.

지소미아 유지 촉구 기자회견(광화문 외교부 앞)

"김정은의 비핵화 사기극이 만천하에 드러났고 북한이 노골적으로 핵위협을 하는 가운데, 더불어민주당의 이재명 대표가 '친일파' 운운 등 연일 반일감정을 조장하고 있다. 70년대식 운동권 주사파 논리를 지금까지 악용하는 이재명 대표는 극단적인 조국 따라쟁이에 불과하다. 이재명 대표가 북한의 현실적인 핵위협 앞에서도 이처럼 극단적인 '친일파' 발언을 일삼고 있는 이유는 실패한 조국의 반일선동을 따라해 자신의 천박한 역사인식을 감추려는 것이다. 국가안보에 딴지를 거는 이재명 야당 대표는 스스로 자기 얼굴에 침뱉는 꼴이다. 구더기 무서워 장을 못 담구는 이재명 대표가 조국의 '죽창'에 이어 조만간 '도시락 폭탄'발언을 할 기세다. 현실화 되어가고 있는 북핵 위협과 안보불안은 전쟁광이 된 김정은의 가짜 비핵화쇼에 공조한 민주당 정권의 책임이 가장 크다."

〈2022년 10월 11일 보도자료〉

물론 나의 이 같은 성명서는 국가안보에 딴지를 거는 이재명 대표에 대한 인식전환을 촉구하는 비난이지만 그렇다고 윤 대통령마저 이를 무시하거나 대화상대로 인정못하겠다고 여기면 안된다.

윤 정권은 외교 문제만큼은 야당과 물꼬를 트이게 해야 한다. 반일을 들고 나온 야당을 무시 외면할 것이 아니라 직접 설명을 해야한다. 국민에게도 이를 낱낱이 알려야 한다.

2023년 3월 20일 YTN라디오 '뉴스킹 박지훈입니다'에 출연했을 때 인터뷰 내용 일부다.

"윤 대통령의 스타일을 변화시켜야 한다. 왜냐하면 외교 문제에 있어서 '지지율이 1% 되더라도 가겠다' 이런 얘기는 외교 문제는 안 된다. 이건 외교 문제는 본인의 개인의 지지율하고 전혀 다르게 국익의 문제고, 잘못하면 국방·안보의 문제, 역사의 문제까지 있기 때문에 그런 방향들은 바꾸는 게 맞다. 스타일을 바꿔야 되는데 스타일을 못 바꾸실 것 같아요."

외교는 대통령실이 풀어야 되는데 대통령실은 뭔가 자꾸 대통령의 입장만 얘기하는데, 국민의 입장에서 대통령실도 얘기할 필요가 있다. 여야 관계가 괜찮으면 여야 대표들을 모셔서 모임을 하고, 그게 안되면 민주당 가서도 설명을 해 줘야 된다.

"대통령하고 껄끄러우면 당연하게 중요한 외교 문제인데, 듣고 안 듣고는 민주당의 선택이잖아요. 그런데 해야 할 게 집권 여당의 의무라는 거예요. 해야 할 일을 하는 것이 맞고, 또 이재명 대표로서도 와서 설명하겠다는데 반대할 이유 없잖아요. 그러면서 물꼬를 트는 겁니다."

(2023년 3월 20일 YTN라디오 '뉴스킹 박지훈입니다' 인터뷰)

YTN라디오 뉴스킹 박지훈입니다

제 9 장 국민이 원한다

사법부

2023년 9월 24일 퇴임한 김명수 대법원장은 한국의 사법부를 붕괴시켰다 해도 과언이 아니다. 그가 취임 초부터 우리법·인권법 출신 판사들을 요직에 앉히고, 문재인 정권에 불리한 판결을 한 판사들을 한직으로 보낸 건 다 알려진 사실이다. 대법원도 대법관 14명 중 7명을 우리법·인권법·민변 출신으로

서울중앙지법 앞 법치사망 규탄 집회

채웠다. 전례가 없는 일이었다.

그는 국회에 거짓말을 한 최초의 대법원장이다. "법관 독립 침해 시도를 온몸으로 막겠다"고 해놓고 문 정권 때 법관 탄핵을 추진한 민주당에 잘 보이려고 탄핵 대상으로 지목된 판사의 사표 수리를 거부했다. 국회에서 문제가 되자 아니라고 거짓말을 했다가 녹취가 나와 들통났다.

김 대법원장 체제에서 문 정권 편 판사들은 재판이 아니라 정치를 했다. 김명수 대법원은 'TV 토론에서 한 거짓말은 허위 사실 공표가 아니다'는 황당한 판결을 내려 민주당 이재명 대표가 대선에 출마할 수 있는 길을 열어줬다. 이 판결을 놓고 대장동 업자와 대법관의 재판 거래 의혹까지 불거져 있다.

김 대법원장은 시작부터 정치 '쇼'를 했다. 대법원장 지명을 받은 날 춘천에서 일부러 시외버스와 지하철을 타고 서울 대법원에 왔다. 공식 업무가 아니어서 관용차를 탈 수 없다고 말해 인기를 얻었다. 그런데 대법원장이 되자마자 '재판 충실화 예산' 수억원을 자신의 공관 개축 비용으로 전용했고, 아들 부부를 1년 3개월 동안 그 공관에 들어와 공짜로 살게 했다. 그의 6년은 '한국 사법의 흑역사'라 해도 과언이 아니다. 삼권분립, 법치주의, 일사부재리(一事不再理) 같은 용어는 교과서에서 배운 민주주의 말이 되어버렸다.

2023년 3월 23일 헌법재판소가 '검수완박'(검찰 수사권 완전 박탈) 관련 두 가지 법(개정 검찰청법 · 형사소송법)의 효력이 유효하다고 판단했다.

헌재는 입법 과정에서 당시 국회 법제사법위원장이 국민의힘 의원들의 심의 · 표결권을 침해한 것으로 봤다. 그러면서도 법사위원장과 국회의장의 법률 가결 선포 행위가 무효는 아니라고 판단했다. 법무부와 검찰이 제기한 권한쟁의 청구는 각하했다.

헌법재판소는 이날 주요 쟁점에 대해 대부분 '재판관 5 대 4' 의견으로 '기각' 또는 '각하' 결정을 내렸다. 이를 두고 법조인들은 "헌법재판관들의 평소 이념적 성향과 거의 일치한다"고 평가했다.

헌법재판관 9명 중 유남석 헌재소장, 이석태 · 김기영 · 문형배 · 이미선 재판관 등 5명은 '진보' 성향으로 분류된다. 반면, 이선애 · 이종석 재판관은 '보수', 이은애 · 이영진 재판관은 '중도 보수'로 통한다. 권한쟁의 심판 사건에서 청구인의 주장이 받아들여지려면 헌법재판관 5명 이상의 동의가 필요하다. 진보 성향 재판관이 5명을 차지하고 있다.

헌법재판관들의 정파성도 노골적으로 드러났다. 지금 헌재 재판관 9명 중 8명은 문재인 정권에서 임명됐다. 이 중 5명이 이른바 진보 성향이라는 민변과 우리법연구회, 국제인권법

연구회 출신이다. 나머지 재판관 4명은 법사위원장의 가결 선포 행위는 무효라고 했지만 이들 진보 성향 재판관들이 유효라고 하면서 결국 기각 결정이 나왔다. 이들이 모두 자신들을 임명해준 정권 편에 선 것이다. 법률가의 양심을 버리고 정치적 입장에 선 판단을 내렸다.

민주당은 문재인 정권 말 '검수완박 법안'을 강행 처리했다. 문 정권이 저지른 불법을 검찰이 수사하지 못하게 하기 위해서였다. 입법 과정은 탈법과 편법의 연속이었다. 법사위 통과를 위해 민형배 의원을 위장 탈당시킨 뒤 안건조정위에 넣어 여야 동수로 구성하도록 한 안건조정위를 무력화했다. 그 뒤 안건 논의도 없이 각각 8분, 17분 만에 관련 법안을 처리했다. 최장 90일간의 숙의 기간을 보장한 국회법 취지를 어긴 것이다. 필리버스터를 막기 위해 회기 쪼개기 수법도 동원했다.

헌재는 이런 행위가 위법이라면서도 "국회의원의 심의·표결권을 전면 차단해 국회 기능을 형해화할 정도에 이르지 않았다"는 이유로 유효라고 했다. 절차 위법을 인정하면서 그런 절차로 만든 법이 유효하다는 모순적 결정이다.

이것이 진보와 보수 성향 재판관의 문제일까. 진보와 보수성향 재판관들이 견해를 달리하더라도 법치에 걸맞는 공정과 상식의 판결이 우선이어야 한다. 공정한 판결을 내리기 위해서는 어느 한쪽을 향한 편견과 편향이 있어선 안 된다. 객관적인 사실관계를 파악하기 전에 마음 속에서 결론이 내려져서도 안 되고, 미리 정한 결론에 도달하기 위해 유리한 것은 취하고 불리한 것은 무시하는 오류에 빠져서도 안 된다.

헌재의 판결은 진보와 보수의 성향 재판관의 문제이기 보다 민중사법부가 사법부를 장악하고 있음을 보여준 것이다. 문재인 주사파 정권이 물러났지만 여전히 386 NL(민족해방)PD(민중민주주의)세력들이 사법부는 물론 입법·행정부를 장악하고 있다.

이들은 법과 양심에 따른 판결이 아닌 자신이 속한 운동권의 이념적·정치적 기준에 따라 사안을 당파적으로 판단한다.

'민중사법부'를 뒤집어 놓지 않으면 간첩도 무죄 선고받는 나라가 될 것이다.

이 시대의 정의, 그리고 미래

문재인

　　윤 대통령은 국민의힘 대선 후보시절 집권하면 문재인 정부의 적폐청산 수사를 하겠다고 밝혔다. 윤 대통령은 당시 "자기네 정부 때 정권 초기에 한 것은 헌법 원칙에 따른 것이고, 다음 정부가 자기네들의 비리와 불법에 대해서 하는 건 보복인가"라며 "(적폐 수사는) 당연히 한다"고 말했다. 윤 대통령은 '극악무도한 집단'으로 매도해 온 현 정부를 적폐 수사 대상으로 예고한 것이다.

　　윤 대통령 집권 1년 5개월이 지났지만 검찰이 문 전 대통령을 향한 수사를 한다는 이야기를 들어 본 적 없다. 문 전 대통령 수사에 대해 정치보복이라고 하는데 이것은 말이 되지 않는다. 또 윤 정권 내부에서도 문 전 대통령 수사를 하면 폭동이 일어난다며 경계했다. 전직 대통령도 죄가 있다면 수사를 하는 게 당연하다. 이것이야말로 법치를 바로 세우는 정의다.

　　국가 정상화의 핵심 중 하나는 문재인 좌파정권 시절 저질러진 비리·불의에 대한 진실규명과 엄중한 사법적 책임 추궁이다. 국민들은 문재인 수사와 구속을 간절히 바라고 있다. 문재인 좌파정권이 저지른 부정부패 몸통은 문 전 대통령이다. 그런데도 이에 대한 수사는 문 전 대통령에 대해 패싱이다. 윤 정권이 문 전 대통령 수사를 못하는 특별한 이유와 까닭이 있는지 국민들은 궁금해한다. 이미 문 전 대통령을 소환 조사할 이유가 차고 넘친다.

문재인 정부의 태양광 사업 '과속'을 둘러싼 불법과 비리는 어느 정도 드러났지만 주무부서인 산업통상자원부와 지자체 공무원, 한국전력 임직원까지 무더기로 연루됐다는 감사 결과는 충격적이다. 적나라하게 드러난 태양광 사업 복마전 실태에 할 말을 잃게 된다.

탈원전 반대(2022.1.21.창원 두산중공업 앞)

모든 책임은 문재인 정부에 있다. 탈원전을 내걸고는 태양광 사업을 무리하게 밀어붙인 탓이다. 전력기금이라는 나랏돈으로 떠밀다시피 밀어주니 공공기관 구성원들의 먹잇감이 된 것이다. 상부에서도 알고도 모른 척 눈감아줬을 수도 있다. 국민 세금으로 이런 요지경과 복마전이 거리낌 없이 벌어졌다고 하니 국민들은 기가 찰 뿐이다.

옛날 같으면 검찰이 태양광수사본부를 차려 피의자들을 줄줄이 불러들여 전모를 캐냈을 것이다. 감사원이 당연히 불법 사실이 있다면 수사기관에 수사를 의뢰하겠지만 그것으로는 부족하다.

또 문재인 정부 청와대가 주택·소득·고용 통계를 유리한 쪽으로 조작하기 위해 국토교통부와 통계청, 한국부동산원을 압박했다는 감사 결과를 내놨다. 감사원은 전 정부의 장하성 정책실장과 홍장표 경제수석비서관, 김현미 국토부 장관, 강신욱 통계청장 등 22명에 대해 통계법 위반, 직권남용, 업무방해 혐의로 검찰에 수사를 의뢰했다. 여러 차례 제기됐던 통계분식 의혹에 근거가 있다고 판단한 것이다.

감사원은 문 정부 청와대와 국토부가 집값 동향 발표 전 수시로 부동산원에서 통계를 미리 보고받고, 영향력을 행사해 일부 숫자를 고쳤다고 봤다. 집값이 상승세로 돌아선 2019년 6

월에는 국토부 측이 "저희 다 죽는다. 전주와 마찬가지로 마이너스 변동률을 해 달라"고 요청했고, 부동산원은 서울 아파트값 변동률을 -0.01%로 고쳤다고 한다. 비슷한 일이 4년 5개월 동안 최소 94회 벌어졌다는 것이다.

부동산원이 보고한 아파트값 상승률이 높은 경우 청와대 측에서 "협조하지 않으면 조직과 예산을 날려버리겠다"고 하는 일도 있었다고 한다.

소득주도성장 정책과 관련해서도 거짓해명, 통계조작이 있었다는 게 감사원의 결론이다. 문 전 대통령은 2018년 5월 "최저임금 인상의 긍정적인 효과가 90%"라고 했다. 한국노동연구원 소속 연구원 개인의 분석 결과를 청와대가 받은 걸 인용했다고 한다. 하지만 통계청 자료와 일치하지 않는다는 비판이 나오자 청와대는 "노동연구원이 통계청 자료를 받아 분석한 것"이란 해명을 내놓도록 통계청을 압박했다고 한다.

청와대는 2017년 2분기, 4분기에 각각 가계소득, 소득불평등도가 악화되자 통계 가중치를 조정해 양쪽 모두 개선된 것처럼 바꾸게 했다. 2019년 8월에는 소주성의 취지와 반대로 비정규직이 급증하자 조사 과정에서 오류가 생긴 것처럼 발표하도록 지시했다고 한다.

부동산·소득·일자리 등 국민의 실생활과 관련한 국가

공식 통계를 정치적 이득을 위해 조작하는 일이 있었다면 결코 좌시해선 안 될 국기문란 행위다.

　　문 전 대통령은 대한민국의 선량한 공무원이 피살 3시간 전 보고를 받았지만 골든타임 3시간 동안 국민이 납득할 만한 그 어떤 조치도 취하지 않았다. 문재인의 국정원과 국방부, 해경은 증거를 조작하고 '월북'으로 몰아갔다. 국민의 관심은 문재인이 최종 수용한 '월북몰이'의 최종 책임자가 누구인지를 밝혀야 한다. 이에 대해서는 공정하고 객관적인 수사를 통해 있는 그대로의 진실을 규명해야 한다.

　　무엇보다 문 전 대통령은 대한민국의 정체성을 부정하고 건국세력을 부정했다. 특히 자유민주주의와 시장경제에 반하는 개헌을 추진하며 자유통일 정책을 부정한 것은 헌법위반 사항이다. 대한민국의 안보와 국방을 무력화시키고 북한의 핵, 미사일 위협을 더욱 노골화시키고 북한의 괴뢰정권과 9.19 군사합의를 통해 안보의 빗장을 다 열어준 것은 대단한 여적 행위다.

　　5년 단임 정부가 대한민국의 정체성인 자유민주주의와 자유시장경제를 무너뜨린다는데 대해서 용서할 수가 없다. 이 체제 붕괴에 대한 책임을 누가 져야되는가?

　　잔인한 문재인 좌파독재정권의 진정한 종식은 문재인 붉은 적폐를 깨끗이 청산하는 것이다. 윤석열 정부가 국민의 명령

제 9 장 국민이 원한다

문재인 퇴진 촉구 태극기집회

을 받들어 반드시 문재인 붉은 적폐를 청산해야 할 것이다.

위대한 건국 대통령 이승만 대통령과 위대한 부국강병 대통령 박정희 대통령 그리고 순국선열과 호국영령이 지키고 발전시킨 자유대한민국을 벼랑 끝으로 내민 문재인은 대한민국 역사상 가장 최악의 대통령이자 반대한민국 세력의 우두머리에 불과했다.

나는 2022년 5월 10일 문 전 대통령이 퇴임하는 날 "부디 양산에서는 반성하고 사과하는 삶을 살길 바란다"고 밝혔다. 문 전 대통령은 퇴임하는 날 "잊힌 삶을 살겠다"고 했다. 그런데 문 전 대통령은 걸핏하면 정치적 발언을 쏟아낸다. 국민들로부터 잊혀질까봐 온갖 '관종'의 모습을 보여왔다. 전직 대통령이 국

이 시대의 정의, 그리고 미래

가 통합의 밀알이 되기는커녕 연일 국론 분열과 사회적 갈등만 야기하는 억지 주장만 펼쳤다.

"문재인 씨는 약속한대로 양산에서 조용히 사시라. 대한민국 국민이 당신의 잘못을 몰라서 가만 있는 게 아니다. 그동안 여러분들이 5년 동안 대한민국을 어떻게 망하게 했는지 대한민국의 체제를 어떻게 무너뜨렸는지 대한민국의 이념을 어떻게 바꾸었는지 다 알고 있다. 우리공화당이 오늘 스타트를 끊은 것이다. 또 다시 나대면 10만 명의 자유우파 국민들이 이 양산으로 오겠다. 우리공화당의 마지막 경고다. 당신들 때문에 죽음에 몰린 국민들을 생각하더라도 자중하면서 사시길 바란다."

〈2023년 11월 18일 양산 서리 마을 입구 연설〉

경제파탄 문재인 규탄 태극기집회(양산 문재인 사저)

윤핵관

윤핵관은 '윤석열 측 핵심 관계자'의 줄임말이다. 윤석열의 지지 세력, 친윤내에서 윤석열과 특별하게 가까운 핵심 측근을 비판하거나 부정적으로 가리킬 때 사용하는 말이다.

윤 대통령에게 가장 필요한 것은 쇄신과 변화의 이미지다. 그러기엔 안팎에서 손가락질을 받는 윤핵관과 당 중진들을 정리하는 것만큼 효과적인 방법은 없다. 당내 최대 기득권을 해체하면 여론의 호응과 지지율 상승을 이끌어낼 수 있다고 판단했을 것이다.

윤 대통령의 속내는 알 수 없으나 어느 경우든 윤핵관은 토사구팽의 길로 내몰릴 수밖에 없다.

따지고보면 지금의 윤핵관을 만든 장본인은 윤 대통령이다. 윤 대통령은 당내 기반이 없던 터라 어떻게든 제 사람을 깔아 둬야 한다는 강박에서 벗어나기 힘들다. 낮은 윤 지지율의 원인은 정책보다는 그런 난맥 인사와 불공정, 독선, 불통 등이다.

윤 대통령 지지율이 곧 당 장악력이다. 관건은 스스로의 혁신을 통해 국민의 마음을 얻을 수 있느냐. 혁신은 말 그대로 완전히 바꾸는 것이다. 그들의 선택은 결과적으로 '변화와 쇄신을 가늠하는 잣대'다. 창업 공신의 업(業)이고 모두가 사는 길이다. 이게 과연 가능할까.

윤핵관은 권력을 누려야 한다는 것과 공천권·당권을 쥐겠다는 탐욕이 전부다. 윤핵관들의 행태는 절치부심 정권교체를 이뤄준 국민에 대한 배신이다. 윤핵관 라인뿐만 아니라 온갖 끈을 잡고 들어온 모든 세력에게 공평한 칼날을 들이대야 한다. 집권에 성공한 후 대통령의 측근이라는 사람들이 경거망동한다는 소리가 들려서는 곤란하다.

이준석은 버릇이 없는 것은 맞다. 그런 이준석을 혼내려면 내 사람부터 혼내야 한다. 윤핵관을 확실하게 정리하면 이준석도 설 자리가 좁아진다.

정치의 세계에서도 당내 민주주의와 절차적 정당성, 명분이 결핍된 방법으로는 그 어떤 것도 성취할 수 없는 세상이 됐다.

윤핵관을 축출하고 과감한 인적 쇄신과 시스템 정비를 통해 국가 정상화에 착수하는 것이다. 윤석열 정부 성공 여부는 윤핵관 등 측근을 앞으로 어떻게 처리하느냐에 달려 있을 것이다. "윤핵관이 죽어야 윤석열 정부가 성공한다"는 측근들의 자성이 무엇보다 필요한 시기다. 이 전 대표가 대통령에 대한 비난과 거부감, 윤핵관을 공격할 때 행여 자신들의 욕심을 채우려던 검은 속을 들켰다는 생각은 해보지 않았는가.

윤석열 대통령 지지율 하락의 결정적인 문제 중 하나가 윤핵관이다. 윤핵관들이 전면에 나선 국민의힘 혁신은 의미가 없다. 혁신·변화 주도세력에게 힘을 실어주고, 윤핵관은 물러서야 한다. 5년간 푹 쉬는 게 윤석열 정권을 위하는 길이다. 쇄신 정도가 아니라 머리부터 발끝까지 다 바꿔야 한다. 그들은 국회의원직에 연연해서는 안 된다.

"윤핵관들이 너무 밉상이다. 그러면 윤핵관들을 앞장세우는 인사, 친윤계만 하는 인사에부터 국민들이, 특히 젊은 세대들이 돌아서는 겁니다."
〈2023년 3월 27일 YTN라디오 '뉴스킹 박지훈입니다' 인터뷰 발언 중〉

윤핵관 장제원 의원이 "용맹한 새는 발톱을 숨긴다"는 글을 올린 데 나는 "발톱을 감추는 게 아니고 잘라야 한다"고 조언했다. 윤석열 대통령을 도와주려면 장제원 의원이 불출마 등 결단을 해야 한다. 왜냐하면 소위 공천 변화를 제대로 하려면, 윤핵관들이 불출마 선언하는 게 맞지 않나.

장제원 의원은 결국 불출마로 그 발톱을 잘랐다.

"권선동 의원은 좀 멀리 멀어졌다 하던데 장제원 의원은 불사조다. 제2의 불사조다. 이인제 전 대표 다음에 제2의 불사조가 (대통령과) 멀어졌다 가까워졌다 자꾸 이러니까, 이제 발톱을 감추지 말고 아예 발톱을 잘라버려라. 장제원 의원한테 하고 싶은 얘기가 그 얘기다."

〈2023년 10월 5일 CBS 라디오 '김현정 뉴스쇼' 인터뷰에서〉

CBS라디오 김현정의 뉴스쇼

제 **10** 장

위대한 대한민국

대한민국은 전쟁을 겪은 나라 중 거의 유일하게
경제성장과 민주주의를 성취하는 모범사례를 이루었다.
이런 과정에서 갈등과 대립은 있을 수 있다.
이제 대한민국은 국민이 하나가 되어 미래로 향해 나아가야 한다.

이 시대의 정의, 그리고 미래

세계로

8월 29일은 조선이 망한 경술국치일이다. 경술년(1910년) 8월 22일에 일본의 통감 데라우치 마사타케와 대한제국의 내각총리대신 이완용 사이에 조인된 조약이 1주일이 경과된 이 날 공표됨에 따라 순종황제의 조칙이 발표되어 8월 29일 한국은 일본에 완전히 병합되었다.

이로 인해 일본의 일부가 되었고 국어는 일본어가 되었으며 한국의 백성은 일본 제국의 2등 국민이자 일본인의 노예로 전락하였다. 그렇게 1392년에 태조 이성계가 세운 조선은 5백여 년 만에 역사의 뒤안길로 사라졌다.

19세기 중후반 메이지 유신을 통해 일본이 근대 제국주의 열강으로 거듭났지만 조선은 이를 하지 않았다. 조선은 소중화 사상에 물들어 현실을 받아들이지 않고 뒤늦게 크게 당하고 서야 불리한 조건으로 개항을 시도하면서 두 나라의 운명을 갈랐다고 보여진다.

당시 조선에서는, 세도정치가의 문벌 가문들은 국제정

세에 대해서 별반 지식, 관심, 대책이 없었고, 이들의 대외관은 중화사상으로부터 물려받은, 역외 문화를 전부 오랑캐의 문화로 보는 그것이었다. 이는 명나라의 멸망 이후 조선을 '우월한 중화 문명의 유일한 계승 국가'라는 '소중화(小中華)'론의 대두가 큰 부분을 차지한다.

1863년에 등극해 44년을 치세한 고종은 조선을 살리기 위해 무엇을 해야 하는지 알지 못했다. "1905년 일제와의 보호조약이나 1910년 병합조약은 대한제국의 제도에 충실하게 규정됐다"고 했다. 또 "두 조약은 황제가 그의 개인적 권리를 처분하는 형식과 내용으로 이루어졌고 조약을 검토하는 어떠한 대의 권력도 존재하지 않았다"고 설명했다.

당시 조선이 살아남기 위해서는 국가 체제를 근대적 입헌국가로 개편해야 했다. 그를 위해 국민을 근대적 주권의 주체로 만들어야 했고 주권을 대표하는 의회를 설치해야 했다. 또한 징병제를 실시해 국방을 공고히 할 필요가 있었다. 불행하게도 고종은 이런 역사적 책무를 감당할 만한 개명군주가 아니었다.

우리는 이런 과거의 역사를 직시해야 한다. 오늘도 그 역사는 바뀌지 않았고, 국제정세는 더욱 대한민국을 조여오고 있다. 동아시아의 19세기 역사는 유럽 열강의 국제질서와 중국 대륙의 중화사상을 기반으로 한 전통질서의 충돌로 시작된다.

일본·중국·러시아라는 세 제국 사이에 놓인 한반도의 지리적 특성은 제국주의 열강이 벌이는 음모와 경쟁, 전쟁의 무대가 되기 충분했다. 결국 압도적인 군사력의 서구 열강은 동아시아를 폭력과 전쟁으로 몰아갔다. 한반도라는 지리적 위치는 제국주의 열강이 이권을 놓고 벌인 전쟁터였다. 이것은 청일전쟁과 러일전쟁의 배경이 됐다.

6.25 전쟁 이후 지금까지 70년은 이 나라에 사소한 부딪침은 있어도 큰 전쟁이 없었기에 지금의 번영을 이루고 살고 있다. 그러나 국제정세는 또다시 소용돌이 치고 있다. 대한민국도 그 소용돌에서 비켜가지 않을 것 같다.

팔레스타인 이슬람주의 무장단체 하마스의 공격을 받은 이스라엘이 "전쟁"을 선포하면서, 중동 정세가 다시 격랑에 휩싸였다. 우크라이나 전쟁의 결말은 오리무중이다. 상황은 더욱 악화될지 모른다. 이스라엘, 우크라이나 사태는 현존하는 국제 질서에서 언제든지 제2, 3의 전쟁이 벌어질 수 있다.

2차 세계대전 이후 출범한 UN 등 주요 국제기구들은 결정적 고비에서 강대국의 이해 충돌로 이렇다 할 역할을 못한지 오래다. 특히 2차 세계대전 및 1991년 구소련 해체이후 구축된 미국의 일극(一極) 체제도 흔들리면서 글로벌 불안정성이 갈수록 높아지고 있다.

다음 전쟁 후보지로 대만해협을 꼽고 있다. 시진핑이 제시한 비전이 중국몽(中國夢)이다. 미국을 넘어 세계 최강의 국가로 중국을 일으켜 세우려는 것이다. 이를 위해 중국의 완전한 통일 대업 달성을 이루고싶어 한다.

1949년 마오에 패한 장제스(蔣介石)가 대만으로 넘어간 이후 70여 년 넘게 풀리지 않고 있는 난제다. 마오는 "무력에 의한 대만 해방"을 추구했지만, 덩샤오핑(鄧小平)은 "일국양제(一國兩制, 한 나라 두 체제)와 평화통일"을 내세웠다. 시진핑은 다르다. 하나의 중국이다. 통일을 평화적으로 이루는 날은 기약할 수 없다. 결국 무력에 의한 대만 해방 이야기가 나올 수밖에 없는 것이다. 대만에서 전쟁이 일어난다면 그 양상은 차원이 다르다. 미국, 중국을 포함한 진영간 전면 대결로 치러질 가능성 때문이다.

대만 총통 및 미국 대선이 실시되는 2024년을 전후해 미국과 중국이 대만을 놓고 전쟁을 벌일 것이라는 경고가 잇따라 나오는 이유다. 중국의 '정찰 풍선'과 '격추'를 둘러싸고 미·중 사이에 긴장이 고조되고 있다. 언제 어떤 상황에서 돌발변수가 발생할지 모르는 게 현재의 국제정세다.

더 큰 문제는 한반도다. 북한은 미 본토 타격이 가능한 화성-17형 ICBM과 고체 연료로 기습 발사 능력을 갖춘 신형

ICBM 등 핵심 신무기들을 대거 선보였다. 군사정찰위성을 성공시켜 핵무기에 망원경을 달았다고 떠들고 있다.

제니박 백악관 출입기자와의 한미 현안 토크대담

미국 FOX NEWS와의 인터뷰

미국의 자국중심주의가 갈수록 거세지면서 미중 갈등은 물론 글로벌 경제안보 질서가 요동치고 있다. 세계는 저성장 흐름과 중국의 패권 도전에 따른 신냉전, 보호주의 등 1,2차 세계대전의 원인들이 복합적으로 어우러진 고도의 불확실성 시대에 놓여있다. 바야흐로 신냉전시대가 온 것이다.

이스라엘·우크라이나 전쟁의 향배는 앞으로의 국제정치를 자유주의 진영이 주도할 것인가 아니면 권위주의 진영이 주도할 것인가를 결정할 것이다. 만일 하마스·이스라엘 전쟁으로 서방 진영의 전열이 흐트러지고 우크라이나 전쟁에서 러시아가 승리한다면 어떻게 될 것인가? 국제무대에서 자유주의 진영의 세력은 약화되고, 중국, 러시아, 이란 중심의 권위주의 진영이 득세할 것이다.

그렇게 되면 힘이 정의가 되는 세상, 더욱 쉽게 그리고 불특정적인 전쟁이 터지는 세상에서 살게 될 것이다. 그러한 난세 속에서 최근 권위주의 진영의 한 축으로 등장한 북한 김정은의 오판 가능성도 커질 것이다.

모든 국민이 예리한 촉각을 곤두세우고 국제 정세를 직시하며 만반의 대비를 해야 할 때다.

역사는 반복적으로 이어져 오고 있다. 대한민국은 조선의 패망을 극복해서 오늘날 발전과 번영을 누렸는데 지금은 또

다시 회귀하지 않을까 불안하다.

전체주의는 민주주의의 적이다. 대한민국은 세계화의 승자다. 세계가 모두 문을 열고 하나로 연결될수록 대한민국은 성장하고, 보호주의로 문을 걸어 잠그고 블록화로 연결이 끊어지면 위기를 맞는다. 세계화는 끝났다. '안미경중(安美經中·안보는 미국, 경제는 중국)'은 효력이 다했다. 선택은 불가피하다.

윤석열 대통령이 일본 기시다 총리와 정상회담을 서두른 이유도 일본과의 협력이 불가피했기 때문이다. 한미 동맹은 한미와 인도·태평양 및 전 세계의 평화와 안정, 번영을 증진하는데 중요하다. 한미 동맹의 업그레이드를 통해 '글로벌 플레이어'로 도약하는 첫걸음이 될 수도 있다.

안보는 여야가 없다. 또 대화와 협상, 평화 구축의 가능성이 보이면 언제든 이를 적극 모색해야 하지만, 대립 국면에서는 한·미동맹을 기반으로 만반의 대비태세를 갖춰야 한다.

북한의 도발과 위협을 협상 전술로 치부하던 시각에서 벗어나야 한다. 실체적 위기라는 인식 위에서 대응책을 찾는 것이 중요하다.

중국이 북한의 도발을 억지하도록 외교력을 발휘하면서 당당히 북의 도발에 맞서야 할 때다. 냉철한 국제 정세 인식과 자강력 확보 의지 그리고 현명한 외교력을 발휘할 때가 바로 지

제 10 장 위대한 대한민국

우리공화당 미국방문(LA태극기집회)

우리공화당 미국방문(미 국회의사당 앞)

금이다.

　　오늘날 규칙을 기반으로 해서 체제를 지킨다는 것은 교과서에나 나오는 얘기다. 국제정세는 질서를 파괴시키는 자들이 세계의 미래를 결정지으려 한다. 진정한 의미의 글로벌 세계 질서는 존재하지 않는다.

한국정치도 이를 직시해야 한다. 그러나 우리는 우리끼리의 갈등과 분열이 극에 달해 있다. 내부에서 싸우다가 위험이 발생하면 싸움을 멈추어야 하는데 이때다 하며 더 헐뜯기 바쁘다.

세계화는 피해갈 수 없는 현실이다. 세계화가 올바른 방향으로 진행될 수 있도록 정치가 정책을 모색해야 한다.

2023년 5월 1일 YTN라디오 '뉴스킹 박지훈입니다'에서 했던 발언이다. "문재인 정권에서 삼불정책을 통해서 등거리 외교를 하고 한미 간에 굉장히 이질감을 느낀 건 사실이에요. 괴리가 벌어졌거든요. 사이가 벌어졌는데 이번 워싱턴 선언을 통해서 확실하게 한미 동맹 한미일 연대 또 우방 국가 연대에 획을 그었다. 그래서 중국하고의 안보 부분은 왜냐하면 중국이나 러시아가 북한 핵에 대한 입장을 바꿔버렸어요. 우리가 바꾼 게 아니잖아요. 안보리에서 거부권 행사를 계속하면서 북한 핵에 대해서 동조 혹은 묵인하는 상태가 됐다. 그러면 우리도 방향을 잡아야 되는 거예요. 그전에는 중국이 북한 핵에 대해서 굉장히 조금은 비판적이었다. 그런데 중국이 이번 신냉전 상황으로 들어오면서 이게 이 부분이 완전히 변화했기 때문에 우리 한국에서도 변할 수밖에 없다. 그런데 경제적인 부분에서 어떻게 할 거냐고 하는 것은 중국

제 10 장 위대한 대한민국

도 우리가 필요하고 우리도 중국이 필요한 그 접점을 찾아나가는 수밖에 없다. 그런데 안보 블록에 있어서의 중국의 이탈은 방법이 없다. 지금 왜냐하면 중국과 대만의 관계가 급속도로 냉각되고 중국은 이미 여러 가지 선언을 한 게 많지 않습니까. 그러한 부분에서 중국과 대만의 관계가 악화되고 혹은 전쟁이 있을 수 있다. 그런 가정을 한다면 그 불똥은 한반도에 튈 수밖에 없잖아요. 거기에 대한 방어는 뭐냐 핵 없는 대한민국과 핵을 가진 북한 우리는 핵을 가진 북한에 굴종할 수밖에 없는 상황이 오지 않습니까? 그것에 대한 방어는 분명히 하고 가자, 그리고 경제 문제에 있어서는 이제 미국에 보여줄 것 다 보여줬기 때문에 이제는 우리가 미국한테 얻어올 것밖에 없다. 그러면 그 얻어오는 것을 어떻게 할 거냐. 새로운 미국의 신기술 또 우리가 가지고 있는 기술들을 어떻게 융합해서 좋은 기술들을 만들어서 세계 시장에 같이 나갈 거냐 하는 이런 부분들이 굉장히 중요한 시점이에요."

트럼프 방한, 국회 연설 당시 한미동맹 강화 피켓 시위 　　　　트럼프 방한, 한미동맹 강화 관련 언론 인터뷰

이 시대의 정의, 그리고 미래

보수주의

　　대한민국의 보수는 건국과정에서부터 자유민주주의와 시장경제체제를 이념으로 받들고 이를 공산주의로부터 지키려 했다. 그런데 언제부터인가 대한민국에서 보수가 '적폐'로 치부되고 있다. 좌파들은 보수를 '친일', '친미', '독재', '수구'의 대명사로 묘사하고 있다. 또 보수를 멸공·반공 세력 정도로만 인식한다.

　　그래서 보수정치인들은 스스로 "나는 보수정치인이다"라는 말을 쉽게 내뱉지 못한다. 어느덧 보수가 청산의 대상이 되어버렸다. 이들은 보수를 구시대적 유물로 여기고 있다. 대한민국의 보수가 왜 이렇게 된 것일까? 이것은 보수 정치인 책임이 가장 크다. 보수가 실종됐다. 애초부터 이들은 보수를 표방하지 않았다.

　　정치의 '정' 자도 바르게 배우지 못하고 정치에 입문한 자들이, 기회주의 촉만 살아서 움직여 온 자들이, 나만을 위한 나만의 삶에 집착해온 이들이, 투쟁의 '투' 자도 모르고 살아온 자들이, 어찌 보수를 알겠는가.

제 10 장 위대한 대한민국

보수는 청산대상도 적폐도 아니다. 자유민주주의 시장경제 틀을 갖고 오늘날 대한민국을 발전시켜온 이념이다. 대한민국 보수국민은 반대한민국 세력과 맞서 싸워왔고, 대한민국을 지켜냈다.

자유민주주의 체제 수호 8.15 집회

1950년대 초 미국도 보수의 몰락을 겪었다. 미국의 보수는 정치인이 나서서 '개혁'이니 '혁신'이니 그 따위 말장난을 하지 않았다. 만약 그랬다면 그는 정치인이 아닌 '사상가'가 되어야 한다.

도대체 보수라는 제도가 무엇이 문제인가. 제도가 문제가 아닌 보수를 자처하면서 보수를 부정하는 정치인이 문제다. 마치 보수란 제도가 문제인 양 오도한다.

여기에 동참하는 한국의 보수 정치인들은 어떠한가? 야합과 권력의 하이에나가 됐다. 순수 보수층을 현혹시키고 있다. 속임수로 국민을 속이고 있다. 잘난 척 하고 거만하고 오만한 태세다. 그들은 말만, 무늬만 보수일 뿐, 전혀 보수가 아니다. 껍데기 보수들이다.

권력의 불나방이 된 그들이다. 그저 자신들의 정치적 야욕을 위해 보수의 정신과 정통마저 팔아넘긴다. 배신을 밥 먹듯이 하고, 거만함이 하늘을 찌르고 비겁하고 야비하기까지 하다. 왜 좌파가 보수정치인을 조롱하는 지 알 만하다. 왜 좌파가 보수 궤멸론을 외치면서 동시에 20년, 100년 장기집권 플랜을 짜는지도 짐작된다.

보수정치인들 정신차려야 한다. 보수정치인의 혁명적 변화가 없다면 대한민국은 점차 보수가 사라질 것이다. 보수의 판은 다시 짜져야 한다. 근대화 과정에서 보수 진영의 성공과 실패를 다시 살펴보고, 제4차 산업혁명시대의 지능정보사회에 대비 경제·노동개혁 변화와 위기에 맞는 방향을 찾아야 한다. 그래서 사회의 정상화·투명화·합리화를 위해 국가를 향한 구심력을 강화해야 한다. 보수주의는 6.25 전쟁 이후 빈곤의 국가를 다시 일으켜 세웠다. 국가발전의 주역이었다.

보수우파라 자처하는 사람들도 변해야 한다. 변화와 개혁을 거부하면 안된다. 사실상 보수 세력이 의존해온 것은 지역주의 정치, 산업화에 대한 향수, 좌파 세력에 대한 거부감 등 반사이익이었다. 이제는 이를 딛고 미래로 나아가야 한다. 더 이상 과거의 감성에 안주하며 머물러 있어선 안된다. 미래로 나아갈 방향에 대한 접근과 그 접근 방식을 놓고 치열한 논쟁도 불사해

대한민국 보수의 적자는 누구인가 세미나

야 한다. 사소함에 흥분하고 상대를 공격하는 것에서도 벗어나야 한다.

오늘날 대한민국은 이승만 건국 정신과 박정희 부국강병을 바탕으로 한 자유민주주의 시장경제로 발전해온 나라다. 그런데도 보수의 가치를 이해못하고 정치인은 보수를 이용하고, 보수층 국민은 보수의 가치를 깊이 있게 이해못하고 있다.

진정한 보수는 절대 도덕, 자연법, 초월적 질서, 초월적 존재가 사회와 인간의 양심을 지배해야 한다고 믿는 이들이고, 또 도덕과 양심에 따라, 신 앞에 살아간다. 가짜보수, 껍데기 보수와 무늬만 보수를 도려내어야 한다.

"보수우파 애국 국민의 충심을 대변하고 헌법과 법치를 바로 세우는 게 보수의 기본 가치다. 언젠가부터 좌파가 의식있고 합리적인 서민과 노동자의 세력이라고 인식하는 분위기가 스며들었다. 성장과 발전의 주역이었던 보수우파의 궤멸을 논하고, 민중민주주의를 선동하는 좌파 정치인들이 국가를 위기로 내몰았다. 대한민국은 보수를 근간으로 한 자유민주주의 시장경제로 나라가 발전되었다. 보수를 더욱 다듬고 나라 발전의 원력으로 삼아야 한다."

〈2023년 6월 21일 보수가 무엇인가 질문에 대한 대답〉

이 시대의 정의, 그리고 미래

보수정당

2020년 4·15 총선 참패로 인해 지도부 와해 상태에 빠졌던 미래통합당이 김종인 비상대책위원회 체제를 택했다. 김 위원장은 5월 말 한 방송과의 인터뷰에서 "보수라는 말을 앞으로 안 쓰는 게 낫다"고 말했다. 그는 "일반 국민들이 보수 표현 자체를 달갑게 생각하지 않는다"며 "앞으로 보수라는 말 자체를 안 쓰는 게 좋을 것"이라며 이같이 밝혔다. 이는 '미래통합당=보수정당'이라는 틀에 갇히지 않겠다는 것이다.

김 위원장은 "인물, 이념, 노선뿐만 아니라 정강·정책까지 싹 바뀌어야 한다"면서 고강도 혁신을 예고했다. 김종인은 틈만나면 '탈보수'를 부르짖었던 사람이다. 또 태극기를 들었던 자유 우파 국민들을 극우로 매도했다.

김종인은 그해 5월 '초선' 의원들과의 만남에서 '품격을 지키는 보수'를 강조했다. 김종인은 "극우세력과 단절해 진정한 보수가 수구·극우와는 다르다는 점을 보여줘야 한다"고 역설했다.

총선 패배와 관련, 막말, 꼰대, 꼴통, 낡음, 적폐, 호통,

수구, 극우, 친일 등의 이미지가 결국 유권자에게 '구리다'는 이미지를 줬다고 분석했다.

미래통합당은 장외가 아니라 원내투쟁을 방침으로 정했다. '기본소득'을 앞세운 새 정강·정책도 공개했다. 여기에 '경제민주화', '노동 존중', '양성평등', '공정경제3법 추진' 등도 담겨져 있었다.

호남 끌어안기에 공을 들였다. 새 정강·정책에 5·18 정신 계승을 명시했고, 호남 제2지역구 갖기 운동 등도 시작했다. 김종인은 광주 5·18 민주묘지를 찾아 무릎을 꿇고 사과하며 울먹였다. 김종인은 광폭 좌클릭 행보를 이어갔다. 김종인은 국민의힘을 좌파 2중대 정당으로 전락시킨 인물이다. 문재인은 계산과 이념을 가지고 대한민국 역사와 정체성을 해체 중이었다. 김종인은 대체 무슨 목적을 가지고 보수를 해체하려는 걸까.

더 큰 문제는 김종인이 한국 보수를 말살시키려는 데도 국민의힘 내부에선 이에 대한 반발이 없다. 보수층이 반발을 보이자 국민의힘은 '극우단절론'을 들고나왔다. 국민의힘 연찬회에서도 극우단절 목소리가 터져 나왔다. 국민의힘은 '태극기 부대'와 연결되면 중도층은 미래통합당에 등을 돌린다고 했다. 중도층을 잡기 위해선 태극기 부대, 즉 극우와 단절해야 한다는 것이 국민의힘 논리다. 자유가 무너지고, 시장경제가 파괴되고, 국가

파탄이 눈앞에 왔는데도 이들은 '탈보수', '탈 태극기'를 외쳤다. 국민의힘이 네 번의 선거에서 연속 패배한 이유를 탈보수와 극우를 버리지 않았기 때문으로 분석했다. 아주 놀랍고 기가 막힌 억지다.

새누리당 최고위원 당시 최고위원회의

국민의힘 내부에서 '극우단절', '탈보수'를 외쳤던 자들은 사탄파(사기탄핵파)들이고, 그들에 의해 초선 배지를 달았던 자들이다. 북한 김정은과 종북세력과 싸우는 자당의 대통령을 좌파와 손잡고 탄핵하고, 문재인 좌파정권 등장의 카펫을 깔아준 세력이 사탄파들이다. 이들은 대한민국 역사와 체제를 배신한 세력이다.

나는 당시 이 점을 짚고 넘어갔다. "80대 노인의 망령이 이승만, 박정희 대통령으로부터 이어져온 보수의 가치를 파괴시키고 있다. 그래, 김종인. 보수를 파괴시켜라. 이것이 국민의힘을 보수 우파 정당으로 믿는 개돼지들을 깨우치게 할 수 있는 유일한 길일 수 있다"고 역설했다.

그 후 국민의힘은 사실상 실종됐다. 문재인 좌파정권의 권력 비리와 불법이 되살아났다. 헌법과 법이 송두리째 무너졌다. 민주주의가 죽고, 반민주적 행태가 자리바꿈했다. 국민의힘이 실종되면서 나타나는 '비극'이었다. 도대체 국민의힘이 왜 이 따위일까.

'야당은 야당다워야 한다'고 말한다. '야당답다'는 말이 뭘까. 야당은 싸울 때 싸울 줄 알고 또 정권의 독선을 막아내야 한다는 게 야당다운 야당이다.

야당이 야당다운 역할을 못할 때 전체주의가 도래한다. 국민의힘은 문재인 좌파정권에 전체주의로 갈 수 있도록 길을 터줬다.

당시 대한민국은 늑대가 양을 잡아먹는 형국이었다. 초원의 몽골, 겨울철 늑대의 먹잇감은 양이다. 양 주인들은 늑대로부터 양을 지키기 위해 늑대사냥에 나선다. 늑대를 발견하는 즉시 사냥총으로 쏘아죽인다.

늑대가 문재인 좌파세력이라면 양은 자유대한민국 국민이다. 그 국민이 늑대로부터 잡아먹히고 있는데도, 사냥총을 든 국민의힘은 공포탄만 펑펑 쏘아 될 뿐이다. 오히려 이들은 탈보수, 태극기 세력 단절론을 내세우면서 좌익들에게 먹잇감을 더욱 던져줬다. 이러니 열린민주당 최강욱 대표가 "극우세력에 기생하려는 당내 사람들부터 모두 제명하라"고 요구했다.

국민의힘이 왜 모두가 이렇게 됐을까. 현실에 안주하는 정치, 기득권을 유지하고 지키려는 데만 몰두하는 정치인, 민생은 뒷전으로 하고 편가르기와 무능, 오만, 독선적인 모습을 보여주는 정치, 국민여론과 유리되고 민생을 챙기지 못하는 정당. 이런 정치인이 국민을 위해 희생할 수 있겠는가.

"국민의힘의 무능, 무책임. 정부 여당한테 책임을 국민들은 묻잖아요. 민주당의 부패 상황이 없었으면 국민의힘은 도대체 어떻게 정국을 운영할 거냐. 국민들은 부패한 민주당도 싫어하지만 무능, 무책임한 국민의힘도 싫어하는 거거든요."

〈2023년 4월 24일 YTN라디오 '뉴스킹 박지훈입니다' 발언〉

내가 한 때 몸 담고 동고동락했던 국민의힘이 무너지는

모습에 한편으론 억장이 무너졌다. 사람과 정당은 고쳐서 사용할 수 없는가. 정말 국민의힘은 변하지 않고 있다. 여전히 기회주의, 위장주의, 기득권주의를 지향하고 있다.

우리공화당 당원교육연수(2018.12.08.)

그런 국민의힘이 정권교체에 성공했다. 놀랍고 기적적인 일이었다. 국민의힘이 잘해서 정권교체가 이루어진 것이 아니다. 문재인 좌파정권이 워낙 국민들에게 실망을 안겼기 때문이다.

외형적으로 분명한 보수정당의 승리다. 하지만 내면을 살펴보면 이렇게 간단히 정리하기에는 뭔가 석연치 않다. 찜찜하다. 그 이유는 무엇일까?

지난 대선에서 윤석열 후보의 당선을 보수정당의 승리라

고 자신 있게 말할 수 있을까? 윤석열 후보는 문재인 정부의 검찰총장이었다. 단 몇 개월 만에 대선 후보로 변신해 대통령으로 당선됐다. 이례적이고 파격적이다. 경험과 전통을 중시하는 보수의 가치를 고려할 때, 더욱 그렇다.

엄밀하게 말하면, 국민의힘은 지난 대선에서 자신의 진영에서 스스로 후보를 키워 배출하는 데 실패했다. 외부자의 힘을 빌려 정권교체를 한 것이다. 조직으로서의 국민의힘보다 윤석열 후보 개인의 힘과 에너지가 더 크게 느껴지는 대선이었다고 주장해도 큰 반론을 제기하기 힘들다.

또 한편으로 국민의힘이 잘해서 대선에서 승리한 것이 아니라 문재인 정부가 못해서, 이재명 후보여서 정권교체가 이뤄졌다는 평가도 신경이 쓰인다. 역사에 가정은 없다. 하지만 문재인 정부가 내로남불의 모습을 보이지 않았다면, 이재명 후보를 둘러싼 논란이 크게 제기되지 않았다면 국민의힘 윤석열 후보가 대선에서 승리할 수 있었을까? 자신 있게 그렇다고 말하기 쉽지 않다.

내가 새삼스럽게 지난 시절 국민의힘에서 벌어진 탈보수와 극우 단절론을 상기시킨 것은 그때의 국민의힘과 지금의 국민의힘이 똑같기 때문이다.

차기 총선서 국민의힘이 의석 과반수를 얻어야 나라를

살릴 수 있다고 하는 데 글쎄다. 차기 총선은 '주류 교체 전쟁'의 역사적 분수령이다. 윤석열 대통령과 국민의힘은 결코 져서는 안 되는 선거다.

그러나 총선 승리가 녹록치가 않다. 여전히 태극기 애국 세력들을 극우로 바라보고 있는 국민의힘은 그들을 멀리한다. 국민의힘이 승리하기 위해선 보수대통합을 해도 시원찮은데 그동안 국민의힘은 딱 자신들이 만만하게 여기는 자들만 골라 선별 통합을 했다. 그들이 통합대상으로 삼았던 자들은 국민의힘을 탈당해서 나갔거나 총선을 앞두고 만든 떴다방 정당을 만든 세력들이다. 이익에 따라 움직이는 세력이다.

더불어민주당은 차기 총선서 다수당을 차지하면 윤 대통령 탄핵에 불을 지피려 한다. 만약 이 같은 상황이 초래된다면 여기에 편승할 자가 '탈보수'와 '태극기 우파' 척결을 부르짖었던 자일 것이다.

한번 배신은 또 배신을 낳고, 위장기회주의자들에게는 사실 보수니 진보니 그런 이념따위가 없다. 이들은 오직 자신의 기득권과 탐욕에 따라 움직이는 권력의 불나방이다. 국민의힘이 나라를 걱정하고 애국적 활동을 해온 이들을 껴안지 않는다면 좌파들이 말하는 좌파집권 100년은 엄포가 아닌 사실로 다가올 것이다. 환골탈퇴 국민의힘을 기대해본다.

"보수의 정당은 무너진 것입니다. 보수 정당의 해답은 보수 안에서 찾아야 돼요. 결국은 대한민국의 헌법에 나와 있는 정체성의 가치 자유민주주의 체제와 시장경제라는 엄연한 가치를 제외하고는 머리부터 발끝까지 다 바꿔야 됩니다."

〈2020년 5월 16일 충남 계룡산 5.16혁명 59주년 기념식에서〉

물론 전광훈 목사의 기적주의, 신비주의를 가장한 태극기세력의 대두에는 경계해야 한다. 결국 현실주의의 정치에 기적주의의 종교가 개입하면 극단적으로 갈 수밖에 없다는 것을 우리는 수많은 역사에서 볼 수 있다. 순수 애국 태극기 세력들이 그들과 같이 매도되는 것은 절대 안 된다.

우리공화당은 창당 6년, 투쟁 7년째 당원들의 자발적 당비와 후원금으로 운영되고 있다. 모든 집회, 행사가 자발적 비용 지출과 참여로 이루어지고 있다. 실질적 참여 민주주의를 실현하고 있다. 당원이 주인인 정당을 이룬 것이다. 우리공화당에 돈 문제가 대두된 적이 있었던가? 부패라는 얘기가 있었던가? 정치학자와 학생들이 꿈꾸는 당원이 주인되는 정당을 만든 것이다.

대통합

2017년 4월 8일 국민의힘(당시 자유한국당)을 탈당했다. 어느덧 6년이 훌쩍 지났다. 보수우파 층에선 윤석열 정권으로 바뀌었으니 이제 국민의힘으로 돌아가라는 분들이 많다. 아마도 차기 총선을 염두에 둬서 그러는 것 같다. 내년 4월 10일 총선거는 22대 국회의원을 뽑는 선거다. 이번 선거에서 여권이 과반이상을 획득하면 윤석열 대통령의 국정운영도 탄력이 생기겠지만 그렇지 못하면 윤 대통령은 급격한 레임덕은 물론 탄핵위험까지도 직면할 것이다.

이것만 문제가 되는 것이 아니다. 좌파들의 폭주가 줄을 이을 것이다.

이들은 대한민국 역사와 체제 정통성마저 뒤엎을 가능성이 높다. 왜곡된 역사의식, 무책임한 국가관을 가진 반국가 세력들은 핵무장을 고도화하는 북한 공산집단에 대해 유엔 안보리 제재를 풀어달라고 읍소할 것이고, 유엔사를 해체하는 종전선언을 또 노래 부를 것으로 예상된다.

대한민국 사회는 괴담 등 유언비어 유포, 사회혼란 선동, 사회주의 세뇌학습 등 집요하고 끈질긴 좌경화 학습으로 우리 국민을 세뇌시킬 것이다. 소득의 불평등 타파, 부의 편중 해소, 함께 잘 사는 사회, 공정한 분배, 자본의 횡포 따위로 국민을 현혹할 것도 뻔하다.

그런 관점에서 이번 총선은 대한민국의 사활이 걸린 선거라 해도 과언이 아니다. 이는 대한민국 미래와도 직결된다. 어떤 이념과 체제, 가치관, 세계관을 가진 사람과 집단이 다수를 차지하느냐에 따라 한국의 미래의 지평과 지형이 결정되기 때문이다.

그런 의미에서 보수대통합은 대단히 필요한 것이고 이루어져야 한다. 만에 하나 총선서 패한다면 대통령 임기가 3년도 더 남은 상황에서 국정 동력을 얻지 못하게 된다. 그렇게 되면 윤 대통령은 탄핵으로 몰릴 수 있다. 이를 피하기 위해 윤 대통령은 의원내각제와 대통령제 요소를 결합한 이원집정부제를 택할 가능성도 있다. 야당에 국무총리를 비롯해 장관직 일부를 내어주고 국정을 운영할 수밖에 없을 것이라는 얘기다. 윤석열 정부 입장에서는 개혁 과제 실현을 위해, 야당 입장에서는 국회를 장악했지만 아무 것도 하지 못하는 상황을 돌파하기 위해 여야 간 야합에 의한 이원집정부제를 수용할 가능성이 있다.

제 10 장 위대한 대한민국

나는 이런 이원집정부제를 결사코 반대한다. 이렇게 되면 대한민국에 뿌리 박았던 자생 공산주의자들, 자생 사회주의자들 그들이 활개를 치고 위대한 대한민국에 자유민주주의 체제 변화를 시도할 가능성이 높다.

우리공화당이 국민의힘과 합당이든, 동맹이든, 연합이든 이에 대해 논의하고 통합에 동참할 의사가 있는 이유는 자유 대한민국을 지켜야한다는 절박함 때문이다.

과거에 빠져들고 현재에 머무는 것이 아닌 미래로 나아가고 싶다. 우물안 개구리가 아닌 대한민국이 세계화의 주역으로 우뚝 설 수 있도록 최선을 다하고 싶다. 진짜 나라다운 나라, 국민이 행복을 피부로 느끼는 국가를 다 함께 건설해야 한다.

서울 강서구청장 선거 보수 후보 단일화 통합 유세

분명히 밝히지만 우리공화당은 분열세력이 아니다. 우리공화당은 2023년 10월 11일 치러진 서울 강서구청장 보궐선거에 나선 국민의힘 후보와 단일화를 결정했다. 국민의힘 후보가 패했지만 우리공화당은 단일화 정신을 몸소 실현시켰다.

당시 단일화 이유는 "반드시 보수가 하나 돼서 승리해야 한다"였다. 그래서 "아무 조건 없이, 아무 이유 없이 국민의힘 후보를 적극 지지하겠다"고 밝혔다. 이 자리에는 국민의힘 김기현 대표와 윤재옥 원내대표도 함께했다. 나는 당시 "보수가 힘을 합치면 얼마나 무섭다는 것을 강서구에서 보여주자"고 했다. 그러나 실패했다. 이 일이 있은 후 보수우파 층에선 우리공화당이 총선에서도 이런 모습을 보여주어야 한다고 강조했다. 앞서 지적했듯이 통합이든 연대든 그 전제조건이 명확하고 뚜렷해야 한다. 국민의힘이 진정한 보수우파 정당으로 믿음과 신뢰를 보여주어야 한다.

그러나 국민의힘이 내세우는 보수대통합론은 진정성이 보이지 않는다. 무엇으로 통합을 이끌 것인가. 통합의 아젠다가 보이지 않는다. 고작, '총선 승리를 위해서'다. 이것은 '슬로건'이지 이념을 바탕으로 한 이론이 아니다. 통합의 이론조차 없는데 슬로건만으로 하나로 묶는 것은 억지다.

우리공화당은 지난 대선과 총선 때마다 보수대통합론에

제 10 장 위대한 대한민국

힘을 실어주었다. 문제는 아무리 보수대통합이 중요하지만 용기 없고 비겁한 위장기회주의자들과 손을 잡을 수 없지 않는가. 이 것은 배고픈 사자가 풀을 뜯어먹는 것과 같은 이치다.

비겁한 위장기회주의자들은 통합의 대상이 아닌 척결의 대상이다. 국민의힘은 이들과 손을 잡아버린 후 우리공화당을 향해 보수대통합에 동참하지 않는 분열정당이라고 몰아세운다. 국민의힘은 위기를 아는가. 그 위기 원인이 어디서 시작되었는 지도 아는가. 그렇다면 해결책이 무엇인가.

'눈 가리고 아웅식'의 이런 보수대통합이 결국 보수층을

제20대 대선 보수통합 야권 후보 단일화 요구

더욱 분열로 몰아넣었다. 통합을 원하면 통합테이블에 앉지 못할 이유와 까닭이 없다. 통합은 승리의 필요조건이고 혁신은 충분조건이다. 전쟁이든 선거든 우군을 많이 확보해야 이긴다. '동맹'이든 '연합' 체제를 형성시켜야 하는 이유다.

국민의힘이 무이념, 무정책, 무기력을 극복하고, 진정한 보수대통합의 길을 열지 못하면 나라는 다시 좌파 세력들에게 넘어갈 것이 뻔하다.

정당은 동일한 가치를 실천하고 그 가치를 바탕으로 정권을 쟁취하기 위해 존재하는 집단이다. 마치 종교와 같이 '이념'을 기저에 깔고 '동지애'라는 단결과 '정권쟁취'라는 공동의 목표를 향해 있어야 한다.

2017년 4월 8일 새누리당을 탈당한 나는 소위 광야에서 국민과 함께 정치를 해왔다. 국민과 함께 한 그 7년의 세월은 위대한 대한민국 자유민주주의 시장경제 체제를 지키는 것이었다. 나와 우리공화당 당원, 그리고 자유우파 국민들은 늘 당당했다. 옳은 길을 걸었기에 후회와 미련도 없다. 오직 미래세대들에게 반듯한 나라를 물려주겠다는 각오와 결기 뿐이었다. 이렇게 지키고 보존해온 나라를 다시 무너지게 할 수 없지 않는가. 자유대한민국을 지킬 수 있다는 전제만 된다면 통합이든 연합 동맹이든 하나의 길로 갈 수 있다.

제 10 장 위대한 대한민국

"총선에서 이기려면 보수대통합이 되어야 한다. 보수 대통합이 무엇인가? 보수가 하나로 가야 된다는 것이다. 보수가 하나가 되려면 국민의힘이 우리공화당에게 한 수 배워야 한다."

〈2023년 9월 16일 대구 달서구 감삼역 태극기 집회 발언〉

이 시대의 정의, 그리고 미래

탄핵

　　서울시내에서 윤석열 대통령 퇴진과 탄핵을 촉구하는 촛불시위가 매주 열리고 있다. 이 집회에 얼굴을 드러내는 추미애 전 법무부장관은 앞장서서 '윤석열 탄핵'을 부르짖고 있다. 추 전 장관은 "경제·안보 리스크는 대통령 본인"이라며 "한시라도 빨리 내려오는 게 나라를 구하는 길이다. 전 국민이 모여 윤석열을 탄핵하자"고 말했다. 전현희 전 국민권익위원장도 촛불집회에

윤석열 대통령 퇴진요구 좌파집회

참석, "민주당 국회의원들도 윤석열 정권을 향한 탄핵의 불화살에 동참해 달라. 저도 최전선에서 함께 싸우겠다"고 했다.

더불어민주당에서도 총선에서 이기기 위해 윤석열 대통령 탄핵소추안을 발의해야 한다는 주장까지 나왔다. 2023년 11월 19일 최강욱 전 의원의 암컷 발언 논란에 이어 이 자리에선 윤 대통령 탄핵 주장까지 나왔다. 김용민 의원이 "반윤 연대를 형성할 수 있는 행동을 민주당이 먼저 보여야 한다. 그 행동이 윤석열 탄핵 발의"라고 하자 민형배 의원이 "굉장히 설득력 있는 얘기"라고 했다. 최 전 의원도 "반윤석열, 반검찰 전선을 확보해야 한다"며 거들었다. 반윤석열 연대를 꾸리기 위해 탄핵을 이용해야 한다는 것이다.

송영길 전 더불어민주당 대표도 2023년 11월 말 총선에서 야권이 200석을 확보해 윤석열 대통령을 탄핵해야 한다고 주장했다. 200석은 민주당을 포함한 야권의 의석수를 모두 합한 수치로 대통령 탄핵이 가능한 규모다. 이쯤되면 민주당은 습관성 탄핵 전문 정당이다.

민주당이 탄핵을 남발하고 있는 것은 지지층을 결집하고 중도층까지 흡수하려는 전략으로 비친다. 되든 말든 일단 탄핵 카드를 던지면서 여론몰이를 하겠다는 심보다. 이는 국민들을 우롱하는 처사가 아닐 수 없다. 의회에 의한 탄핵제도는 의회제도가 가장 먼저 발달된 영국에서 14세기에 시작되었다. 왕의 측근에 있는 대신들에 형사소송의 수단으로 이용되었다. 이후 탄핵제도는 의회가 정치인을 통제하는 수단으로 활용되었지만, 이제는 정략적 이해관계를 위해 힘을 과시하고 법적 제도를 남용하고 있다.

한국에서 대통령 탄핵은 헌법과 법률에 위배된 행위가 있을 때 발의된다. 현직 대통령에 대한 탄핵은 국회의원 과반수 발의와 3분의 2 이상의 찬성이 있어야 가능한 일이다. 원내 1당인 민주당이 야권 연대를 형성하더라도 탄핵 가능한 200석에는 턱없이 모자란다. 국회에서 의결되더라도 헌법재판소의 결정을 거쳐야 한다. 현직 대통령이 헌법이나 법률을 중대하게 위배한 경우가 아니면 헌재의 문턱을 넘을 가능성은 거의 '0'에 가깝다. 그런데도 민주당이 탄핵 운운하는 것은 내년 총선을 윤석열 대 반윤석열 구도로 몰아가겠다는 포석으로 읽힌다.

만약 민주당이 차기 총선서 승리한다면 탄핵의결이 불가능한 것만도 아니다. 국민의힘은 지금도 친윤 대 비윤으로 갈라서 내분을 겪고 있다. 권력에서 소외된 비윤계가 탄핵에 찬성할 수도 있다. 한편으론 탄핵 여론이 급증한다면 여당 내 계파는 무의미해질 수도 있다.

어쨌든 탄핵은 절대 막아야 하지만 민주당이 총선에서

승리하면 온갖 좌파단체와 힘을 합쳐서 퇴진과 탄핵 요구 강도가 더 높아질 것이다. 정국은 더욱 혼란스러워질 것이고, 무정부 상태를 연상할 수 있다.

만약 좌파들이 윤 대통령 퇴진과 탄핵에 돌입하면 국민의힘이 이를 대신해서 싸워줄 수 있을까. 내가 예상하기로 그들은 싸우지 못하고 다 도망갈거다. 무능하고 무사안일, 기회주의, 탐욕주의에 젖어 있는 국민의힘에서 저들에 맞서고 대항할 정치인이 보이지 않는다.

보수층 일각에선 이를 대신 싸워줄 사람은 "조원진 대표 밖에 없다"고 말하는 사람도 있다. 글쎄 한때 윤 대통령과 대척점에 섰던 내가 앞장서서 탄핵반대를 주도해서 싸우는 상황이 올 것인가?

윤 대통령이 지금은 보수층의 지지를 받아서 대통령직에 있지만 지난 여러 상황들을 지울 수는 없을 것이다.

그러나 또다시 촛불탄핵세력이 나와 헌정질서를 파괴시키고 권력찬탈로 이어진다면 두고만 볼 수 없을 것이다. 대한민국 헌정질서와 자유민주주의가 파괴되는 것을 막아야 하지 않겠는가.

탄핵은 자유대한민국 역사와 체제 정통성을 허물어뜨리려는 반역이기 때문이다.

이 시대의 정의, 그리고 미래

애국

2023년 10월 7일 하마스의 기습공격으로 시작된 이스라엘·하마스 전쟁이 확산하고 있다. 해외의 젊은 유대인들이 이스라엘군에 자원입대하고 있다고 한다. 자원입대자에는 여성도 많다.

2022년 3월 '헤비급 복싱 챔피언'부터 '아스널 출신 우승 선수'에 이르기까지 많은 이들이 우크라이나를 지키기 위해 집으로 돌아왔다는 외신보도를 봤다. 그 외에도 여성들도 조국을 지키기 위해 총을 들었다고 한다. 이런 외신 뉴스를 보면서 우리 현실을 곱씹게 된다.

한국서 전쟁이 나면 과연 그럴까. 국가를 위해 헌신하겠다는 이들은 상대적으로 소수에 그칠 것이다. 정부고위직 인사 청문회 때마다 병역면제 사유가 단골로 쟁점화되는 나라에서 이스라엘의 기풍을 기대하는 것은 무리일 것이다.

지난 2019년 6월 언론에 보도된 한 설문조사 결과다. 한반도에서 전쟁이 발발할 경우 참전하겠다는 의사를 표시한

20·30대 젊은층 비율이 약 44%에 불과한 것으로 드러났다. 이같은 수치는 2015년 국민안전처 여론조사 결과에서 참전 의사를 밝힌 20·30대(약 75%)에 비하면 31%포인트나 낮은 것으로, 역대 최저 수준으로 조사됐다.

국가 정통성에 시비를 걸지 못해 안달하는 좌파 세력들이 청소년들을 오염시켰다. 이들은 대한민국의 미래다. 이들이 대한민국 주역으로 성장했을 때 대한민국을 과연 어디로 이끌까.

한국 사회가 이렇게 된 것은 정치와 사회가 깊은 내면의 분열을 안고 있기 때문이다. 그것은 끊임없이 정치와 사회의 크고 작은 갈등과 대립으로 표면화됐다.

박정희대통령 서거 제44주기 추모(2023.10.26.)

박정희대통령 서거 제44주기 추모(2023.10.26.)

대한민국 국민이 자랑스럽게 공유할 역사를 새롭게 쓸 필요가 있다. 왜 우리는 1948년 8월 15일 건국절을 건국절이라 주장하지 않는가. 이런 주장을 하면 국민을 분열시킨다고 아우성이다. 이것은 분열의 역사가 아닌 통합의 역사를 지향하는 것이다.

대한민국은 그야말로 무(無)에서 유(有)를 창조했다. 수많은 고난과 시련이 있었다. 일제강점기를 거치고 6.25 전쟁이 터졌고, 수많은 사람이 죽었다. 그렇지만 대한민국은 전쟁을 겪은 나라 중 거의 유일하게 경제성장과 민주주의를 성취하는 모범사례를 이루었다. 이런 과정에서 갈등과 대립은 있을 수 있다.

그런데도 좌파들은 5·16을 박정희 대통령의 정권 탈취 쿠데타로 몰아가고 있다. 5·16은 한국인들이 경험하게 되는 혁명적인 근대화의 출발점이었다. 1963년 이후 한국경제는 1997

제 10 장 위대한 대한민국

년까지 연평균 7~10%의 고도성장을 지속하였다. 그 결과 1961년에 82달러에 불과하던 1인당 국민소득이 1995년에 1만 달러를 초과하였다. 세계자본주의 역사에서 전례가 드문 고도성장이었다. 급격한 경제성장은 한국인의 물질생활과 정신생활에 실로 커다란 변화를 초래했다.

그것은 젊고 유능한 5·16세력이 권력을 독점한 위에 '조국근대화'에 대한 강력한 의지로써 올바른 방향의 개발정책을 일관되게 효율적으로 추진했기 때문에 가능했다.

자유민주주의의 국가체제가 이승만 건국대통령에 의해 세워졌다면, 5·16은 그 토대 위에서 국가경제의 곳간을 채우는 역사적 과제를 추구하였다. 다시 말해 5·16은 나라 만들기의 제2단계 과제를 수행하기 위한 새로운 정치세력이 등장하는 연속하는 두 혁명에 다름 아니었다. 좌파들은 이것을 부정한다. 오늘날 한국이 세계 10대 경제대국이 되고 물질적으로 풍요를 누리는 것은 이 같은 역사적 혁명이 있었기에 가능했다.

우리는 자라나는 세대에게 이런 건국의 역사, 이런 피땀으로 일구어 낸 부국강병의 역사를 가르쳐야 한다. 그래야만 미래세대가 올바른 국가관을 가질 수 있다. 이 근원이 애국심이다.

오늘날 젊은 세대 중 자유의 가치를 아는 사람이 몇이나 될까. 인류 역사의 주제는 자유였다. 자유의 중요성을 말할 때

이 시대의 정의, 그리고 미래

박정희대통령 탄신 100주년 기념 사진전 및 우표 발행(2017.11.10. 국회)

항상 버지니아주 초대 주지사였던 패트릭 헨리의 '자유가 아니면 죽음을 달라'는 연설을 떠올린다. 이 연설이 진한 감동을 주는 이유는 모든 인간이 비참한 노예로 사는 것보다는, 힘들더라도 자유인으로 사는 것이 훨씬 행복하다고 믿기 때문이다. 자유 정신은 대한민국 정신이다.

2025년부터 중학생과 고등학생이 배우게 될 '2022년 개정 한국사 교육과정' 시안에서 '자유민주주의'라는 용어가 빠졌다. 6·25전쟁에 대해서도 '남침으로 시작된'이라는 설명이 빠졌다. 이는 문재인 좌파정부 시절 꾸려진 정책 연구진이 만든 것이다.

한국사 교육과정 시안은 '대한민국 발전' 단원의 성취 기준과 성취 해설 부분에 모두 '자유민주주의'라는 용어를 쓰지 않고 '민주주의'라고 표현했다. 문재인 정부가 2018년 만든 현행 교육과정은 성취 기준에 '민주주의'라고 쓰여 있고, 성취 해설에 '자유민주적 기본질서'라고 돼 있는데, 이번 시안에서는 '자유민주적 기본질서'도 빠졌다. 과거 '건국절' 논란을 불러일으킨 1948년 8월 15일에 대해서는 현행 교육과정과 똑같이 '대한민국 정부 수립'으로 표현했다.

문재인 좌파정부의 역사왜곡과 지우기는 끝없이 이어졌다. 육군사관학교와 육군3사관학교가 문재인 정부 때 6·25 전쟁사를 필수과목에서 제외했다. 미국 육사인 '웨스트포인트'와 일본 방위대, 프랑스 생시르 육사 등이 자국 전쟁사와 군사전략을 필수 수강과목으로 지정한 것과 대비되는 교과과정 개편이었다.

6·25전쟁사, 군사전략, 북한학은 생도들의 국가관·안보관·전략적 사고 형성의 기초과목이다. 국군 지휘관, 대한민국 안보의 중추로 성장할 사관생도들이 장차 어떤 병과·특기를 갖더라도 공통으로 갖춰야 할 가치관과 직결되는 교과과정을 선택과목으로 바꾸도록 한 것이다.

선진국으로 갈수록 정부는 자라나는 세대에게 나라의 기초 이념이 무엇인지 명확하게 가르친다. 자기가 살고 있는 나라가 언제 어떻게 건국되었으며, 정치세력이 그 이념을 받들어 국

국립서울현충원 현충탑 참배

가를 세웠는지에 대한 역사교육을 중시하고 있다.

어릴 때부터 그러한 역사교육을 받은 선진국의 국민은 대개 애국적이다. 자기가 소속한 국가가 정당한 이념에 기초하여 세워진 훌륭한 정치체제이며 그에 의해 자기와 가족의 행복이 보장되고 있음을 이해하고 그에 동의하기 때문이다.

"반 대한민국 세력이 자행하고 있는 대한민국 역사 부정을 도저히 묵과할 수 없다. 더 이상 역사 전쟁에서 좌파세력들에게 밀려서는 안된다. 공산독재국가인 북한 김정은 정권에 눈치를 보는 좌파 공산주의식 역사교과서를 반드시 청산해야 한다."

〈2022년 8월 31일 보도자료〉

제 11 장

대한민국을 위하여

우리는 국민 한 사람, 한 사람의 바른 생각 실천이
곧 세상을 바꾸는 힘이라는 것을 믿고, 애국 국민들의 힘을 모아
거대한 물결로 만들어 대한민국 대개혁의 중심이 될 것이다.
대한민국은 우리가 태어나 살아 왔고,
우리의 사랑하는 아이들이 살아갈 아름다운 조국이다.

희생

　　우리공화당이 창당되지 않았다면 이 나라가 어떻게 되었을까. 국민들이 종북좌파 세력과 보수를 자처하는 위장기회주의자들의 실체를 알 수 있었을까. 우리공화당의 출범은 국민을 깨어나게 하고 애국의 중요성을 일깨웠다.

　　우리공화당은 자유민주주의 시장경제를 토대로 출범한 정당이다. 우리공화당은 대한민국의 정체성인 자유민주주의 체제, 자유시장경제, 위대한 대한민국의 역사같은 이러한 부분들을 명확하게 표방하고 있다. 그것이 우리공화당이 실현시켜야 할 일이고, 지켜야 할 것인 동시에 우리의 역사적 책무이기도 하다. 우리공화당은 대한민국 건국 이승만 대통령, 부국강병 박정희 대통령의 이념과 사상을 계승 발전시키고 이어가는 정당이다.

　　우리공화당은 당의 이념 정체성이 명확하다. 따라서 가야할 길도 명확하다. 이념없는 정치는 썩은 것이나 다름없다. 많은 정치권 인사는 물론 정치전문가들도 정당이 대선과 총선 등에서 잇따라 패배했다면 문을 닫아야 하는데 우리공화당은 아니었다는 것에 주목했다. 오히려 당원 가입이 더 늘어나는 것을 이해하지 못한다. 이것은 우리공화당의 명확하고 확고한 정체성이 있기 때문이다.

흔히들 정당이라면 여의도 부근 정당 사무실서 정책을 개발하고 정치이익을 실현하는 집단쯤으로 인식한다.

우리공화당은 사무실이 아닌 거리로, 펜 대신 태극기를 들었다. 편안함에 안주할 수 없었다. 지금이야 문재인 종북좌파 독재정권이 물러났지만 문 정권이 집권해 있을 당시만 해도 폭정과 야만의 정치가 대한민국 사회를 뒤흔들었다.

단식투쟁 기자회견(2017.10.22.)

대한민국 정체성을 부정한 좌익 종북 세력들은 자유대한민국의 빈틈을 노려, 거짓과 선동, 조작과 음모로 대한민국 파기를 시도했다. 우리공화당은 이들에 맞서 싸웠다. 진실과 정의를 살리고, 자유민주주의 체제를 수호하고자 당당하게 일어났다.

우리공화당은 당당하게 태극기를 든 자유대한민국의 국가대표 정당이다. 대한민국 정당 역사상 자유우파 국민이 애국심으로 똘똘 뭉쳐 오직 자유대한민국을 지키는 행동하는 투쟁 정당을 창당한 것은 우리공화당이 최초이며 유일하다.

우리공화당은 뜨거운 애국심으로, 자유민주주의와 시장경제라는 이념을 바탕으로 하나가 되었고, '진실과 정의'의 투쟁과 붉은 공산, 사회주의에 대한 투쟁을 이어갔다.

문재인 좌파독재정권 퇴진 투쟁, 한미동맹 강화 투쟁, 김정은 가짜 평화쇼 저지 투쟁, 탈핵과 탈원전 반대 투쟁, 이승만 건국대통령과 박정희 부국강병 대통령 바로 알리기 투쟁, 전교조·민노총·진보당 해체 투쟁, 공수처법 반대 등 각종 악법 저지 투쟁, 내각제 개헌 저지 투쟁 등. 이것이 가능했던 것은 자유대한민국 정체성을 지켜야 한다는 확고한 신념이 그 바탕이었다.

우리공화당 투쟁은 오로지 자유대한민국과 대한민국 국민만을 위한 헌신이었다. 자유대한민국이 무너지면 대한민국은 공산국가가 된다. 북한은 호시탐탐 대한민국의 적화통일을 노리고 있다. 우리공화당의 시대적 책무는 이를 막아내고 대한민국을 지켜내는 것이다.

"우리는 기존 보수의 기회주의, 무기력, 이기주의, 무책임, 부패와 야합을 타파하고, 행동하는 구국 세력을 결집하여 대한민국 건국과 부흥의 주체였던 애국 보수 우파 세력을 새롭게 중흥할 것이다. 우리는 대한민국에 필요한 바른 가치를 정립하고, 자랑스러운 역사를 후손에게 가르쳐 이어가게 하며, 국가 정체성이 모든 국민의 마음속에 깊이 뿌리 내리게 할 것이다."

〈2023년 8월 8일 전국 순회 당원교육에서〉

행동

　　우리공화당 슬로건 중 하나가 '행동하는 우파정당'이다. 행동은 아무 데나 하는 것이 아니다. 그것은 객기다. 행동은 행동이 필요로 할 때 옮겨야 한다. 이것은 용기가 없다면 실행할 수 없다.

　　용기는 행동에서 그대로 묻어나야 한다. 나는 지난 2016년 말부터 아스팔트로 나왔다. 그 후 지금까지 단 한 번도 빠지지 않고 집회에 나왔다. 나의 체력도 바닥이 날 때도 있었다. 감기몸살 걸려 정말 쉬고 싶었지만 내 몸은 거리로 향했다.

　　2019년 12월 25일. 온 세상에 기쁨과 사랑이 넘쳐야 할 성탄절이었다. 당시 서울은 최저 영하 7도 였다. 이날 저녁 여의도 국회의사당 앞. 체감 온도가 영하 15도를 오갔다.

　　당시 우리공화당은 광화문에서 여의도로 옮긴 후 천막당사 투쟁 230일째를 이어갔었다. 여의도에서만 31일째 문재인 좌파독재정권 저항 투쟁을 벌였다. 여의도 국회의사장 앞에서 풍찬노숙을 강행했다.

제 11 장 대한민국을 위하여

여의도 천막투쟁

　　내 몸은 성한 데가 없었다. 손, 발, 얼굴은 동상에 걸렸다. 피부가 빨갛게 타들어만 갔다. 극심한 피로와 스트레스로 인해 대상포진에 걸렸고, 심한 독감에도 티를 내지 않았다. 나만 그런 게 아니었다. 당시 나와 함께 엄동설한 풍찬노숙 했던 모두가 아팠고, 지쳐있었다.

　　모두가 쉬고 싶거나 집으로 돌아가고 싶지 않았겠는가. 이 과정에서 숱한 사람들의 울분과 눈물을 보았다. 정치에 '정'자도 몰랐던 민초들이 진실과 정의를 외쳤었다. 대한민국 지식인들은 불의를 보고도 침묵하고 정치인들은 무관심으로 일관했다. 민초들이 이들을 대신해서 싸웠고, 이들이 싸우는 과정에서 흘렸던 눈물, 슬픔, 동정, 아픔, 분노 등 이루 헤아릴 수 없는 연속이었다.

"이 나라를 지켜야 할 사람은 우리 밖에 없으니, 아파도 아파할 수도 없고, 쉬고 싶어도 쉬지 못한다. 우리가 반드시 지키고 구해야 한다."

〈2022년 12월 30일 연설 중〉

연동형 비례대표제, 공수처법 반대 국회 천막투쟁

멀쩡한 대한민국의 역사와 정통성을 부정하고, 곳곳에 대한민국을 파괴시키는 것에 대한 분노. 나라를 말아먹을 천하

제 11 장 대한민국을 위하여

에 몹쓸 인간말종들이 벌이고 있는 짓거리에 대한 분노. 이는 대한민국을 구하겠다는 결기와 투지였다.

정치인은 용기가 있어야 한다. 용기가 없다는 것은 비겁하다는 것이다. 거짓을 거짓이라 말하고 불의를 불의라 말하는 것이 용기다. 비겁하게 모두가 입을 닫아버린다. 폭정과 혼돈의 시대에 무엇보다 정치인의 용기가 중요하다. 문재인 좌파정권은 반인권, 반자유, 불공정, 불법, 부패, 무능 그리고 악랄함까지 국민에게 보여주었다.

당시 문재인 좌파정권은 준연동형 비례대표제를 골자로 하는 공직선거법 개정안과 고위공직자범죄수사처(공수처) 법안을 패스트트랙(신속처리안건)으로 통과시킬 작정이었다.

이 법 통과 저지를 위해 살을 에는 듯한 엄동설한(嚴冬雪寒)투쟁을 이어왔다. 선거법과 공수처는 좌파독재 장기집권

음모를 완성시키려 하는 것이었다.

공수처를 통해서 문 좌파정권의 각종 정권 '게이트'를 무마하고, 사법부와 검찰까지 장악해서 문재인 권력 입맛에 맞게 사법부와 검찰까지 권력의 하수인, 시녀 노릇을 하게 하려는 의도로 보였다.

연동형비례대표제를 통해서 집권여당 더불어민주당의 2중대, 3중대, 4중대를 양산해 좌파연정을 통해 개헌 저지선을 허물어 개헌을 할 목적도 없지 않았다. 이는 결국 적화 연방제 통일까지 가는 기반을 깔려는 것이다. 이렇게 되면, 문재인 좌파독재정권이 사법부, 검찰까지 장악한 상황에서 좌파독재정권의 장기집권은 자동적으로 실현된다.

나라가 죽고 사는 문제가 걸려 있다. 이것저것 따지고 묻지 말고 당시 자유한국당 측에 연대투쟁을 제안했었다. 전 국민이 국회를 에워싼 인간방어막과 방패를 쳐서라도 이를 막아야 한다고 제안했다. 그러나 자유한국당은 나의 제안을 외면했다.

국회는 준연동형비례대표제를 골자로 한 공직선거법 개정안을 통과시켰다.(2019년 12월 27일). 또 고위공직자범죄수사처 설치 법안은 패스트트랙에 지정된 지 245일 만에 통과됐다.(2019년 12월 30일).

이를 저지해야 할 국민의힘 의원들은 고급 승용차에 몸

을 신고 국회만 오갔을 뿐이다. 잠자리도 편했을 것이다. 2019년 4월 말 당시 박지원 민주평화당 의원(전 국정원장)은 한 라디오 방송에 출연, 패스트트랙 사태의 가장 큰 수혜자로 바른미래당 유승민 의원과 안철수 전 국민의당 대표를 꼽았다.

내부총질의 대명사였던 유승민은 입으로는 패스트트랙 저지 의사를 밝혔지만 국회에서 이를 저지하는 과정에서 얼굴을 내비친 적도 없었다.

2019년 12월 초 홍준표 국민의힘 의원은 "필리버스터는 종국적인 (패스트트랙) 저지 대책이 될 수 없다"고 밝혔다. 그러면서 홍 의원은 "야당의 정치력과 지도력이 어느 때보다 절실한 시점이다. 면피 정치가 아닌 책임 정치를 해야 한다"며 귀신씨나락 까먹는 소리만 했다.

안철수는 패스트트랙 정국 때 한국에 없었다. 안철수는 지난 2018년 6·13 서울시장 선거에서 바른미래당 후보로 출마했다가 낙선한 후 그해 9월 독일로 출국했다. 2019년 10월부터는 미국에 체류 중이었던 그는 2020년 1월 한국으로 돌아왔다.

나는 "모두가 의원직 사퇴를 하고 밖으로 나와 국민과 함께 투쟁을 해야 한다. 국회를 애워싸야 한다"고 목소리를 높였다. 결국 내 호소는 메아리가 되어 여의도를 맴돌았다.

패스트트랙 통과 후 대한민국 정치는 어떻게 되었는가.

여대야소 정국이 형성되어 문재인 좌파독재가 입법까지 장악했다. 문재인 좌파독재가 사법, 행정, 지방자치까지 장악했다.

그동안 정치인들의 투쟁은 말 그대로 '보채기'다. 우는 아기 젖을 준다고, 전두환, 노태우 정권 때만 해도 저항하면 야당에 떡을 하나 더 주어왔다. 그래서 당시 밤에는 '야합', 낮엔 '투쟁'이란 말이 회자 되기도 했다. 이는 투쟁의 가치와 목적을 자유대한민국을 지키고 진실과 법치가 바로 선 나라를 만들기 위함보다는 투쟁을 통한 정치적 입지를 다지기 위함이 강했다.

나의 투쟁은 달랐다. 부정부패 불의세력과는 손도 잡지 않았다. '꽃길' 대신 '가시밭길'을 선택했다. 권력자 대신 국민의 손을 잡았다.

정치인이 가열찬 투쟁을 잘 한다고, 단식을 했다고 국민으로부터 지지 받는 것이 아니다. 결국 진정성이다. 겉과 속이 한결같아야 한다. '언행불일치'가 아닌 '언행일치'다.

정치인들은 화장실 갈 때와 나올 때의 말이 달랐다. 이는 책임 회피의 전형이다.

"분명 대한민국의 역사는 우리공화당의 태극기 혁명 투쟁은 자유혁명 투쟁이었고, 자유민주주의 체제수호 투쟁이었으며 자유대한민국의 번영과 승리의 투쟁이었다고 기록할 것이다. 우

제 11 장 대한민국을 위하여

리공화당은 이처럼 위대한 '태극기 혁명 정신'을 계승하여 기득권, 거짓, 불의의 세상을 타파하고 오로지 국민만을 위한 '진실되고, 정의롭고, 자유롭고, 안전한 행복한 나라'를 만들기 위한 '사회혁명'의 길을 걸어왔다."

〈2023년 8월 30일 창당 6주년 기념사에서〉

창당6주년 당원단합대회(문경새재)

　　　우리공화당은 풍전등화 속 대한민국 불씨를 살리기 위해 전력 질주해왔다. 우리공화당 무기는 오직 '태극기'였다. 비가 오나, 눈이 오나 추우나 더우나 아스팔트서 쓰러질지언정, 매주 태극기를 들고 자유대한민국을 지키자고 울부짖었다.

　　　바닥 얇아진 운동화를 신고, 반나절 돌면서 다른 국민에게 몸을 45도쯤 앞으로 숙이며 전단지를 돌렸다. 집회 후 버스, 지하철에 몸을 실으면 녹초가 되지만 옆 사람에게 전단지를 주고, 또 나라의 실정을 토해냈다.

　　　많은 국민들이 이런 그들을 '극우 태극기 인간'으로 매도했지만 당원들은 진실을 알았기에 진실을 말하는 데 주저하지 않았다. 위선과 비겁함은 그들의 진실·용기 앞에서 맥을 추지 못했다. 이들은 '비단길'이 아닌 '가시밭길'을 자처했다. 인간들의 '지랄맞은' 바람이 사방에서 휙휙 불어와도 겁내지 않았다. 자고 나면 누구나 마법에 걸린 마냥, 강렬한 불줄기를 내뿜으면서 또 국민속으로 들어갔다.

국민들이 깨어나기 시작했다. 문재인 종북 정권의 폭정과 붉은 세력들로부터도 눈을 떴다. 6.25 전쟁때 부산 낙동강 전선을 굳건히 지킨 후 이 대한민국을 살렸듯이 우리공화당은 끝까지 한강을 지킴으로써 붉은 세력들의 음모와 체제전복을 막아냈다.

국민 속으로 들어간 우리공화당은 비록 선거에선 외면당했지만 '나'를 태워 '나라'를 살린 것이다. 문재인 폭정을 뒤엎고, 윤석열 정권이 탄생한 것도 어둠 속에서 국민을 깨운 우리공화당이 있었기에 가능했다.

속된말로, '재주는 곰이 넘고 돈은 왕서방이 받는다'는 말이 있듯이 오늘날 윤석열 정부가 탄생한 것은 우리공화당과 자유 우파 국민들의 피눈물과 땀이 그 바탕이 된 것이다.

우리공화당의 공헌이 없었다면 윤석열 정부가 아닌 지금 이재명 정부에서 고통의 나날을 보냈어야 했다. 정권 교체의 혁혁한 공을 세운 우리공화당이지만 우리공화당은 우리공화당만의 밥숟가락을 제대로 챙기지 못했다. 아직 너무나 할 일이 많아서다.

우리공화당은 여기서 멈출 수가 없다. 1968년 반포된 국민교육헌장은 우리의 나아갈 바를 밝혀주었다. 나라의 훌륭한 전통과 유산이 계승·발전토록했고, 정신적 가치관 사이의 조화로운 융합을 이루도록 했고, 국민의 국가의식과 사회의식을 고취 시켜주었다. 개인·사회·국가와 국민이 어느 방향으로 가야 하는지 그 지표를 제시해주었다.

그러나 아직 멀었다. 고난의 운명을 지고/ 역사의 능선을 타고/ (중략) 가야만 하는 겨레가 있다/고 절규한 노산 이은상의 시조처럼, '고지가 바로 저긴데 예서 말 수는 없다.'

아직도 거짓과 불의가 진실과 정의의 자리에 대신해 있고, 반역의 역사가 고스란히 남아있다. 붉은 세력들의 체제전복 야욕은 대한민국을 위협하고 있다. 위선과 비겁, 탐욕에 타락된 정치인들은 국민을 속이고 있다.

우리의 지정학적인 위치가 고난의 운명을 짊어지게 하고 있다.

남북한 대립과 4강에 둘러싸인 대한민국은 호랑이 발톱 아래에 놓여져 있는 처지다. 경술국치, 일제강점기, 한국전쟁 등 굵직한 현대사들이 우리의 수치였지만 이승만 대통령은 자랑스런 자유대한민국을 건국 국민에게 선사해주었다. 국민들은 이 대한민국을 위대한 국가로 만들어놓았다.

노산의 시조처럼 여기서 멈출 수가 없다. 넘어지고 깨어지고라도/한 조각 심장만 남거들랑 부둥켜 안고 가야만 하는 겨레가 있다/새는 날 피 속에 웃는 모습/다시 한번 보고 싶다. 이것

제 11 장 대한민국을 위하여

이 국가와 민족이 우리공화당에 부여한 명령이요 시대정신이다.

위기에서 나라를 구한 우리공화당이 다시 뛰어 '역사의 능선을 타고' 넘어, 영광스런 자유대한민국호를 타고 전진 전진 또 전진해야 한다. 자유의 파고를 넘고 넘어서 이 대한민국의 수권정당으로 우뚝 설 것이다.

우리공화당 청년 간담회

이 시대의 정의, 그리고 미래

청년토크-무엇이든물어보세요(홍대거리)

미래

대한민국은 건국 산업화 민주화에 이어 선진화로 나아가고 있다. 한국의 국력은 더욱 발전되어 세계 10위 경제 대국이 되었다. 세계화 시대에 당당히 주요 20개국(G20)의 일원이 됐다.

사회 전 분야에 법치와 민주주의가 정상 작동하고 이를 뒷받침하는 사회적 문화적 자산을 갖춰야 진정한 선진국이다. 특히 신뢰성과 진실성은 핵심 자산이다. 건강한 나라는 법과 제도, 규범과 관행을 통해 지도층의 노블레스 오블리주, 법과 원칙, 공정한 경쟁, 공정한 보상, 이해와 관용 등이 윤활유처럼 연결되어 사회적 시스템으로 작동하는 사회다.

우리공화당이 가야 할 미래는 이런 대한민국이 되도록 하는 것이다. 이를 위해선 대한민국의 미래를 짊어질 청년들이 분노하지 않는 나라, 진실과 정의를 실현한 자들이 분노하지 않는 나라, 국가를 위해 희생한 분들이 분노하지 않는 나라, 산업화에 일생을 바친 분들이 분노하지 않는 나라, 민주화에 헌신하고도 묵묵히 살아가는 분들이 분노하지 않는 나라, 세금을 내는 분들이 분노하지 않는 나라. 그 나라를 만들어야 한다.

자유민주주의를 더욱 발전시켜서 후세에 자랑스런 대한민국을 물려주어야 하는 우리의 당면과제요 목표다. 우리공화당 창당은 이것의 실현이었다.

6.25 전쟁 후 폐허에서 재기해 오늘날 세계 10대 강국으로 만든 '하면된다'는 대한민국 국민의 근성과 애국정신의 결합체가 우리공화당의 정신이었다.

모든 사람들이 외면할 때 그 가치를 실현시킨 정당이다. 우리가 걸어가야 할 여정은 내일 끝나는 것이 아니다. 대한민국을 지키고, 진실과 정의의 나라로 바꾸는 데는 브레이크가 없다. 막연한 희망에 기대 대책 없이 살아가는 것을 경계해야 한다. 시대 흐름과 거짓 불의 모순된 현실을 직시하면서 낡은 껍데기를 깨어야 한다.

대한민국에 진실과 정의 법치의 벽돌 한 장 쌓는다는 마음으로 새로운 가치와 질서를 심어가는 것이 이 시대가 요구하는 또 하나의 우리공화당 시대정신이다.

제 **12** 장

국민 속으로

오늘의 시점에서 우리는 어디에 관심을 두어야 하는가. 또 무엇을 해야하는가.
지엽적인 문제에 얽매이지 않고
국민 속으로 들어가서 국민이 가려운 데를 긁어주어야 한다.
국민이 잘살아야 나라가 산다.

이 시대의 정의, 그리고 미래

포퓰리즘

4월 총선을 앞두고 여야가 표를 의식한 포퓰리즘 정책을 경쟁적으로 내놓고 있다. 여권은 김포시의 서울 편입 추진에 이어 전격적인 공매도 전면 금지 등을 발표했다. 이런 정책이 선거에 도움이 된다고 판단했는지, 대출 중도상환수수료 한시 면제 등 대출자의 도덕적 해이를 부추길 수 있는 조처도 쏟아내고 있다.

여야가 미래세대를 위한 연금개혁이나 시장 왜곡을 바로잡는 전기료 인상 등 당장 시급한 경제 정책은 미루고 있는 것과는 대조적이다. 고통을 수반하는 개혁에는 손을 놓은 채 재정 풀기에 몰두했던 전임 문재인 정부와 다를 바 없다. 무차별적인 포퓰리즘은 한국사회를 멍들게 하고 끝내는 파국이다. '포퓰리즘은 무엇인가'라는 책을 쓴 미국 프린스턴대 뮐러 정치학과 교수는 "국가 권력의 사유화는 장기 집권을 위한 대대적인 권력구조 개편을 수반하는 경우가 많다"고 경고했다. 여기에 포퓰리즘이 안착한다.

포퓰리즘 정권은 자신들의 정치적 이념에 맞춰 국가를

재창조하려고 한다. 뮐러 교수는 "진정한 국민의 의사를 법제화한다는 명분을 내세워 영구집권이 가능하도록 헌법과 법률을 뜯어고치려고 한다"고 설명했다.

또 포퓰리즘 세력들은 자신을 따르지 않는 사람은 국민으로 보지 않는다. 이들에겐 추종 세력만이 '진정한 국민'일 뿐이라는 게 뮐러 교수의 지적이다.

국민의힘의 보수훼손은 국민인기 영합주의로 가기 위한 포퓰리즘이 자리잡고 있는 것이다. 뮐러 교수는 "악성 바이러스가 인간의 생명을 위협하듯 악성 포퓰리스트들은 자유민주주의 존립을 위태롭게 한다. 포퓰리스트를 가려내기 위해서는 유권자들이 늘 깨어 있는 수밖에 없다"고 강조했다.

보수의 정책과 방향도 포퓰리즘을 경계하면서 그 시대에 걸맞게 바뀌어야 한다. 보수세력은 자신들의 핵심 가치인 성장을 견인하지 못한 채 청년 실업, 비정규직 문제, 전월세난 등 서민의 삶과 직결된 민생 문제를 해결하지 못했다.

결과적으로 보수 이반 현상이 가속화되고 있다. 그 틈을 좌파세력들이 온갖 선동과 포퓰리즘으로 채우고 있다. 보수의 핵심 집단을 이루는 사람들이 높은 지위에 걸맞은 노블레스 오블리주를 보이지 못했다.

보수정당이라 일컫는 국민의힘은 보수층 국민을 이끌 기

능을 잃은 지 오래다. 국민의힘의 본질적 문제는 국가·사회·국민 공동체에 대한 희생과 헌신이 없다. 의원 개개인이 나약하고 핵심을 비켜가고 있다. 지금은 분명 보수의 전환이 필요한 때다. 문재인 종북 좌파 세력들에게 정권을 내준 이후 한국 보수가 가야 할 방향을 상실했다.

　　이승만 대통령의 건국정신과 박정희 대통령의 부국강병 정신하에선 나아갈 방향이 명확했다. 보수정권이 건설해 온 경제성장을 좌파들은 부정하고 이를 독재산물이라 폄훼했다. 보수의 가장 큰 위기는 일체감의 위기이다. 한국 보수는 한때 불가능하다고 보였던 한강의 기적을 일구어냈다. 우리공화당은 청년실업, 빈곤, 환경 등 사회 문제 해결에 진력해왔다. 그동안 보수정당이 해오지 않았던 것을 머리부터 발끝까지 완전히 뜯어고치면서 국가와 국민, 자유대한민국 체제를 지키기 위해서 앞장서 왔다.

막가파 예산

 더불어민주당이 '의도적인' 무리수를 두고 있다. '이재명 표' 예산은 넣고, '윤석열 표'는 뺐다. 합리적인 이유도 없다. 조금의 이성적인 고려가 있었다면 예산을 이렇게까지 주무르지는 않을 터다. 국회 의석의 힘을 유감 없이 발휘하는 것까지는 좋은데 정작 있어야 할 국민의 의사 수렴이나, 국가에 미치는 영향에 대한 고려는 없다.

 무슨 예산이 삭감되었을까? 원자력 예산 1813억원 전액을 싹둑 잘랐다. 이 안에는 원자력 지원을 위한 1112억원과 원전 수출 보증 250억원이 있다. 특히 혁신형모듈원전(i-SMR) 연구개발 예산 332억원을 사장한 결정에는 어안이 벙벙하다. 이를 대신하여 무엇이 추가되었을까? 문재인 정부가 역점적으로 추진한 재생에너지 보급 예산이 4500억 9300만원이 느닷없이 들어왔다. '까도비(까도 까도 끝나지 않는 비리 덩어리)' 재생에너지가 다시 나타나니 도대체 무엇을 하자는 의도인지 모르겠다.

 삭감 이야기는 이것이 끝이 아니다. 윤석열 표 청년 예산 2382억원을 줄이고 예산안을 단독으로 의결했다. 이 가운데 '청년 일 경험 지원' 예산 1663억원과 '청년 니트(NEET: Not in Education, Employment or Training)족 취업 지원' 예산 706억원은 전부 삭감됐다.

물론 윤석열 표 예산안에는 어느 정도의 비효율적인 항목이 있을 터다. 그렇다고 미래 지향적인 SMR을 버리고, 폐해가 많은 사업으로 검증된 재생에너지가 그 자리를 차지하는 구조는 맞지 않다. 청년 예산 가운데에서도 니트 사업은 시범사업 정도는 하도록 하는 '아량'을 베푸는 방향이 바람직하다. 미래가 아닌 과거를 선택하고, 청년을 생각하는 도전적인 사업을 아예 싹을 자르는 행태는 과반수 의석의 테러다.

더불어민주당의 '막가파'식 예산 편성 및 삭감이 나라를 망치고 있다. 문재인 정부가 원자력 기술과 생태계를 얼마나 파괴했는지 잘 알고 있다. 386 운동권 세력의 자금줄 역할을 수행하는 태양광 등의 재생에너지 예산을 그렇게나 많이 책정한 사실을 보고 있으면, 이들이 왜 정치판에서 청산되어야 하는 지를 여실히 보여준다.

"재정 만능주의에 빠져 있는 더불어민주당이 멍청한 '재정재단사' 역할까지 자임하니, 앞으로 대한민국의 미래가 걱정이

제 12 장 국민 속으로

된다. 더불어민주당이 이렇게 통 크게 예산을 손보는 이유는 나중에 '양당의 담합'을 고려하는 치사한 처사라며, 지금이라도 미래를 위한, 청년을 위한 '괜찮은 사업'에는 손을 대지 않았으면 한다."

〈2023년 11월 22일 더불어민주당의 막가판 예산을 비판하며〉

이 시대의 정의, 그리고 미래

서민고통

코로나19 펜데믹 후유증 등으로 경기침체가 장기화되고 있다. 이런 가운데 서민들에게 밀접한 생활물가가 급등하면서 큰 한숨이 나오고 있다. 겨울철 난방용 에너지 가격이 급등했다. 우크라이나와 이스라엘 등 불안한 국제정세로 석유류 가격이 급등했기 때문이다.

물가가 지속적으로 오르는 인플레이션이 발생하면 금리를 올릴 수밖에 없고 가계와 기업의 이자 상환 부담은 커지게 된다. 경기 회복이 본궤도에 오르기도 전에 물가와 금리가 오르면 불황 속 고금리라는 이중고에 시달리게 된다는 사실이다.

생활형편·가계수입과 소비지출 전망·경기판단 및 향후 경기전망 등이 모두 악화됐다. 경기 침체 속에 물가마저 상승하는 스태그플레이션에 빠질 수 있다.

고물가, 고금리, 고환율, 3고 탓에 실질 소득이 줄어 국민 삶이 더욱 고달파졌다. 고물가는 그 자체로 서민에게 고통이다. 물가는 물가로 끝나지 않는다. 금리 인상이 필연적이어서 대출액이 많은 '영끌족' 등의 부담은 더 불어났다. 그야말로 이중고다.

고물가·고금리·저성장의 늪이 깊어진다. 모두가 힘들지만 중소기업과 영세 자영업자, 취약계층의 어려움은 한층 가중된다.

문제는 벌써 1년 6개월이 지났음에도 소명의식은 여전히 안 보인다는 점이다. 윤 대통령의 10대 공약이 있다. 코로나19 극복부터 좋은 일자리 창출, 출산부터 양육까지 국가책임 강화 등이다. 지난 1년간 윤 대통령이 이 공약들을 이행하기 위해 법안을 만들고 국회와 조율하는 모습은 보이지 않는다.

당장 출산율 제고 공약을 보면 2022년 건강보험법을 개정하고 2023년 시행에 들어가겠다고 했지만 식언이 됐다. 연일 강조하는 3대 개혁(노동·연금·교육 개혁)도 마찬가지다. 근로시간제 개편은 기약 없이 표류하고 있다. 연금개혁은 첫발도 못 디뎠고, 교육개혁도 큰 그림이 뭔지 아는 이들이 없다.

수많은 이해당사자가 있는데 이들과의 대화가 닫혀 있으니 일이 진전될 턱이 없다. 그러니 학교폭력, 전세사기, 산불 등 일이 터질 때마다 "해결하라"며 목소리를 높이는 윤 대통령의 즉자적 대응만 보인다.

이런 가운데 윤 정부는 서민경제 부담을 줄이고 물가를 잡는 것보다 포퓰리즘 정책으로 더 나아가는 것 같다. 정부는 한

전이 문재인 정부 5년간 전기료 동결로 47조원의 누적 적자를 안고 있는데도, 가정용 전기료는 동결하고 산업용 전기료만 6% 가량 올렸다.

윤 정부는 전 정부의 '전기 요금 정치화' 부작용을 비판하면서, 120대 국정 과제 중 하나로 "전력 시장 요금 및 규제 거버넌스의 독립성을 강화하고 경쟁과 시장 원칙에 기반한 전력 시장을 구축하겠다"고 하더니, 결국 총선을 의식한 정치적 선택을 했다.

공매도 금지도 그렇다. 금융 당국 수장이 올해 신년사에선 "공매도 제도 개선을 완료했다"고 자랑했었다. 그런데 180도 태도를 바꿔 제도 개혁이 필요하다면서 공매도를 전면 금지시켰다. 1400만 개미 투자자의 표심을 잡기 위한 총선용 카드임을 세상이 다 안다.

정부가 은행, 카드사, 통신사 등 기업을 때려 대출금리, 수수료, 통신료를 깎도록 했다. 정부는 가계부채 폭발을 막고, 빚 많은 가계를 돕는다는 명분으로 대출 금리를 못 올리게 했다. 정부의 민생 행보가 기업을 희생양으로 삼는다는 목소리가 나온다. 이어지면 희생양이 되는 기업도 늘어날 것이다. 경제엔 공짜 점심이 없다. 윤 정권이 '우파 포퓰리즘 정권'이 되지 않을까 우려스럽다. 경제에 대한 확고한 철학이 없기에 국민 감정을 자극하지 않으려는 경제 정책을 남발한다는 비난도 없지 않다.

　　윤 정권은 진정으로 국민 속에서 서민의 삶을 들여다보아야 한다.

　　지금의 경제위기, 가계부채 문제는 문재인 정권의 책임이 크다. 부동산만 해도 그렇다. 문재인 정부의 잘못된 부동산 정책 시행으로 집값이 가파르게 올랐고, 국민들은 헛된 기대를 품게 되었다. 집값이 계속 오른다는 기대를 품은 국민들이 대출을 받아서 무리해서 집을 산 것이 '영끌'이었다. 고금리가 내년까지 계속되면 개인 파산이 늘어날 것이다.

　　나는 작년부터 윤석열 정부의 부동산 정책에 우려를 표했다. 서울을 비롯한 수도권의 부동산 경착륙을 막는 대출 완화 등은 고금리 상황에서는 부메랑이 되어 한국 경제를 위기에 빠뜨릴 수 있다고 경고했다. 최근 수도권 부동산 시장은 연착륙이 아니라 단기 과열 양상을 띠면서 다시 '영끌' 현상이 나타나고 있다. 부동산이 오른다는 기대심리가 확산되면서 '집단적인 광기'가 다시 발동하기 시작했다. 이에 대해 대비와 대책이 필요하다.

이 시대의 정의, 그리고 미래

비수도권

국민의힘이 김포를 서울에 편입하는 '메가 서울' 구상을 발표하면서 정치판이 메가시티에 대한 찬반논쟁으로 뜨겁다. 국민의힘은 인구가 줄고 있는 서울이 경쟁력을 회복하고, 김포시민의 편익을 올리려면 편입이 불가피하다고 역설하고 있다.

윤석열 대통령은 지역 균형발전에 대한 비전 제시가 형식적이라는 비판을 받고 있다. 지역 균형발전 이슈는 '전가(傳家)의 보도(寶刀)'처럼 대통령 선거 때면 어김없이 등장한다. 한데 좀처럼 나아지지 않은 삶의 질을 보면 선거용 지역 표심 구애 내지 불만 무마용에 불과하다는 게 솔직한 평가다. 수도권·비수도권 간 '기울어진 운동장'은 갈수록 차이가 극명하다. 노무현 정부부터 국가균형발전 정책을 추진하고 있지만 격차는 줄지 않았다. 문재인 전 대통령은 연방제 수준의 자치분권과 지방의 독자적 재정 확충 방안 마련을 공언했지만, 별반 달라진 게 없다.

우리나라 수도권 집중도는 정상적인 국가에선 결코 있을 수 없는 심각한 수준이다. 모든 자원은 수도권에 몰렸다. 비수도권은 소멸의 길로 질주한다. 행안부에 따르면 국토의 11.8%에 불과한 수도권(서울·인천·경기)에 2021년 기준으로 인구의 50.4%, 지역 내 총생산(GRDP)의 52.6%, 취업자의 50.5%가 몰려 있다.

윤석열 정부는 '지방시대'를 공언했다. 지방분권 강화, 지자체 재정력 강화, 기업의 지방 이전 및 투자 촉진, 공공기관 이전, 지역 맞춤형 창업·혁신 생태계 조성, 지역사회의 자생적 창조역량 강화 등 6대 국정 목표도 제시했다.

윤 대통령은 "지역 균형발전은 기회의 공정 문제"라고 누차 강조했다. 하지만 모습을 드러낸 '지방시대'는 희망 고문으로 전락하고 있다. 지역은 결코 동정과 배려의 대상이 아니다. 지역 없이 국가도 존립할 수 없다. 국토 균형발전은 더 이상 미룰 수 없는 시대적 과제다.

서울이 김포를 편입하는 것 자체는 지방분권과 상충하지 않는다. 왜냐하면 같은 수도권인 경기도의 한 도시가 서울이 되기 때문이다. 그러나 지금 거론되는 여러 도시가 서울로 편입되면 얘기는 달라진다. 서울이 1200만 가량의 도시로 변모하면 인적자본, 기업, 생활인구 등의 서울로의 집중은 가속화된다. 그 경우 서울 일극 체제는 강화되므로 '메가 서울'은 지방분권과 완전히 상충된다.

'메가 서울' 구상은 비슷한 시기에 우동기 지방시대위원회 위원장이 발표한 '제1차 지방시대 종합계획(2023~2027)'과도 충돌하는 정책이다. 정부는 지방분권을 외치면서 당은 '메가 서울'을 주창하는 이율배반적 행동을 하고 있다. '메가 서울' 구상이 실현된다고 볼 때 지방분권을 위한 최선의 방책은 없는 것인가? 그것을 찾는 일이 가장 현실적일지 모른다.

메가시티 개념 자체가 '1+1 〉 2'라는 전제를 두고 있다. 그렇다면 소멸 위기에 놓인 지방도 '4+3' 혹은 '5+2' 체제로 광역화하는 것이 바람직하다. 서울이 주변 도시를 편입하여 규모가 커지는 만큼 지방의 대도시도 메가시티로 몸집을 키우지 않으면 안된다. 지방이 메가시티로 전환되더라도 서울을 포함한 수도권과 공정하게 경쟁하기는 어려우므로 기업과 사람이 지방으로 모일 수 있는 인센티브를 부여해야 한다.

또 지방의 인구 소멸을 막기 위해 가장 중요한 기업을 유치하기 위해서는 법인세 감면 등 각종 세제 혜택이 필요하고, 인적자원의 유출을 막으려면 대학의 경쟁력 제고가 긴요하다.

각 지역의 거점국립대를 개별적으로 지원하기보다는 메가시티별로 (통폐합된) 하나를 '서울대' 수준으로 올리는 것이 필요하다. 예산 부족으로 지역개발을 하지 못하는 지방의 사정을 고려하여 '국세 대 지방세'의 비중을 '60% : 40%' 수준으로 조정

제 12 장 국민 속으로

국세 대 지방세 비율 조정방안 세미나

국회 본회의 지방재정법 제안설명

해야 한다.(현재 70%:30%)

아울러, 지방소멸기금의 집행률을 올려야 한다. 전체 122개 지방자치단체의 집행률이 37.6%에 불과하다. '지방소멸기금'은 지역 주도로 소멸 위기를 극복할 목적으로 2022~2031년까지 10년간 매년 1조원 규모의 재원을 투입할 예정이다. 배분 비율은 광역자치단체 25%, 기초자치단체 75%다.

왜 이렇게 집행률이 낮을까? 해답을 찾기 전에 한 수치를 보자. 광역시도는 93.7%로 사업비가 원활하게 집행된 반면, 기초지자체는 18.9%로 저조하다. 이 사업이 공모 사업이라는 점을 감안하면 기초가 광역보다 '정답에 맞는 사업을 구상'하는데 어려움을 겪고 있어 보인다. 즉, 기초지자체는 광역보다 다양한 사업을 디자인하기에는 큰 어려움이 따를 것이다.

광역지자체 내의 구·군에 지급되는 지방소멸기금을 중단해야 한다. 해당 기초 구·군은 도시개발사업의 영향을 많이 받아 '본질적인' 의미의 인구 소멸과는 거리가 멀다. 다음으로 기초지자체 하나의 군에 지급하는 방식을 지양해야 한다. 그것보다는 몇 개의 군을 합쳐서 권역별로 주는 편이 낫다. 또한 평가 및 지급 권한을 중앙에서 지방으로 이양해야 한다. 지금의 광역지자체는 그만한 평가 능력을 갖추고 있다.

다음으로 테마파크, 관광단지 등의 하드웨어 개발 사업

에서 기업 지원, 양육 여건 개선 등의 소프트 사업으로 전환해야 한다. 지금도 하드웨어는 충분하다. 지방을 여행하다 보면 찾는 이가 없는 공원, 테마파크, 자전거 도로를 쉽게 발견할 수 있다.

그 점에서 지역 개발도 '선택과 집중'이 필요하다는 한국은행의 '지역 간 인구 이동과 지역 경제' 보고서가 주목을 끈다. 몇몇 기초 군의 인구 소멸은 자연스러운 현상으로 받아들이고, 청년의 취업이 가능한 기업을 유치할 수 있는 '거점 도시'를 집중적으로 육성하는 편이 효율적이다. 형평성에 치우친 정책을 이제는 효율성 중심으로 방향을 트는 게 맞다.

인구가 줄어드는 상황에서는 소멸 위기에 처한 기초지자체 모든 지역을 살리겠다는 발상 자체가 잘못됐다. 광역자치단체 체제를 '4+3' 메가시티로 바꾸어 각각 '거점 지역'을 정하고, 법인세 감면 등 기업을 유입할 수 있는 다양한 세제 혜택을 주어야 한다. 지방소멸기금도 효율적인 사용이 필요하다.

연간 1조는 적은 돈이 아니며, 이 돈을 근본적인 저출산 대책인 '좋은 일자리' 만들기에 쓰는 방향이 옳다고 본다. '수도권으로 청년 이동→인구 소멸→기업 유치 어려움 가중→저출산→인구 소멸'의 악순환을 끊는 길은 오직 기업 유치와 그것에 파생되는 새로운 일자리 만들기에 있다.

이 시대의 정의, 그리고 미래

지방에도 사람이 잘 사는 나라를 만들겠습니다! 기자회견(강원 춘천)

규제

규제는 정부가 시장 원리에 그대로 맡기면 '어떤 문제'가 생기므로 경기의 규칙을 새롭게 정하는 정책을 의미한다. 시장은 규칙, 선수, 그리고 심판으로 구성된다. 원래 심판은 소비자인데, 심판도 정부가 되고, 규칙도 정부가 된다. 이 때 규제가 의도했던 결과를 가져올 확률은 낮다. 규제가 좋은 방향으로 흐르는 경우도 있다. 독과점 규제에서 어느 정도 발견된다. 독과점으로 생기는 소비자나 경쟁자의 불이익을 줄여주는 역할을 한다.

자본주의 원리가 작동되면서 오랜 기간에 만들어진 제도를 바꾸는 규제가 성공하는 예는 아주 극소수다. 좌파 정권에서 시행된 대부분의 규제는 '좋은 의도로 시작했지만 그 결과는 경제적 약자를 더 괴롭히고, 피해를 주는 결과를 낳았다.' 조금 나열하자. '강사법', '정규직 전환', '최저임금 인상', '유통규제', '분양가 공개', '분양가 상한제', '이자 상한제' 등이 먼저 떠오른다. 이 모든 정책이 '약자를 위한다는' 명분으로 시작되었지만 그 결과는 처참했다.

정책이 실패하는 이유는 자명하다. 먼저 경제 원리를 철저히 거꾸로 해석해서다. 경제학 교과서에서 가격 상한제는 그 좋은 의도에도 불구하고 암시장을 만들고 소비자의 후생이 줄어든다고 가르친다. 최저임금 인상이 그렇다. 올해 9620원에 이른 최저임금을 정직하게 모두 주는 자영업자는 드물다. 대규모 공장에서는 이를 기반으로 임금체계를 구성하지만, 작은 편의점이나, 치킨집이나, 커피샵은 지키지 않고 있다. 아니 지키지 못하고 있다. 이 임금을 줘서는 도저히 수지가 맞지 않는다. '이자 상한제'도 대부업체 시장을 키우고, 배불리는 역할만 하고 있다.

이러한 현상을 '규제의 역설'이라고 한다. 즉, '좋은 의도로 시행한 정책이 정반대의 좋지 않은 결과로 귀결되는 현상'을 가리킨다. 본래적 의미에서 규제는 필요하다. 자본주의는 '고삐가 풀리는 경우'가 종종 있다. 그 고삐를 잡을 수 있는 주체는 정부 뿐이다. 과도한 화폐 발행과 부채 증가는 인간의 탐욕과 맞물리면 버블이라는 '오버슈팅(Overshooting)'으로 자연스럽게 이어진다는 결론을 많은 석학들이 경고한다.

이근 서울대 경제학부 석좌교수는 "자율주행과 원격의료 같은 새로운 산업에서 한국 정부의 규제가 세계에서 제일 강합니다. 정부가 퍼스트 무버(선도자)가 되지 못하면 한국은 퍼스트 루저(첫번째 패배자)로 전락할 수 있습니다."라면서 신산업에 대한 규제가 얼마나 위험한지를 경고했다.

'국회의원이 너무 부지런하면 나라가 망한다'라는 말이 있다. 국회도, 정부도 규제를 만드는 법안을 앞다투어 내고 있는데 이것은 올바른 방향이 아니다. '규제영향평가제도'가 제대로 작동하지 않는 현실에서 '규제를 만드는 입법이 아니라, 규제를 없애는 입법'을 해야 하는 것이 옳다.

현재 '규제 샌드박스' 제도로써 기업에 대한 과도한 규제를 어느 정도 풀어주고 있지만, 이 정도로는 세계 차원의 경쟁에서 우리 기업이 경쟁우위를 확보할 수 없다. 규제가 없는 제로베이스에서 최소한의 규제를 설정하는 방안 등을 도입하여 규제를 혁파해야만 한국 경제의 활로가 열린다.

이 시대의 정의, 그리고 미래

지식플랫폼

지식기반경제(Knowledge Based Economy)는 노동, 자본과 같은 전통적 생산요소에 지식이 새롭게 추가되는 경제를 의미한다. 저출산으로 생산가능인구가 감소하고, 투자가 늘어나지 않아 자본 축적이 원활히 이루어지지 않는 한국 경제의 현주소를 감안하면 지식(자본)의 중요성은 더욱 커진다.

지식이 도대체 무엇이길래 이렇게 중요할까? 지식은 정보나 기술을 포함하는 상위 개념으로서 대체로 '공공재적 특성을 가지고 있으며, 상품을 생산할 수 있는 인식'으로 정의할 수 있다. 경제학적으로 의미가 있는 것은 내가 사용할 때 다른 사람이 사용해도 된다는 '비경합적(Nonrivlalry)' 특성을 가진다는 점이다. 지식의 생산에서 최근 가장 이슈가 되는 것은 AI다. AI 시대(경제)에서 AI는 '과거 지식으로 새 지식을 창조한다'. 지식 그 자체로 상품이므로 20세기 물적 자본 가운데 기계와 비슷한 역할을 한다. 결국 AI의 경쟁력이 한 국가의 경쟁력을 좌우하는 시대가 도래한 것이다.

지식기반경제(지식경제)와 AI 경제는 무엇이 다른가? 지식기반경제는 생산요소 가운데 지식의 투입 비율이 높아지면서, 지식 상품의 비중이 자연스럽게 커지는 경제를 나타낸다. 지식기반경제에서 지식의 생산자는 인적자본이지만, AI 경제에서 지식의 생산자는 인적 자본과 함께 AI 그 자체다.

AI 경제에서는 '수확체감의 법칙'보다는 '수확체증의 법칙'이 일반적이다. 즉, 상품을 하나 더 생산하는데 추가적인 비용이 들지 않는다. 예를 들어 바이오 산업에서 연구개발 비용도 AI가 맡으면서 급격히 감소하고, 약을 생산하는 비용은 '0'에 가까워진다. 이렇게 되면 생산성은 이론적으로는 '무한대'로 높아질 수 있다.

새로운 지식을 생산하는 AI 시대를 맞이하면서, 우리공화당은 AI 경제에서 한국경제가 지속적으로 성장하는 유일한 길은 '지식'의 생산, 유통, 확산, 활용 그리고 소비 체계를 어떻게 갖출 것인가에 달려 있다고 생각한다. 현재 한국 경제에 가장 필요한 지식은 반도체, 바이오 등의 분야에서 프런티어(Frontier)에 속하는 지식이다. 이 지식은 생산하기가 쉽지 않다. 이러한 지식 찾기의 어려움을 극복하려면 돌파(Breakthrough)가 필요하다. 그것을 위해서는 고급 지식을 가장 많이 보유한 정부와 대학이 '지식플랫폼(Knowledge Platform)'으로 변모하고, 지식인뿐만 아니라 온 국민이 공유하는 체계를 만들어야 한다.

지식기반경제가 AI 경제로 전환되는 시점에서 '인적자본'의 중요성은 더더욱 중요하다. 창의성 있는 인재 한 명이 한 분야의 '큰 장애물(Big Bottleneck)'을 걷어치울 수 있으므로 학교 교육을 새롭게 디자인할 필요가 있다.

한국은 그동안 축적된 지식이 많지만, 이를 제대로 활용하지 못하고 있다. 정부와 대학이 지식을 과감히 개방하고, 국민 모두가 공유할 수 있는 '지식플랫폼'을 만든다면 지금의 한국 경제의 저성장의 악순환은 끊을 수 있다. 정부와 대학이 앞장서면 대기업이 이를 따를 것으로 보며, 중소기업과 지식을 공유하고 'K-기업 지식플랫폼'을 만들면 자연스럽게 지식으로써 '상생성장'이 가능할 것으로 본다.

제 12 장 국민 속으로

목표

우리는 진실되고, 정의롭고, 자유로운 행복한 국가를 만들어야 한다. 우리의 목표는 △정의가 강물처럼 흐르는 자유로운 민주법치 국가 △세계를 선도하는 당당한 창조시장경제 강국 △어려운 국민을 따듯하게 배려하는 촘촘한 복지국가 △문화가 융성하는 풍요로운 문화국가다.

따라서 이를 추진하기 위해선 정상 상태로의 복귀를 시켜야 한다. △무너진 한미동맹 복원(한미일 3국연대, 반중(反中) 블럭형성) △대북종속정책 폐기(국방, 안보, 외교 등) △권력기관의 정치 종속화 철폐 △소득을 잡아먹는 소득주도성장 정책 폐기 △원전 경쟁력을 말살시킨 탈원전 정책 폐기 △노조공화국으로 만든 민노총·전교조 폐지가 우선이어야 한다.

　　미래로 나아가기 위해선 △한·미 동맹을 혈맹의 관계 유지하며 △기술 동맹으로 업그레이드 하기 △국제공조를 통한 북핵 폐기 하기 △4차 산업혁명시대의 미래 먹거리 산업 육성하기 △30년 먹거리를 위한 산업정책, 반도체, AI 등 △과학기술 강국을 위한 연구개발 R&D 강화하기 △과학기술 경쟁을 저해하는 규제 철폐 △재정 건전성을 위한 '건전 재정법 제정하기' △노동악법을 시장 경쟁력을 확보하는 방향으로 개정하기 △미래세대를 위한 공직연금(국민연금, 공무원연금) 등 개혁하기 △플랫폼 경제시대의 공정경쟁과 공정거래 강화하기가 필요하다.

　　또 경제는 서민경제를 살려야 하고 중산층을 늘려야 한다. 깨끗한 정치를 통해 공정한 나라, 갈증에 목매여 있는 국민에게 시원함을 주어야 한다. 외교·국방·안보는 자유통일을 이루고, 한미동맹을 지켜 나아가야 한다. 사법분야는 법치가 회복된 자유롭고 정의로운 대한민국을 열어야 한다. 사회·복지·보건의료분야는 국민에게 희망을 주는 행복한 복지국가, 교육은 전교조 없는 교실, 청년이 잘 살수있는 미래, 노조공화국 탈피, 노·사 상생의 나라를 여는 것이 우리공화당의 책무다. 우리 스스로가 한 번도 경험하지 못한, 70년 정당사에서 한 번도 만들어

보지 못한, 당원이 주인 되는 민초의 정당을 탄생시켰다.

우리공화당의 위대한 정치적 여정이 대한민국을 어떻게 바꿀 것인가, 썩어빠진 대한민국 정치를 어떻게 개혁할 것인가, 국민들로부터 사랑받는 정당이 가능한 것인가, 국민으로부터 존경받는 정치인이 가능한 것인지에 대한 개혁에 첫발을 들인 것이다. 우리공화당은 스스로 만들고(자생), 스스로 일어서고(자립), 스스로 강해지는(자강) 단계로 가고 있다. 우리공화당은 금방 만들어졌다 사라지는 정당이 아니다. 이제 우리는 국민 속으로 들어가서 국민의 손을 잡아주고 눈물을 닦아주어야 한다.

"정치는 자기를 위해 울거나, 아프다고 하기 전에 국민의 눈물 때문에 잠 못 이루며 함께 새 희망을 찾아내는 것이다." 이를 금과옥조로 여기고 있다.

◆ 소득주도성장정책 폐기

소득주도성장정책은 다시는 이땅에 발을 딛게 해선 안된다. 소득주도성장 정책이란 가계의 임금과 소득을 증대시킴으로써 소비를 증대시켜 경제성장이 이루어지도록 한다는 모순이다. 나아가 가계의 임금과 소득을 증대시키는 방법을 경제성장에서 찾는 것이 아니라 기업의 일방적인 희생과 정부의 재정지출의 확대(퍼주기 정책)에서 찾는다는 점에서 자유시장 경제의 기본 원칙에 반하는 사회주의적 정책이다.

◆ 성장주도 경제정책으로의 전환

대한민국이 경제성장의 동력을 회복하여 선진국으로 진입하기 위해서는 경제의 패러다임을 기업의 자유로운 경제활동을 통해 투자의 증대, 생산성 향상, 고용창출, 기업의 경쟁력을 확보하여 경제성장을 달성하는 성장주도 경제정책으로 전환해야 한다.

◆ 탈원전 정책 폐기

국가 지도자의 편협한 인식과 무모한 판단이 초래한 정책 결정과 실패의 후유증이 고스란히 국민 고통으로 다가왔다. 경제성이 높은 에너지원인 원자력 발전의 재가동으로 국민들의 전기세 부담을 줄이고, 탄소 발생이 없는 깨끗한 에너지인 원자력 발전의 재가동으로 환경오염을 줄여 지구온난화에 의한 생태계 파괴를 최소화 해야한다.

◆ 조세 및 연금제도 개혁

기업의 자유로운 활동과 개인의 재산권을 보호하기 위해 개인과 기업의 조세부담을 완화하는 방향으로 조세제도를 개혁해야 한다.

▷ 조세부담 완화 (유류세 50% 인하, 법인세 · 상속세 인하)

▷ 종합부동산세, 토지보유세 및 1가구 1주택 세금 폐지해야 한다.

▷미래 세대의 부담을 완화하기 위한 국민연금 · 공무원연금 등 연금 개혁을 이루어야 한다.

◆ "기초연금 50만원, 대한민국을 만든 어르신에 보답해야"

국민연금 혜택이 없고 기초연금만 바라보는 노인들의 빈곤 문제를 하루빨리 해결해야 한다. 지금의 30만원이 조금 넘는 금액으로는 빈곤이 아니라 '생존'이 어렵다. 그래서 기초연금을 50만원으로 올려 노인 빈곤 문제를 해결해야 한다. 지금의 번영된 대한민국을 만든 어르신 세대에게 우리 세대가 힘들더라도 보답해야 하는 시기다.

◆미래 먹거리 신산업정책 추진

　　인공지능(AI)이 인간의 삶까지 치고 들어온 4차 산업혁명 시대를 맞아 한 단계 도약하기 위해선 기존의 문법을 넘어선 혁신이 절실한 때다. 4차산업혁명의 추세에 부응하여 IT산업, BT산업, NT산업, 로봇산업, 자율주행차량산업, 항공우주산업 등을 집중적으로 육성해야 한다.

◆AI 경쟁력

　　인간의 일자리를 인공지능(AI: Artificial Intelligence)이 차츰차츰 잠식하고 있다. 일자리가 사라지면 극도로 불평등한 사회가 된다. 미국, 캐나다, 싱가포르 등 대부분의 AI 강국에서는 국가가 AI연구소를 직접 설립하거나 연구비를 지원하고 있다. 대한민국도 AI 국책연구원을 설립할 필요가 있다. 서울에 본원을 두고, 대전, 광주, 대구, 그리고 부산에 분원을 두는 형태로 'AI연구소 허브'를 구축해야 한다.

◆권력형 좌파 부동산정책 폐기

　　서민들에게 내 집 마련의 희망을 갖게 하고 부동산시장을 안정시키기 위해서는 권력형 좌파 부동산정책은 폐기되어야 한다. 시장경제 원리에 입각해 대출의 규제를 완화하고 과도한 정부개입으로 인한 시장의 냉각화 혹은 과열화를 방지하며 수요에 맞는 공급의 제공으로 부동산시장을 안정화시키는 장기적인 계획이 요구된다.

◆ "청년 위해 '반값아파트 50만호, 반값임대아파트 50만호' 공급"

연애, 결혼, 출산을 포기한 세대를 일컫는 '삼포 세대'라는 말이 처음으로 생긴지 벌써 10년을 훌쩍 넘겼다. 주택가격 상승으로 발생한 자본이득은 기성 세대에게 부를 쌓을 기회를 주었지만, 청년 세대는 그만큼 높아진 주택가격을 부담해야 한다. 청년 세대가 앞으로 형성할 수 있는 자본(부)이 크지 않으므로 싼 가격에 주택을 제공할 의무가 국가에 있다. 전국에 '반값아파트 50만호, 반값임대아파트 50만호' 정도를 공급해야 수요를 충족시킬 수 있다. 그린벨트 조정으로 싼 토지공급이 가능하다.

◆ 자영업자에 대한 선별적 맞춤형 지원
(대출금 상환 3년 더 연장)

경제의 성장동력을 회복하기 위해서는 방역으로 인해 가장 큰 피해를 입은 자영업자들이 재기할 수 있도록 지원금, 대출, 세제 지원 등의 선별적·맞춤형 지원을 함으로써 경제의 성장동력을 회복해야 한다.

고금리로 어려움을 겪고 있는 소상공인들을 위한 단기 대책으로 대출 원금 상환을 3년 더 연장하고, 이자 부담을 경감하기 위한 이차 보전용 기금을 확대해야 하며, 중장기적으로는 코로나19와 같이 운(luck)에 의해 발생하는 금융권의 이익을 회수하는 '제한적 횡재세'도 고려해 볼 만하다.

◆성장률 높이려면 이민 받고, 외투 유치해야

대한민국의 2023년 잠재성장률이 처음으로 1%대로 떨어지고, 내년에는 1.7%로 더 낮아질 것이라는 경제협력개발기구(OECD) 전망이 나왔다. 드디어 올 것이 왔다. 장기적으로 잠재성장률을 올리려면 외국인 이민과 투자를 더 유치하고, 생산성을 높여야 한다.

◆국회의원 정수 300명에서 200명으로 축소

(지역 150명, 비례 50명으로 조정)

국회의원이 본연의 임무와 역할을 다하도록 하고 그들의 특혜와 비리를 원천적으로 차단하기 위해 국회의원에 대한 법적·윤리적 통제를 강화하는 동시에 국회의원 정수를 대폭 축소하고 지역-비례의원의 비율을 조정할 필요가 있다. 국회의원의 정원은 현재 300명에서 200명으로 축소하고, 지역-비례 국회의원의 비율은 지역 150명, 비례 50명으로 조정하며 중·대선거구제 도입이 필요하다.

◆한미동맹 강화, 기술동맹으로 업그레이드
(한미일 3국연대 강화, 자유우방 연대 강화)

대한민국의 성장과 발전의 역사는 한미동맹과 떼놓고는 설명하기 어렵다. 한국을 전쟁의 폐허 속에서 세계 10위권의 경제 강국으로 끌어올린 원동력이기도 했다. 한미동맹은 이제 전통적 군사안보를 넘어 경제, 기술 등 전방위적으로 범위를 넓혀 가며 진화하고 있다. 한미일 3국의 연대를 강화하고 발전시킨다. 이와 함께 자유우방들과의 안보협력·연대를 강화시킬 것이다.

◆북한 핵 완전 폐기(CVID)

북한 핵무기와 생화학무기 등의 대량살상무기와 미사일을 완전하고, 검증가능하고, 되돌릴 수 없게 폐기한다. 북한 비핵화는 말 그대로 북한 핵무기를 제거하는 것이다. 그 방식은 완전하고 검증 가능하며 불가역적인 핵 폐기(CVID)여야 한다. 전 세계인에게 '깜짝 쇼'만 보여주고 끝난 문재인 정권의 거짓평화 쇼의 전철을 밟지 않으려면 이제라도 비핵화 개념정리부터 진솔하게 해야 한다.

◆ 자유민주주의 체제로의 흡수통일 실현

헌법 제4조에 규정된 통일원칙에 따라 자유민주적 기본질서에 입각한 통일을 추진한다. 자유민주적 기본질서에 입각한 통일을 추진하는 가장 적합한 방안은 북한을 자유대한민국으로 흡수통일하는 것이다.

◆ 자주 외교 · 자주 안보 · 자주 국방

중국과 북한에 대한 사대적이고 반체제적·굴욕적인 합의를 폐기해야 한다. 중국에 대한 3불 정책(사드를 추가배치하지 않는다, 미국이 주도하는 미사일방어체계(MD)에 참여하지 않는다, 한미일 안보협력을 군사동맹으로 발전시키지 않는다)을 폐기해야 한다.

◆ 제2쿼드 가입을 통한 반중 · 반공블록 형성

확대된 쿼드(제2쿼드)에 가입함으로써 반중·반공의 국제적인 블록을 형성한다. 북한, 중국의 침략에 대한 강력한 자유우방 국가 간의 군사동맹체제를 확립한다.

◆ 강력한 반공정책 및 북한인권법 정상화

강력한 반공정책을 통해 국내에 암약하고 있는 간첩을

색출하고 처벌한다. 자생적 사회주의세력에 의한 이적행위를 철저히 단속하고 처벌한다.

　　　　북한인권법을 정상화하고, 북한주민의 인권을 보호·증진하기 위한 노력을 강화한다. 북한인권재단을 조속히 설립하고 그 활동을 실질적으로 보장한다. 탈북국민의 정착과 북한해방활동에 대한 지원을 강화한다. 대공간첩수사기능을 국정원으로 환원해야 한다.

◆ 문재인 정권의 악법 폐기

　　문재인 정권 하에서는 대한민국의 안보를 위협하고 헌법의 기본원리에 위배되는 많은 악법들이 제정되었거나 발의되었다. 폐지되어야 할 주요한 악법으로는 국가보안법 폐지법률안, 언론중재법 개정안, 5·18역사왜곡금지법, 노동조합 3법, 부동산 3법, 주52시간 근로시간제 관련법, 중대재해처벌법 등이 있다.

◆ 이적단체 해산 및 반국가사범의 공직 출마·임용 금지

　　대한민국의 존립을 위협하는 이적단체를 해산해야 한다. 국가보안법 등을 위반한 반국가사범에 대해서는 공직선거에 출마하거나 임용하는 것을 금지해야 한다.

◆ 5·18정신의 헌법 전문 도입 반대

5·18사건은 그 진상이 아직 밝혀지지 않아 국민적 논란이 지속되고 있는 현재진행형의 사건이다. 헌법 전문은 헌법 규정과 동일한 효력을 갖기 때문에 국민적 합의가 이루어지지 않은 5·18정신을 헌법 전문에 규정하는 것을 단호하게 반대한다.

◆ 차별금지법 제정 반대 및 동성애 합법화 반대

차별금지라는 명목으로 국민의 자유를 억압하고 획일적 평등을 강요하는 차별금지법의 제정을 단호하게 거부한다. 인륜을 근본적으로 파괴하는 동성애를 합법화하는 것을 단호하게 배격한다. 이는 국가의 가장 기초단위인 가정의 파괴를 초래하고 나아가 급속히 진행되는 저출산·고령화 사회의 경제 인구를 감소시켜 심각한 사회문제를 초래한다.

◆ 여성가족부 폐지

남녀갈등을 부추기고 여성인권을 보장하는 문제에 대해서도 정치적으로 편향된 태도로 일관한 여성가족부를 폐지한다.

◆ 가정폭력 · 학교폭력 · 군폭력 등 폭력으로부터의 약자 보호 제도 강화

아동학대, 가정폭력, 학교폭력, 군폭력, 사회폭력, 조직폭력 등 괴롭힘 · 위험으로부터 약자들을 보호하는 제도를 강화한다. 지위와 신분을 이용한 폭행, 묻지마 폭행, 스토킹 등 증가하는 폭행은 사회적 문제로까지 대두되고 있다. 피해를 막을 수 있는 사전적 제도를 확충 · 보완하고 가해자 처벌, 피해자 보호 프로그램 등 사후적 제도를 강화한다.

◆ 젠더 갈등 등 사회적 갈등 해결을 위한 시스템 구축

지역별, 계층별, 성별, 연령별 갈등의 합리적 해결을 위한 전담기구를 신설(가칭 사회적갈등해결위원회)하여 국민이 정치의 희생양이 되는 것을 방지, 소통으로 화합하는 사회를 건설한다. 복지 사각지대 해소를 위한 상설특별기구 운영해야하고, 선별적 · 맞춤형 복지를 위한 상설특별기구를 통해 약자들이 소외되거나 낙오되지 않는 따뜻한 대한민국을 만든다.

◆ **노인 빈곤 탈피 및 노인청 신설**

　　노인 빈곤층의 비율을 40%에서 10%로 낮추어 노인층의 삶의 질을 획기적으로 개선한다. 노령화사회의 다양한 문제들을 전담하여 해결하는 국가기관으로 노인청을 신설한다.

◆ **0세~19세까지 매월 50만원, 총 1억2천만원 지급(자녀 출산, 양육정책)**

　　2023년 8월 출생아 수는 1만8,984명으로 사상 처음으로 2만명 아래로 떨어졌다. 1981년 통계를 작성한 후 처음으로 경험하는 숫자다. 2022년 합계출산율은 0.78명이었고, 지난 2/4분기에는 0.70명까지 추락했다. 지난해 출생아 수는 24만9,000명이다. 출산율을 높이는 것이 시대정신이다. 지금까지 육아 환경을 개선하는 정책이 한계를 드러낸 만큼 가히 '혁명적인' 접근이 필요하다. 2024년부터 태어난 아이에 대해 0세~19세까지 20년간 월 50만원씩 총 1억2천만원을 지급해야 한다. 이 정책이 시행되면 3년 내에 합계출산율 1.0명, 5년 내 1.3명, 10년 내 1.5명으로 높아질 것이다.

◆ **혁신적 학제 개편 및 취학연령 인하**

　　현재의 학제 (6-3-3-4)를 (5-5-4)학제로 개편하여 초

등학교를 6년에서 5년으로, 중학교와 고등학교를 통합하여 5년
으로 변경한다. 초등학교 취학연령을 현재의 만 7세에서 만 6세
로 낮춘다.

◆ 전교조 해체 및 교사의 정치활동 금지

전교조는 학교를 좌편향적인 이념교육을 실시하는 장으
로 변질시켜 교육의 정치적 중립성을 심각하게 훼손하였기 때문
에 즉각 해체되어야 한다.

교육의 정치적 중립성이 헌법에 명시되어 있음에도 불구
하고 전교조 소속 교사들을 중심으로 공공연히 정치활동을 하고
있다. 교사의 정치활동을 실질적으로 금지하는 정책이 실시되어
야 한다.

◆ 학교의 자율성 및 정치적 중립성 확보

사립학교법 개정안, 유치원3법 등 학교운영의 자율성을
저해하는 규제 철폐, 이는 장기적으로 교육의 질을 높여 양질의
사회구성원을 육성하게 한다. 학교의 정치적 중립성 확보를 위
한 18세 선거권을 반대한다.

◆ 정시 확대 및 대학입시 정상화

대학입시에 대한 대학의 자율성을 확대·강화한다. 정시의 모집비율을 높여 대학이 적절한 수학능력을 갖춘 학생들을 선발할 수 있도록 한다.

◆ 국사교과서의 국정화

대한민국의 역사를 왜곡하고 폄하하는 좌편향 검인정 국사교과서를 폐지한다. 대한민국의 정통성과 정체성을 올바르게 기술하는 국정 국사교과서를 편찬하여 학생들에게 올바른 역사관을 심어준다.

◆ 학생인권조례 및 혁신학교 폐지

학생인권이라는 명목으로 교사의 교육권을 침해하고 교육현장을 혼란 상태로 몰아넣고 있는 학생인권조례는 반드시 폐지되어야 한다. 교육의 자율성을 명목으로 정치적으로 좌편향된 교육을 실시하면서 교육의 질을 담보하지 못하는 혁신학교를 폐지해야 한다.

◆ 교육감 직선제 폐지

정치논리에 교육운영이 잠식당하는 교육감의 정치중립

화를 위한 교육감 직선제를 폐지하고, 광역단체장 임명제로 전환해야 한다. 교육감 직선제는 교육감의 능력과 자질보다 정치적 성향에 의해 당락이 결정된다. 이제 아이들의 미래를 위한 교육은 정치적 성향이 아니라 능력과 자질, 인성과 사명감이 있는 교육감에 의해 행해져야 한다.

◆청년들의 조기 사회진출을 위한 기반 마련

학제 개편을 비롯하여 청년이 조기에 사회에 진출할 수 있는 제도적 기반을 마련한다. 대한민국을 이끌어갈 미래의 주역인 청년들의 일자리를 비롯한 당면한 문제들을 종합적이고 체계적으로 해결하기 위한 국가기관으로 청년부를 신설한다.

◆반값등록금제 실시 및 학자금대출 상환 유예

국가와 대학의 재정을 합리적으로 조정하여 반값등록금 제도를 실시하여 청년들의 학비부담을 덜어준다. 학자금대출 상환에 대한 압박을 줄이기 위해 만 35세까지 상환을 유예한다.

◆군 복무 가산점제 부활

남북분단의 상황에서 군 복무(의무)에 대한 자긍심과 애국심 고취를 위한 군 가산점제를 부활한다. 가산점제 폐지는 오히려 역차별 논란을 낳았으며 이는 성별간 갈등으로 이어져 사회적 문제로 대두되었다. 갈등 해소와 형평성의 회복을 위해 군가산점제는 부활해야 한다.

◆ 청년창업 지원으로 단절된 계층상승의 기회 제공

형식적, 관 주도의 청년창업에서 탈피하여 창의적, 미래 지향적 일자리 창출의 청년창업 지원을 확대한다. 또한 문재인 좌파정권에 의해 단절된 계층상승의 기회를 청년들에게 제공하여 노력하면 성공할 수 있다는 믿음의 사회로 전환한다.

◆ 워킹맘 맞춤형 어린이집 획기적 증설

육아와 일의 병행에 꼭 필요한 양질의 워킹맘 맞춤형 어린이집을 획기적으로 증설한다.

◆ 민노총 해체 (고용세습 폐지 및 악행·악습 척결)

민노총은 노조로서의 순수성을 상실하고 대한민국의 정체성과 시장경제질서를 부정하는 일종의 정치단체로 변질되었기 때문에 반드시 해체되어야 한다. 민노총이 불법적으로 자행하고 있는 고용세습과 산업현장에서의 갑질과 같은 악행과 악습은 반드시 근절되어야 한다.

◆ 주52시간 근로시간제 폐지 및 최저임금 10년간 동결

근로자의 일할 권리와 적정수준의 임금을 보장하고 기업의 자유로운 경영활동에 대한 부담을 덜어주기 위해 주52시간 근로시간제를 폐지한다. 문재인 정권이 과도하게 인상한 최저임금이 중소기업과 영세사업자에게 심각한 경영상의 부담이 되고 있기 때문에 향후 10년간 최저임금을 동결한다.

◆ 공공기관·공기업에 대한 성과급 도입

성과급제도는 업무수행에 대한 공정한 평가를 바탕으로 이에 대한 적정한 보상을 실시하는 합리적 제도이기 때문에 공기업과 공공기관에 대해서는 성과급제도를 부활하여 업무수행의 효율성과 공공기관의 재정건전성을 높여야 한다.

◆ 정년연장 반대

정년연장은 청년의 취업기회를 박탈하고 청년 일자리를 대폭 감소시킬 뿐만 아니라 기업의 경영상의 부담을 가중시켜 경제의 활력을 떨어트리기 때문에 정년연장에 반대한다.

◆ 공무원 정원 확대 반대, 10년간 증원 금지

문재인 정권이 실시한 공무원 정원 확대 정책은 국민의

조세부담을 심각하게 증가시키고 실질적인 일자리의 감소를 초래하였다. 따라서 공무원 정원을 확대하는 정책은 폐기하고, 점차적으로 적정 수준으로 축소한다.

◆양대 노조 중심의 노동정책 폐기 (제3노조 활동 강화)

양대노조 중심의 노동정책은 거대노조의 입지만을 강화시켜 대한민국을 노조공화국으로 만들었다. 사무직노조를 비롯한 제3노조의 활동을 충분히 보장하여 건전한 노사관계를 정립하여야 한다.

책을 마치며 감사의 글

　20년의 정치 인생동안 많은 일들, 많은 사람들, 많은 논쟁들, 많은 투쟁과 외침과 절규의 시간이 있었습니다.
　그러나 그 중심에는 항상 조국 대한민국의 건국과 현재와 미래와 물려줘야 할 후손들이 단단히 자리잡고 있습니다. 역사는 어떠한 오류 가운데 있더라도, 진실과 국민을 위한 몸부림만은 남아서 대한민국을 세우고 이끌어 가는 것을 보아왔습니다.
　그래서 저와 우리공화당은 이 시대적 정의를 향한 불굴의 정신은 절대 놓지 않을 것입니다.

　수없이 만나고 헤어지는 과정중에서도 많은 분들의 지지와 그분들의 바람과 조국을 향한 애끓는 사랑만은 잊지 못할 것입니다.

　특히 대한민국의 정의와 진실이라는 참 가치와 민주주의를 위해 목숨을 버리시면서도 오직 조국의 안위만을 염려하던 그분들의 눈동자는 잊을 수가 없습니다. 또한 나아가 그분들의 소망을 반드시 이루어 드릴 것입니다.

　이제 대한민국은 또 한번의 기로에 서있습니다. 정치가 기득권의 이익집단이 되지 않도록, 정쟁을 위한 싸움터가 되지 않도록 해야합니다. 이 엄연한 현실의 기로에서, 오직 국민을 행복하게 하는 길을 향해 저의 모든 것을 불사를 것입니다.

감사드립니다.
부족한 저와 뜻을 함께 해주시고, 긴 세월동안 꿋꿋이 곁에서 조언과 투쟁을 함께 한 우리공화당 동지들과 자유우파 모든 분들에게 한없는 감사한 마음을 드립니다.

책 제목의 귀한 글을 써주신 석경 이원동 선생님 그리고 이 책을 발간하기까지 여러 조언과 제작에 함께 해주신 정병철 대표님과 7년간의 방대한 자료를 정리해주신 이장혁실장께도 심심한 감사의 마음을 전합니다.

우리 모두 대한민국을 향한 정의와 진실의 뜨거운 가슴을 다시 모아 이 혼탁한 세상을 밝힐 불이 되고, 정의의 불이 되고, 후손들을 이끌 거대한 횃불이 되어갑시다!

감사합니다.

2023년 12월 9일

조 원 진

이 시대의 정의 그리고 미래...

초판발행	2023년 12월 22일
2판인쇄	2024년 1월 8일
지 은 이	조원진
펴 낸 이	송진경
펴 낸 곳	커뮤니케이션공감(주)
주　 소	경기도 김포시 태장로 741 경동미르웰시티 5층 569호
등록번호	251002013000094
등록일자	2013년 3월 27일

I S B N	979-11-984494-4-3
가　 격	25,000원

© 조원진, 2023

이 책은 저작권법에 의해 한국 내에서 보호를 받는 저작물이므로 무단 전재와 복제를 금합니다.
잘못된 책은 바꾸어 드립니다.